BONNE ROUTE !

MÉTHODE DE FRANÇAIS

1

Pierre Gibert
*Ancien directeur pédagogique
de l'Alliance Française de Paris*

Philippe Greffet
*Agrégé de l'Université
Secrétaire général
de l'Alliance Française de Paris*

avec la collaboration de

Alain Rausch
Danielle van Zundert

ALLIANCE FRANÇAISE
HACHETTE

Bonne route 1

- Livre de l'élève
  Deux versions : — 1 seul volume, *Bonne route 1* (leçons 1 à 34)
               — 2 volumes,   *Bonne route 1A* (leçons 1 à 17)
                                 Bonne route 1B (leçons 18 à 34)
- Cassettes sonores
- Guide pédagogique (leçons 1 à 34)

Le signe ▭ indique les textes ou exercices enregistrés sur les cassettes sonores.

RÉFÉRENCES DES ILLUSTRATIONS

P. 12 : © Antenne 2. ■ P. 14 : © D. Staquet / Collectif. ■ P. 15 : La vache et le prisonnier : collection « Cahiers du cinéma », Dupond et Dupont : *Tintin au pays de l'or noir* : © Hergé / Casterman. ■ P. 18 : Horloges : © J.-M. Charles / Rapho ; Les chiffres et les lettres : G. Rougé / Antenne 2. ■ P. 27 : St-Germain-des-Prés : © Niépce, Notre-Dame : J. Gourbeix, Le Panthéon : J.-M. Charles, Musée d'Orsay : G. Gerster / Rapho ; J. Baker : © L. Chevert. ■ P. 29 : Maillol : Fournier / Rapho ; Matisse : H. Josse, Ronchamp : G. Biollay / Diaf. ■ P. 33 : © Gaumont. ■ P. 40 : © J.-P. Langeland / Diaf. ■ P. 41 : le petit déjeuner : © H. Gyssels, le restaurant scolaire : © A. Le Bot, le goûter : © Rozencwajg / Diaf ; le restaurant : © Bisson, la cantine Peugeot : © Pérenom - J.-B. Pictures / Collectif. ■ P. 42 : © P. Michaud, A.-P. Neyrat, R. Merle / Rapho. ■ P. 54 : Collection Viollet. ■ P. 55 : Nanterre : © Granveaud, immeuble début du siècle et quartier de l'horloge (Paris) : © Torregano, pavillons de banlieue : © Leloup / Collectif. ■ P. 60 : en haut, de gauche à droite, © C. Wolff / Jerrican, Bernard Régent / Diaf, Clément / Jerrican ; en bas, de gauche à droite : Gaillard / Jerrican, Rémy, Bill Wassman, Peter Turnley / Rapho. ■ P. 61 : © éditions Loubatières. ■ P. 69 : Ecom / Univas / RATP. ■ P. 75 : photos de Besançon : © J.-P. Tupin. ■ P. 79 : Grey, création S. Augendre / E. Helias, photo O. Borst. ■ P. 82 : catalogue la Redoute. ■ P. 83 : pub. Lacoste / CPV ; Ecom / Univas / RATP. ■ P. 88 : © H. Josse. ■ P. 89 : chéquier BNP : © B. Schaeffer ; carte bleue : © Société Générale ; distribanque : © M. Béziat, cabine à télécarte : © D. Staquet / Collectif ; télécarte / photo DGT ; l'Avare : collection « Cahiers du cinéma ». ■ P. 102 : © F. Boissière. ■ P. 103 : Fise / UNICEF ; Bélier rive gauche / Croix rouge. ■ P. 111 : © F. Boissière. ■ P. 116 : supermarché : © Pérenom / Collectif ; Minitel : © Schurr. ■ P. 117 : John Copes - Van Hasselt / Collectif. ■ P. 125 : © S. Bouvet - Duclos, P. Aventurier / Gamma.

TABLE DES ILLUSTRATIONS

P. 131 : départ en congés payés vers 1937 : collection Viollet ; départ en vacances aujourd'hui : © Hervé Donnezan / Rapho. ■ P. 139 : photo collection Viollet. ■ P. 144 : © Lipnitzki. ■ P. 153 : le cadre : © Leloup / Collectif ; la coiffeuse : © Paolo Koch / Rapho. ■ P. 158 : © Merillon / Collectif. ■ P. 159 : l'allumeur de réverbères : © Jean-Loup Charmet, l'ordinateur : © Berenguier / Jerrican ; le robot : © Leloup / Collectif. ■ P. 166 : la couturière : © Granveaud / Collectif ; la répétitrice : © Bernard Minier / DIAF. ■ P. 172 : © Boiffin-Vivier / Rush. ■ P. 180 : Ecom / Univas / RATP. ■ P. 181 : Créteil : © Patrick Guédon. ■ P. 194 : montage de l'Airbus à Toulouse : © Bocco-Gibod / Rapho. ■ P. 200 : le mariage hier : © Harlingue / Viollet ; le mariage aujourd'hui : © Henry / Collectif. ■ P. 201 : la secrétaire : © Fotogram-Stone ; la jeune fille au téléphone : © Pierre Michaud / Rapho. ■ P. 208 : la femme-motard : © Luc Pérenom / Collectif ; femmes au travail : © Luc Pérenom / Rush. ■ P. 209 : le père et son enfant : © Thomas / Collectif. ■ P. 215 : la partie de cartes : collection « Cahiers du cinéma ». ■ P. 223 : les amoureux : © John / Collectif. ■ P. 228 : bal du 14 juillet : De Sazo / Rapho. ■ P. 229 : Emmanuelle Béart : © Giniès / Sipa ; Pierre Arditi : © Benaroch / Sipa ; Harlem Désir : © Stevens / Sipa ; restaurant du cœur : © Alain Le Bot / Diaf. ■ P. 236 : jeunes gens : © Marc Béziat / Rush. ■ P. 237 : homme barbu : © Pérenom / Rush ; professeur au tableau et jeune femme au chignon : © J.-P. Diemert. ■ P. 243 : photos Michel Benichou / Zelig.

P. 61 : Toulouse : Paroles de C. Nougaro, musique de C. Nougaro et C. Chevallier, © 1967 by AMI. EMI Music Publishing.

Couverture : Graphir
Maquette intérieure : Mosaïque
Dessins : Anne-Marie Vierge et Laurent Lalo
Documentation : Brigitte Farina, Anne Pekny, Michèle Pesce

ISBN 2.01.012551.7

© 1988 – Hachette, 79, bd Saint-Germain – F 75007 PARIS

Avant-propos

« Il n'y a pas de mauvais livres, il n'y a que de mauvais maîtres. » Tel est l'aphorisme qu'on nous enseignait, il y a bien longtemps, dans les Écoles normales primaires. Au terme d'une longue carrière, je suis en mesure d'affirmer que cet adage est inexact. Il existe malheureusement de mauvais livres, et les bons professeurs sont heureusement légions.

Les bonnes méthodes d'enseignement du français langue étrangère ou langue seconde ne manquent pas, me direz-vous. C'est exact, et pourtant, de partout et depuis deux ou trois ans, étudiants et surtout professeurs français et étrangers nous demandent de mettre « noir sur blanc » l'expérience acquise par les praticiens de l'Alliance Française.

Le temps ne donne plus de temps au temps. Vite et bien, tel est le vœu sans cesse exprimé. L'Asie du Sud-Est comme l'Europe, l'Afrique de l'Ouest comme l'Amérique ou l'Océanie souhaitent un retour à la progression rigoureuse dans l'acquisition linguistique et grammaticale. On désire parler, certes, le plus vite possible, mais le temps presse, et l'écrit, facteur discriminant social et garant des progrès professionnels, recueille toutes les faveurs.

Je pense à ces dizaines de milliers d'enseignants qui, leur vie durant — parce qu'il faut bien vivre —, enseigneront le français 50 ou 60 heures par semaine. Ils n'ont pas le temps de dépouiller un texte, ni l'argent pour acheter une revue ou faire une photocopie. Les douceurs de l'implicite, du non-dit et du clin d'œil ne sont pas pour eux. Ce qu'il leur faut, c'est un boulevard bien tracé, bien balisé et sécurisant.

C'est pour eux surtout, eux de qui dépend la survie de notre langue demain, que nous avons tracé cette route. Qu'ils la suivent en confiance et en conscience, elle conduira naturellement leurs étudiants aux niveaux des examens de l'Alliance qui sanctionnent 250 heures, puis 400 heures d'études.

Pendant des années, nous avons orienté et formé des milliers d'enseignants, pendant des décennies nous avons été à l'écoute du monde. Cette longue et vaste expérience nous a conduits à proposer un produit qui n'a qu'une seule ambition : mener l'élève ou l'étudiant au bout de la route qu'il aura décidé de prendre avec nous.

Philippe GREFFET

« La France et les départements et territoires d'Outre-mer »

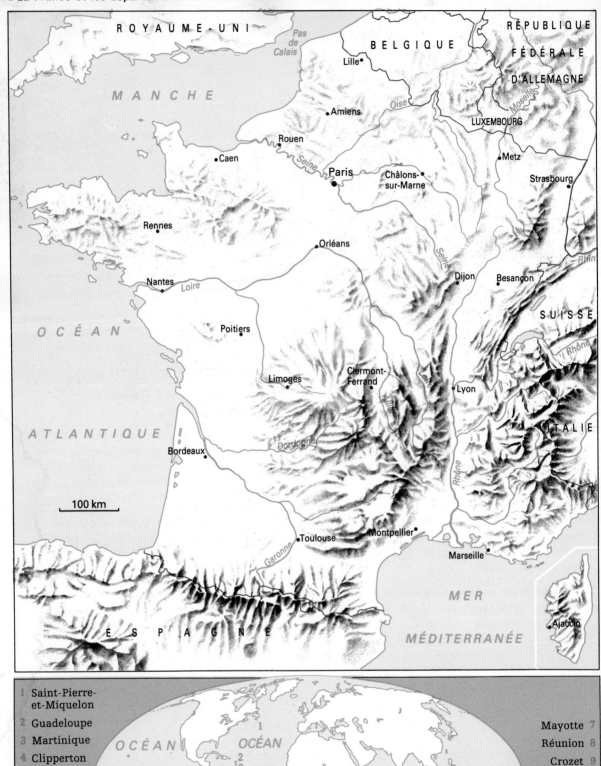

ROYAUME-UNI

BELGIQUE

RÉPUBLIQUE FÉDÉRALE D'ALLEMAGNE

Pas de Calais

Lille

MANCHE

Amiens

Oise

LUXEMBOURG

Moselle

Rouen

Caen

Seine

Paris

Châlons-sur-Marne

Metz

Strasbourg

Rennes

Orléans

Seine

Rhin

Nantes

Loire

Dijon

Besançon

OCÉAN

SUISSE

Poitiers

Rhône

Limoges

Clermont-Ferrand

Lyon

ATLANTIQUE

Dordogne

ITALIE

Bordeaux

Rhône

100 km

Garonne

Toulouse

Montpellier

Marseille

MER

ESPAGNE

MÉDITERRANÉE

Ajaccio

1 Saint-Pierre-et-Miquelon
2 Guadeloupe
3 Martinique
4 Clipperton
5 Guyane

6 Polynésie

OCÉAN   OCÉAN

équateur

PACIFIQUE   ATLANTIQUE

OCÉAN INDIEN

Mayotte 7
Réunion 8
Crozet 9
Kerguelen 10
Saint-Paul 11
Nouvelle-Amsterdam 12
Nouvelle-Calédonie 13
Wallis-et-Futuna 14

5 000 km

INTRODUCTION

1. Le public

Bonne route 1 s'adresse à des étudiants – grands adolescents ou adultes – débutant en français. On ne peut définir de classe-type. La diversité des situations d'enseignement : culture nationale, habitudes d'apprentissage, perception de la langue étrangère, effectifs des classes, durée et fréquence des leçons, entraîneront des utilisations très diverses du matériel proposé qui a été conçu en ce sens. Le rôle du professeur est capital.

2. Les objectifs généraux

Apporter aux étudiants en 200-250 heures une base grammaticale solide et progressive, un vocabulaire utile et nuancé ; en bref, faire acquérir les moyens linguistiques pour s'exprimer en français dans des situations courantes et comprendre différents types de textes. L'ensemble des matériaux permet aussi à l'étudiant de l'Alliance Française de se préparer aux épreuves du Certificat élémentaire de français pratique.

3. Le matériel

- Le livre de l'étudiant en 1 ou 2 volumes (*Bonne route 1* : 34 leçons / ou *Bonne route 1A* : leçons 1 à 17, et *Bonne route 1B* : leçons 18 à 34).

- Les cassettes sonores : elles contiennent les textes de départ (dialogues et récits), les dictées, les exercices de prononciation, des textes d'auteurs et des chansons.

- Le guide pédagogique : il donne au professeur les pistes d'exploitation, certains corrigés d'exercices et propose des démarches souples.

4. L'organisation et le contenu du livre

Chacune des 34 leçons se répartit sur 7 pages contenant de 25 à 30 exercices :

- **page 1 :** Dialogues ou textes permettant d'aborder le thème et de découvrir les différents éléments linguistiques de la leçon.

Les personnages apparaissant au fil du livre n'ont pas de lien précis entre eux, mais ils appartiennent à un monde familier à tous ; leurs préoccupations sont universelles.

- **page 2 :** « Pour mieux comprendre » : exercices et questions destinés à faciliter la compréhension du texte de départ.

- **pages 3-4 :** « Pour pratiquer la grammaire ».

La présentation des faits grammaticaux est délibérément composée de petites unités (tableaux et nombreux exercices) permettant un travail systématique sur les principales difficultés de langue. Beaucoup d'éléments seront repris et développés dans *Bonne route 2*.

« Pour bien prononcer » : identification des sons du français par leur opposition significative dans des mots et des phrases.

Exercices d'écoute ou de répétition pour travailler phonétique et intonation.

- **pages 5-6 :** « Pour aller plus loin » : élargissement du thème, enrichissement lexical, approche de la civilisation française.

Les documents de ces pages sont très variés : photos, dessins, poèmes, courts extraits littéraires. Les activités, orales ou écrites, permettent à l'étudiant d'utiliser activement ce qu'il a appris dans les pages précédentes et de renforcer sa motivation.

- **page 7 :** « Pour travailler à la maison » : page de récapitulation et de bilan.

On y trouve le résumé des contenus de la leçon, des conseils pour l'étudiant, la liste des mots nouveaux ; 4 à 5 exercices lui permettent d'évaluer ses progrès.

L'ensemble est conçu comme un cadre assez ouvert pour que chacun puisse y tracer son propre chemin. Alors, bonne route !

Rencontres et salutations

- Je m'appelle Michel... Et vous ?
- Moi, je m'appelle Sylvie.
- Bonjour, Sylvie. Comment allez-vous ?
- Bien, merci. Et vous ?

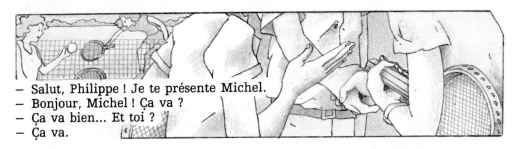

- Salut, Philippe ! Je te présente Michel.
- Bonjour, Michel ! Ça va ?
- Ça va bien... Et toi ?
- Ça va.

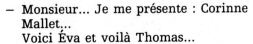

- Monsieur... Je me présente : Corinne Mallet...
  Voici Éva et voilà Thomas...

- Je vous présente madame Lamy.
- Enchanté, madame.
- Bonjour, monsieur.

- Qui est-ce ? Sylvie ?
- Non ! C'est Marie.
- Et... C'est qui ?
- C'est Philippe Lamy !

- Allô ! C'est vous, Sylvie ?
- Oui, c'est moi...
- Comment ça va ? Bien ?
- Non ! Ça va mal...

1 *Présentez-vous.*

Je m'appelle...   Je me présente...

2 *Saluez votre voisin, votre voisine... et demandez-lui son nom.*

3 *Écoutez et regardez.*

4 *Écoutez et lisez.*

a. – Bonjour... *madame.*
    Comment allez-vous ?
    – Je vais bien... très bien. Merci.
    Et vous ?

Remplacez *madame* **par** *monsieur*

et jouez le dialogue.

b. – Salut, *Michel !* Ça va ?
    – Ça va... *bien, très bien.* Et toi ?

Remplacez *Michel* **par** *Sylvie.*
Remplacez *bien, très bien* **par** *mal,*
très mal **et jouez le dialogue.**

5 *Lecture ou dictée.*

a. Michel rencontre Sylvie.
b. Éric présente Michel et Philippe.
c. Monsieur Vital présente madame Lamy.
d. Corinne Mallet présente Éva et Thomas.
e. Voici Sylvie et Philippe Lamy.
f. René Dumas téléphone à Sylvie.

POUR PRATIQUER LA GRAMMAIRE

Je me présente...

Comment vous appelez-vous ?	Je me présente :	(Monsieur)	Philippe Lamy.
Comment vous vous appelez ?		(Madame)	Corinne Mallet.
Vous vous appelez comment ?		(Mademoiselle)	Cécile Mallet.

	Moi, je m'appelle	Philippe Lamy. Cécile Mallet.

Remarque : Monsieur (M.), Madame (Mme), Mademoiselle (Mlle).

6 *Comment vous appelez-vous ? Répondez.*

Exemple : Philippe → Je me présente : Philippe ou Moi, je m'appelle Philippe.

Nicole – Corinne – Cécile – Éva – Michel – Sylvie – Thomas – Marie. Et vous ?

7 *Posez les questions. Faites l'exercice à deux.*

Exemple : Moi, je m'appelle Thomas. → Comment vous appelez-vous ?
ou Vous vous appelez comment ? ou Comment vous vous appelez ?

Moi, je m'appelle Philippe Lamy. – Moi, je m'appelle Corinne Mallet. – Je me présente : Marie. – Je me présente : Michel.

Je vous présente...

Qui est-ce ? ↗	C'est	Philippe Lamy. Cécile Mallet.
C'est qui ? ↗		
Qui c'est ? ↗		

Je	te vous	présente	Philippe Lamy. Cécile Mallet.

Remarque : Bonjour, **monsieur**, je **vous** présente Philippe Lamy.
Salut, **Philippe**, je **te** présente Cécile Mallet.

8 *Qui est-ce ? Faites l'exercice à deux.*

Exemple : Philippe → Qui est-ce ? – C'est Philippe.

Michel – Corinne – Thomas – Marie. Et dans la classe ?

9 *Vous demandez... Posez les questions.*

Exemple : C'est Corinne. → Qui est-ce ? ou C'est qui ? ou Qui c'est ?

C'est Paul. – C'est Éva. – C'est Thomas. Et dans la classe ?

10 *Je te présente...*

Exemple : Philippe, Cécile Mallet → Salut, Philippe, je te présente Cécile Mallet.

Michel, Corinne Mallet – Sylvie, Philippe Lamy – Marie, Cécile Mallet.

11 *Je vous présente...*

Exemple : Monsieur Lamy, Paul → Bonjour, monsieur Lamy, je vous présente Paul.

Monsieur Mallet, Michel – Madame Mallet, monsieur Lamy – Mademoiselle Mallet, Sylvie.

Je demande... c'est...

C'est Philippe ? Oui (c'est Philippe).
Non (c'est Michel).

12 *C'est... ? Oui, c'est... . Faites l'exercice à deux.*

Exemple : Michel → C'est Michel ? Oui, c'est Michel.

Philippe – Sylvie – Thomas – Marie. Et dans la classe ?

13 *C'est... ? Non, c'est...*

Exemple : Philippe, Corinne → C'est Philippe ? Non, c'est Corinne.

Corinne, Philippe – Cécile, Corinne – Éva, Cécile – Marie, Éva. Et dans la classe ?

14 *Vous demandez... Posez les questions.*

Exemple : Oui, c'est Thomas. → C'est Thomas ?

Oui, c'est Sylvie. – Non, c'est Philippe. – Oui, c'est Paul. – Non, c'est Cécile. –
Oui, c'est Corinne. – Non, c'est Marie.

Voici... et voilà...

Voici Éva et **voilà** Thomas.

Remarque : On ne dit pas voilà... et voici...

15 *Voici et voilà. Présentez.*

Thomas, Éva – Cécile, Corinne – Philippe, Michel – Paul, Marie.
Et dans la classe ?

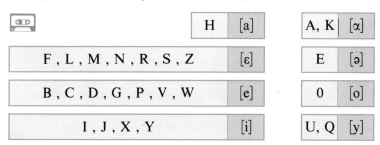

POUR BIEN PRONONCER

L'alphabet français

		H	[a]
F , L , M , N , R , S , Z	[ɛ]		
B , C , D , G , P , V , W	[e]		
I , J , X , Y	[i]		

A, K	[α]
E	[ə]
0	[o]
U, Q	[y]

A B C D E F G H I J K L M N O P Q R S T U V W X Y Z
a b c d e f g h i j k l m n o p q r s t u v w x y z

16 *Écoutez ; répétez.*

a. SNCF - RATP - TGV - RER.
b. PSG - OGCN - OM - FCN.
c. USA - RFA - URSS.

Paroles *et gestes*

a. – Votre nom ?
– Philippe Dubois.

17 *Regardez et écoutez. Rejouez les scènes.*

b. – Salut ! Ça va ?
– Oui, ça va.

c. – Salut ! Ça va ?
– Non !
– Moi, ça va...

d. – Bonjour, madame !
– Bonjour, monsieur !

e. – Moi, je m'appelle Michel,
et vous, vous vous appelez comment ?
– Je m'appelle Julie.

f. – Madame, monsieur, bonsoir.

g. – C'est qui ?
– C'est Thomas.
– Thomas comment ?
– Thomas Mallet.
– Mallet ? Thomas Mallet ?
– Oui... C'est bien ça.

h. – Ça va ?

– Ça va très bien.   – Comme ci, comme ça.   – Ça va très mal.   – Ah, non !

18 **Par groupe, faites un dialogue.**

     a. – Bonjour, monsieur.   **b.** – Salut, Thomas !
         – . . .   – . . .

19 **Alphabet et prénoms français.**

	féminin	masculin		féminin	masculin
A	Anne	André	N	Nicole	Noël
B	Barbara	Benoît	O	Odile	Olivier
C	Céline	Casimir	P	Pauline	Philippe
D	Denise	Denis	Q	–	Quentin
E	Éva	Éric	R	Rose	René
F	Françoise	Frédéric	S	Sylvie	Serge
G	Gisèle	Guy	T	Thérèse	Thomas
H	Hélène	Henri	U	Ursule	Urbain
I	Isabelle	Irénée	V	Véronique	Vincent
J	Julie	Jérôme	W	–	–
K	–	Kléber	X	–	Xavier
L	Louise	Luc	Y	Yvette	Yves
M	Marie	Michel	Z	Zoé	–

Ajoutez des prénoms que vous connaissez.

Quels prénoms français aimez-vous ?

20 **Présentez les personnes.**

Exemples : *Voici monsieur Dumas.*
                 Je vous présente Serge Vital.

M. et Mme Michel PRÉDINE
et leurs enfants

3, allée des Épillets   91470 Limours

M. Jean-Louis Sauvel

Tél. 94.10.54.97   28, Chemin du Petit Paradis
                             83700 Agay

Chantal et Pascal Royer

Tél. 42.40.37.88

                           2, rue Prudhon
                          75019 Paris

21 **Lecture.**

 – Bonjour, dit-il à tout hasard.
     – Bonjour... Bonjour... Bonjour... répondit l'écho.
     – Qui êtes-vous ? dit le petit prince.
     – Qui êtes-vous... qui êtes-vous... qui êtes-vous... répondit l'écho [...].
     ANTOINE DE SAINT-EXUPÉRY, *Le Petit Prince*, Gallimard.

2 Lettres et chiffres

- Monsieur Chizeau ?
- Non... Paul Sichot.
- Pardon... Qui est-ce ?
  Allô ! Épelez, s'il vous plaît.
- Sichot... S.I.C.H.O.T. ... Paul Sichot.
- Ah ! Monsieur Sichot, c'est vous ? Bonjour.

spell it

one moment.

- Garçon... Trois cafés et deux demis, s'il vous plaît.
- Bien Monsieur.
- Non... Un instant ! Deux demis, deux cafés et pour moi un thé.
- Entendu ! Deux cafés... deux. Deux demis... deux. Un thé... un.

level.

- Il est six heures et quart... Vite !
- Mais non, six heures seulement !
- Regarde l'horloge ! Six heures et quart !
- Quoi ?
- Six heures et quart.
- Ah zut ! Ma montre est arrêtée.
- Vite ! L'avion part à six heures et demie.

clock.

my watch is stopped

1   Posez les questions et répondez.

Exemple : Qui est-ce ? Éva ? – Non, c'est Isabelle.

Pierre / Jean – Marie / Sylvie – Nicole / Hélène – Éric / Guy – Vincent / Yves.

2   Écoutez.

– Comment vous appelez-vous ?
– Paul Mallet.
– Épelez, s'il vous plaît.
– Mallet. M, A, deux L, E, T...

A vous. (Un élève pose la question,

un autre épèle son nom.)

3   Jeu du « sourd ». Écoutez.

– Il est trois heures et quart !
– Quoi ?
– Il est trois heures et quart !

À vous.

a. Ma montre est arrêtée !
b. L'avion part à trois heures et demie !
c. Deux demis, deux cafés et un thé !

4   Écoutez.

– C'est monsieur Sichot !
– Qui ?
– Monsieur Sichot.

À vous.

a. C'est Paul !
b. C'est monsieur Chizeau !
c. C'est Philippe et Marie !

5   Observez.

Jules et Jim

Vincent, François, Paul et les autres

Le Rouge et le Noir

La vache et le prisonnier

Dupond et Dupont

Présentez des personnes et des choses de la classe.

6   Lecture ou dictée.

a. Qui téléphone ? C'est monsieur Sichot... S.I.C.H.O.T.
b. Jacques commande deux cafés, deux demis et un thé.
c. Il est six heures et quart, et l'avion part à six heures et demie. Vite !

POUR PRATIQUER LA GRAMMAIRE

Je demande... Qui est-ce ?

Qui est-ce ? ↗ C'est qui ? ↗ Qui c'est ? ↗	M. Chizeau ?	Oui, c'est (bien) M. Chizeau. Non, c'est M. Sichot.

7 _**Qui est-ce ? Posez la question et répondez. Faites l'exercice à deux.**_

Exemple : Corinne, oui → – Qui est-ce ? ou C'est qui ? ou Qui c'est ? Corinne ?
– Oui, c'est bien Corinne.

Corinne, non – Hélène, oui – Corinne et Caroline, non – Gérard et Bernard, non – René, oui – Yves et Yvette, non.

Je demande... Quelle heure ?

Quelle heure est-il ? ↘ ↗ Quelle heure il est ? ↘ ↗ Il est quelle heure ? ↘ ↗	Il est	0	zéro	zéro heure, _minuit_	7	sept	sept heures
		1	un	une heure	8	huit	huit heures
		2	deux	deux heures	9	neuf	neuf heures
		3	trois	trois heures	10	dix	dix heures
		4	quatre	quatre heures	11	onze	onze heures
		5	cinq	cinq heures	12	douze	douze heures
		6	six	six heures			_midi_

Remarques : 1.   Il est trois heures.      Il est trois heures.
               2.   6 heures : 6 h.

8 _**Quelle heure est-il ? Répondez.**_

9 _**Il est sept heures à Paris. Quelle heure est-il à New York ?**_

Exemple : New York, – 6 h. → À New York, il est une heure.

Helsinki, + 1 h ; Moscou, + 2 h ; Karachi, + 5 h ; Dublin, – 1 h ; Caracas, – 5 h ; Houston, – 7 h.

Il est	quatre heures **et** quart. sept heures **et** demie. onze heures **moins** le quart.

10 _**Il est cinq heures et quart à Paris. Quelle heure est-il à... ?**_

Tananarive, + 2 h ; Athènes, + 1 h ; Lisbonne, – 1 h.

11 _**Il est sept heures et demie à Paris. Quelle heure est-il à... ?**_

Abidjan, – 1 h ; Rio de Janeiro, – 5 h ; Barhein, + 3 h.

12 ***Il est dix heures moins le quart à Paris. Quelle heure est-il à... ?***

Tel-Aviv, + 1 h ; Porto-Rico, – 5 h ; Reikjavik, – 1 h.

Je demande... À quelle heure ?

À quelle heure est l'avion ?	L'avion est à trois heures.
L'avion est à quelle heure ?	À trois heures.

13 ***À quelle heure est... ? Posez la question et répondez. Faites l'exercice à deux.***

Exemple : Le train, 6 h. → À quelle heure est le train ? ou *Le train est à quelle heure ?*
Le train est à 6 h, ou À 6 h.

Le car, 10 h – le dîner, 8 h – le film, 9 h – le match, 3 h – l'avion, 10 h.

Il est... / C'est...

Il est six heures.	**C'est** M. Sichot.

14 ***Complétez avec*** Il est ***ou*** C'est.

... deux heures. – ... Mme Lamy. – ... Philippe. – ... trois heures. – ... Marc. – ... l'heure. – ... neuf heures. – ... minuit. – ... midi.

POUR BIEN PRONONCER

Lettres muettes

On voit :	Sylvie – Denis – Vincent – Bernard – Roger – Thomas – Henri
On entend :	Sylvi~~e~~ – Deni~~s~~ – Vincen~~t~~ – Bernar~~d~~ – Roge~~r~~ – T~~h~~oma~~s~~ – ~~H~~enri

Remarque : Kléber, la mer. On voit et on entend -**r**.

15 ***Écoutez ; répétez.***

Gérard – Nathalie – aller – Odile – présenter – salut ! – Rose – Benoît – Clément – trois – thé – Yves.

Écrire les accents

é	André – René – Gérard – café
è , à	très – Irène – voilà – à trois heures
ô , ê , î , â , ô	Jérôme – arrêtée – être
ë , ï	Joël – Noël

Remarque :
ç → François – leçon – ça.

16 ***Écoutez ; répétez.***

Adèle – café – arrêter – très – Hélène – Joël – enchanté – Irène – Noël – Jérôme.

Chiffres et lettres

CAFÉ DE LA POSTE			
Tarif des consommations			
Service 15 % compris			
BOISSONS CHAUDES		**BOISSONS FROIDES**	
Café	4 F	Lait	6 F
Chocolat	7 F	Jus de fruit	8 F
Infusions	7 F	(orange, abricot, raisin)	
Thé nature	7 F	Eau minérale	7 F
Thé citron	8 F	(Vichy, Perrier)	
Thé au lait	8 F	Bière pression (demi)	7 F
Lait chaud	6 F	Bière bouteille	11 F
		Limonade	4 F

17 *Deux demis, deux cafés, et, pour moi, un thé.*
À vous. Commandez !

18 *Quelle heure est-il ?*

19 *Retrouvez trois mots de la page 14.*

Exemple : | n | t | s | i | n | t | a | → *instant*

a. | e | e | l | r | s | t | t | **b.** | e | e | h | r | s | u | **c.** | e | g | h | l | o | o | r |

20 *Trouvez des mots de :*
 — deux lettres ;
 — trois lettres ;
 — quatre lettres.

21 *Y a-t-il des mots français dans votre langue ? Faites une liste.*

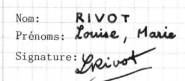

Nom: RIVOT
Prénoms: Louise, Marie
Signature: LRivot

22 **_Remplissez votre fiche selon le modèle._**

Et voici d'autres papiers français.

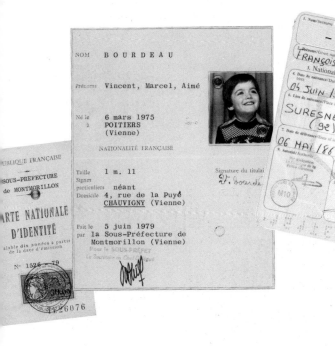

23 **_Poème._**

LES BELLES FAMILLES

Louis I
Louis II
Louis III
Louis IV
Louis V
Louis VI
Louis VII
Louis VIII
Louis IX
Louis X (dit le Hutin)
Louis XI
Louis XII
Louis XIII
Louis XIV
Louis XV
Louis XVI
Louis XVIII
et plus personne plus rien...
Qu'est-ce que c'est que ces gens-là
qui ne sont pas foutus
de compter jusqu'à vingt ?

JACQUES PRÉVERT, *Paroles*, Gallimard.

Pour travailler à la maison

- ■ **Saluer, se présenter, présenter quelqu'un.**
- ▸ **Je me présente..., je vous présente...**
- ▸ **Je demande ... c'est ...**
- ▸ **Voici ... et voilà ...**
- ▸ **L'alphabet français.**
- ● **Paroles et gestes.**

Pour les exercices 1 et 2, revoyez les pages 10 et 11.

LEÇON 1

expressions et mots nouveaux

Ah... (non) !, *interj.*
Aller (Comment allez-vous ?) *v.*
Allô !, *interj.*
Appeler (s'), *v. pron.*
Bien, *adv.*
Bonjour, *n. m. sing.*
Bonsoir, *n. m. sing.*
Ça, *pron. dém.*
Ça va, *loc.*
C'est ..., *présentatif*
Comme ci, comme ça..., *loc.*
Comment... ?, *adv. interrog.*
Enchanté (e), *adj.*
Et, *conj.*

Être, *v.*
Geste, *n. m. sing.*
Je, *pron. pers.*
Madame, *n. f. sing.*
Mademoiselle, *n. f. sing.*
Mal, *adv.*
Me (m'), *pron. pers.*
Merci, *n. m.*
Moi, *pron. pers.*
Monsieur, *n. m. sing.*
Nom, *n. m. sing.*
Non, *adv.*
Oui, *adv.*
Parole, *n. f. sing.*
Prénom, *n. m. sing.*
Présenter, *v.*

Présenter (se), *v. pron.*
Qui (est-ce) ?, *pron. interrog.*
Rencontre, *n. f. sing.*
Rencontrer, *v.*
Salut !, *interj.*
Salutations, *n. f. plur.*
Te, *pron. pers.*
Téléphoner (à), *v.*
Toi, *pron. pers.*
Très, *adv.*
Voici, *adv.*
Voilà, *adv.*
Votre, *adj. poss.*
Vous, *pron. pers.*

---

1 Complétez les dialogues.

a. Bonjour, Henri.   b. – ...
   – ...   – Je m'appelle Sylvie.
c. – Je vous présente madame Rivot.
   – ...

2 Trouvez les mots cachés de la leçon dans la grille et écrivez-les.

P	S	A	L	U	T	Y	O	V	P
R	M	A	D	A	M	E	U	O	R
E	O	N	T	U	O	N	I	L	E
N	N	O	M	R	I	C	S	C	S
O	S	P	E	E	Q	H	R	I	E
M	I	U	R	V	Ç	A	V	A	N
V	E	T	C	O	V	N	A	C	T
T	U	E	I	I	F	T	O	I	E
G	R	H	J	R	K	E	L	M	P
N	S	B	O	N	J	O	U	R	W

3 Répondez.

Exemple : Vous vous appelez Denis ?
         (oui) → – Oui, je m'appelle Denis.
         (non) → – Non, je m'appelle Henri.

a. Vous vous appelez Éric ? (non, Yves)
b. Vous vous appelez Françoise ? (oui)
c. Vous vous appelez Sylvie ? (non, Éva)
d. Vous vous appelez Corinne ? (oui)
e. Vous vous appelez Odile ? (non, Louise)
f. Vous vous appelez René ? (oui)

4 Complétez les dialogues.

a. – Salut, Philippe ! Je .... présente Michel.
   – .... , Michel. .... va ?
   – Ça va .... bien. Et .... ?
   – Pas .... , merci.
b. – .... ?
   – Je m'appelle Michel Mory. Et vous ?
   – .... Marie Dubois.

5 Faites un dialogue avec les mots suivants.

très – ça va – et toi – salut – pas mal – bien – Anne – Denis – merci.

LEÇON 2

expressions et mots nouveaux

, prép.	Heure, n. f. sing.	Pour, prép.
rrêté(e), v. p. p.	Horloge, n. f. sing.	Quart, n. m. sing.
vion, n. m. sing.	Instant (un), loc.	Quelle, adj. interrog. f. sing.
afé, n. m. sing.	Le, la (l'), art. déf.	
ar, n. m. sing.	Lettre, n. f. sing.	Quoi !, interj.
hiffre, n. m. sing.	Ma, adj. poss.	Regarder, v.
ommander, v.	Mais (non), interj.	Seulement, adv.
emi, n. m. sing.	Match, n. m. sing.	Signature, n. f. sing.
emi(e), adj.	Midi, n. m. sing.	S'il vous plaît !, interj.
îner, n. m. sing.	Minuit, n. m. sing.	Thé, n. m. sing.
ntendu !, interj.	Moins, adv.	Train, n. m. sing.
peler, v.	Montre, n. f. sing.	Un (une), art. indéf.
st (Il est), présentatif	Nombres (0 à 12)	Vite !, adv.
ilm, n. m. sing.	Pardon, interj.	Zéro, n. m. sing.
arçon, n. m. sing.	Partir, v.	Zut !, interj.

■ Demander une information, demander quelque chose.

▶ Je demande ... Qui est-ce ? Quelle heure ... ? À quelle heure ... ?

▶ Il est ... / C'est ...

▶ Lettre muettes.

▶ Les accents.

● Chiffres et lettres.

Lisez et écrivez.

```
0 , 2 , 4 , 6 , 8 , 10 , 12    → zéro, deux ...
1 , 3 , 5 , 7 , 9 , 11         →
9 , 6 , 3 , 0 , 8 , 4 , 0      →
12 , 1 , 11 , 2 , 10 , 3       →
```

Complétez la grille avec des chiffres ou des nombres de un à douze.
Il manque un chiffre.

Choisissez.

a. C'est Xavier ?
b. Quelle heure est-il ?
c. Un café et un demi. Vite !
d. À quelle heure est le film ?

e. Bonjour, ça va ?
f. Nom et prénom, s'il vous plaît.

1. A neuf heures.
2. Entendu !
3. Oui, ça va. Et toi ?
4. Pardon, qui ? Épelez, s'il vous plaît.
5. Lamy. Philippe.
6. Quatre heures et demie.

Faites un dialogue avec les mots suivants.

un café – un thé – un instant ! – bien, monsieur – non ! – garçon ! – s'il vous plaît – entendu.

Écrivez les accents.

un cafe – therese – votre prenom – deux thes – zero.

Pour les exercices 1 et 2, revoyez la page 16.
Apprenez les nombres de 1 à 12.

3 Vous aimez Paris ?

CORINNE :	Tiens ! voilà Sylvie !
ISABELLE :	Ah oui ! Et avec elle, c'est qui ?
CORINNE :	C'est Marina et Silvio, des amis de Sylvie.
ISABELLE :	Des Italiens ?
CORINNE :	Oui, ils habitent Venise.
ISABELLE :	Ils parlent français ?
CORINNE :	Un peu... Mais Sylvie parle italien.

SYLVIE :	Bonjour, Corinne ! Bonjour, Isabelle ! Voici mes amis, Marina et Silvio.
CORINNE :	Bonjour ! Vous visitez Paris ?
SYLVIE :	Oui, aujourd'hui, avec Marina et Silvio, on visite Paris...

ISABELLE :	(à Marina et Silvio) Vous aimez Paris ?
MARINA :	Oui, moi, beaucoup ! Mais Silvio, lui, il déteste Paris, il préfère Venise.
SYLVIE :	Quoi ? Tu détestes Paris ?
SILVIO :	Non, non ! J'aime aussi Paris. Nous aimons tous Paris !

1 _Regardez._

X parle à Y.

X parle à Y et à Z.

Ils parlent de Marina.
Ils parlent de Michel.

2 _Jouez ces scènes._

Il aime le thé.

Il déteste le café.

3 _Faites des dialogues avec :_

habiter – aimer – détester – préférer – visiter... Paris, Nice, ...

4 _Écoutez le dialogue de la page 22 et répondez._

Marina et Silvio habitent à Paris ? et Sylvie ?
Les trois amis visitent Paris ?
Ils parlent français ?
Marina et Silvio aiment Paris ?
Et Sylvie ?
Et Isabelle ?

5 _Lecture ou dictée._

Silvio et Marina habitent en Italie, à Venise. Ils voyagent beaucoup. Aujourd'hui, avec Sylvie, ils visitent Paris. Marina aime beaucoup Paris. Silvio préfère Venise, mais il aime aussi Paris.
Et vous, aimez-vous Paris ?

Les personnes et les pronoms personnels sujets

Marina parle de Marina :	Je parle un peu français.	**Je**	(1re personne)	S I N G U L I E R
Sylvie parle à Silvio :	Tu détestes Paris ?	**Tu**	(2e personne)	
Marina parle de ⟨ *Silvio :* / *Sylvie :*	Il préfère Venise. / Elle parle italien.	**Il** **Elle**	(3e personne)	
Les amis parlent ensemble :	Nous aimons tous Paris.	**Nous**	(1re personne)	P L U R I E L
Corinne parle à Sylvie et Silvio :	Vous visitez Paris ?	**Vous**	(2e personne)	
Sylvie parle de ⟨ *Silvio et Marina :* / *Corinne et Marie :*	Ils habitent à Paris. / Elles habitent à Venise.	**Ils** **Elles**	(3e personne)	

Remarques : 1. **On** = 3^e personne, singulier. On visite Paris = nous visitons Paris.
2. Masculin + féminin → **masculin pluriel.**
   Il parle + elle parle → **ils** parlent. Il parle + elles parlent → **ils** parlent.

6 *Mettez les pronoms.*

Exemple :... détestes Paris ? → Tu détestes Paris ?

... préfères Venise. – ... aimons tous Paris. – ... habitent à Paris. – ... parle un peu français. – ... parle italien. – ... visitez Paris ?

7 *Mettez les pronoms.*

Exemple :... habitent à Paris, il + elle → Ils habitent à Paris.

habiter à Venise, il + elles – parler italien, elles + il – aimer Paris, ils + elle.

8 *Remplacez* on par nous *et* nous par on.

Exemple : On aime tous Paris. → Nous aimons tous Paris.

Nous visitons Venise. – Nous aimons Marie. – On visite Paris.

Verbes réguliers au présent

S I N G U L I E R	1	**Je**	parl**e** français.	**Nous** parl**ons** italien.		1	P L U R I E L
	2	**Tu**	parl**es** italien ?	**Vous** parl**ez** français ?		2	
	3	**On** **Il** **Elle**	parl**e** français.	**Ils** **Elles**	parl**ent** italien.	3	

Remarques : 1. Écoutez la prononciation des terminaisons : **e, es, ent.**
2. **Je** parle / **J'**aime, **j'**habite.
3. Nous [z] aimons, nous [z] habitons, vous [z] aimez, ils [z] habitent.

9 *Mettez les pronoms.*

Exemple :... parlons → Nous parlons.

... visitez – ... parlent – ... parle – ... visites – ... parlons – ... parlez – ... visitons – ... parles – ... visite – ... visitent – ... aiment – ... habitons – ... aime – ... habites.

10 *Mettez les terminaisons.*

Exemple : J'aim... → J'aime.

vous habit... – nous visit... – ils parl... – tu aim... – j'aim... – ils habit... – elle parl... – elles aim... – nous parl... – vous aim... .

11 *Anglais, français, italien ? Répondez.*

Exemple : Sylvie, Paris → Sylvie habite Paris ; elle parle français.

Marina et Silvio, Venise – Jerry, Londres – Sophie et Marie, Genève – Pierre et Denis, Genève – Jim, Jack et Nancy, Washington – Annie, Nice – Et vous ?

Formes de politesse

Je parle à deux, trois, quatre... dix personnes : **Vous** aimez Paris ? (pluriel)	*Je parle à une personne :* **Vous** aimez Paris ? (forme polie) **Tu** aimes Paris ? (forme familière)

12 *Mettez à la forme polie et à la forme familière.*

visiter Paris – habiter Venise – parler français – détester Paris.

L'article : un, une, des

C'est qui ? | Silvio, **un** ami de Sylvie.
Marina, **une** amie de Sylvie.
Marina et Silvio, **des** amis de Sylvie.
Corinne et Isabelle, **des** amies de Sylvie.

	SINGULIER	PLURIEL	
MASC.	**un** am**i**	**des**	am**is**
FÉM.	**une** ami**e**		ami**es**

Remarque : Il est italien / C'est **un** Italien.

13 *Un, une, des ? Mettez l'article.*

... rencontre – ... monsieur – ... nom – ... avions – ... lettres – ... film – ... garçon – ... heure – ... train – ... ami – ... films – ... noms – ... trains – ... personne.

14 *Complétez avec un, une, des.*

Garçon, ... demi ! – C'est ... nom italien. – C'est ... avion français. – C'est ... lettre muette. – Il est ... heure et demie. – Vous avez ... amis ?

POUR BIEN PRONONCER

L'accent tonique

 a. amí – avéc – avenué – parlér – français – italién

b. Monsieúr → Monsieur Sichót → Monsieur Paul Sichót.

15 *Écoutez ; répétez.*

 avion – regarder – garçon – midi – minuit – seulement – zéro – présenter.

16 *Écoutez ; répétez.*

 Mallet → Cécile Mallet → Mademoiselle Cécile Mallet. – Lamy → Philippe Lamy → Monsieur Philippe Lamy. – Sylvie → Sylvie parle → Sylvie parle français. – Isabelle → Isabelle visite → Isabelle visite Venise. – un avion → un avion français → C'est un avion français. – un train → un train italien → C'est un train italien.

À Paris

17 *Quel dessin ? Quelle phrase ?*

a. Sylvie téléphone à Marina.
b. Marina chante en italien.
c. Christina étudie le français avec moi.
d. Vous chantez et vous dansez bien.
e. Ils travaillent à Venise.
f. Nous marchons dans le parc.
g. Elles regardent la télévision.
h. Elle présente Silvio à Isabelle.
i. Mes amis voyagent en France.

18 *Écrivez un texte avec les mots « aimer », « ami », « avec », « bonjour », « et »,
« habiter », « non », « oui », « visiter », « voilà » et avec les mots de la page.*

19 *Écoutez.*

— Pardon, monsieur. Vous avez l'heure ?
— Oui, il est quatre heures et demie.
— Merci beaucoup.
— Il n'y a pas de quoi.

— Vous permettez, madame ?
— Je vous en prie.

À vous ! Demandez :

une cigarette à votre voisin — à quelle heure est le train pour Nice —
une bière (au café)...

20 Paris, c'est...

Sur le plan, cherchez :

– le musée d'Orsay ;
– le quartier Saint-Germain-des-Prés ;
– la cathédrale Notre-Dame :
– le Panthéon.

21 Écoutez.

J'ai deux amours

J'ai deux amours :
mon pays et Paris
Par eux toujours,
mon cœur est ravi.

Création JOSÉPHINE BAKER,
Musique de VINCENT SCOTTO.
Éditions Salabert, Paris.

4

Dix heures du soir !

SILVIO : Quelle heure est-il, maintenant ?
SYLVIE : Il est dix heures...
SILVIO : Le film à la télévision est à dix heures
et demie, n'est-ce pas ?
SYLVIE : Non, à onze heures seulement. Comme toujours...

SILVIO : À onze heures !... Est-ce qu'on joue aux cartes ?
MARINA : Ah non ! Nous jouons souvent aux cartes !
Et moi, je n'aime pas beaucoup ça.
SILVIO : Sylvie ! Tu ne joues pas du piano ?

SYLVIE : Mais si ! Mais alors, vous chantez...
en italien ou en français. D'accord ?
MARINA : D'accord ! Nous chantons... Et nous dansons !
SYLVIE : Ah non ! Chanter, oui ! Mais danser ?
À dix heures du soir ? Jamais ! Et les voisins ?
SILVIO : Et le piano, à dix heures du soir !

Des expressions

Oui

Oui ⟨ Bien sûr !
   Entendu !
   D'accord !

Non

Non ⟨ Pas d'accord !
   Pas du tout !

Peut-être

Oui ?
Non ?

| Ah ! | oui | → | Ah oui ! | Mais oui ! |
| Mais | non | | Ah non ! | Mais non ! |

Nous parlons | **souvent** / **toujours** | anglais. Nous regardons | **souvent** / **toujours** | le film.

1 Répondez. Choisissez une expression.

Tu danses avec moi ?   Vous chantez en italien ?
Ça va bien, Hélène ?   Tu joues du piano ?
Vous parlez anglais ?   On regarde le film ?
Tu aimes Paris ?   Nous jouons aux cartes ?

2 Pour exprimer une opinion.

J'aime | un peu / beaucoup | jouer du piano.
jouer aux cartes.
regarder la télévision.
écouter la radio.

Un élève demande : « Est-ce que tu aimes... ? » Un autre répond.

3 Écoutez le dialogue de la page 28 et répondez.

Le film est à quelle heure ?
Il est quelle heure maintenant ?
Marina aime la musique ?
Sylvie chante ? Elle danse ?
Et vous, vous chantez ? Vous dansez ? Vous aimez le piano ? Vous regardez des films à la télévision ? Vous aimez ça ?

4 Vous aimez ça ?

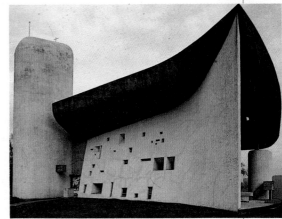

5 Lecture ou dictée.

 À la maison, le soir, les trois amis écoutent la radio, jouent aux cartes ou regardent la télévision. Souvent aussi, ils marchent un peu dans les rues de Paris. Ils aiment beaucoup Paris le jour, mais ils préfèrent Paris la nuit !

POUR PRATIQUER LA GRAMMAIRE

Ne ... pas : la négation

Silvio et Marina jouent aux cartes, ils **ne** dansent **pas**.
Silvio et Marina **ne** jouent **pas** aux cartes, ils dansent.

Remarques :
1. Il **n'**aime pas les cartes :
   ne → **n'** + a, e, i, o, u.
2. **Ne ... jamais** comme ne ... **pas**.

6 Faites les phrases avec la négation.

Exemple : Cécile, regarder le film → Cécile ne regarde pas le film.

Gérard, écouter la radio – Sylvie, Corinne, visiter Paris – Marina, chanter en français – Luis, présenter Marie – Marie, aimer Louis.

Je demande... oui ou non ?

a. avec un pronom

Tu joues aux cartes ?

Est-ce que tu joues aux cartes ?

Joues-tu aux cartes ?

Oui, (je joue aux cartes).

Non, (je ne joue pas aux cartes).

Remarques : 1. Tu ne joues pas aux cartes ? **Si**. 2. Aime-**t**-il, aime-**t**-elle, aime-**t**-on ?

7 Posez la question. Faites l'exercice à trois.

Exemple : Oui, je joue du piano. → Joues-tu du piano ?
ou Est-ce que tu joues du piano ? ou Tu joues du piano ?

Non, je ne regarde pas la télévision. – Oui, je visite Paris. – Non, je ne danse pas. – Oui, je travaille un peu. – Non, je n'écoute pas la radio.

Non, il déteste Venise. – Oui, il chante bien. – Oui, il parle français. – Non, il ne danse pas bien.

8 Répondez oui ou non.

Exemple : Est-ce que tu aimes le français ? → Non, je n'aime pas le français. ou Oui, j'aime le français.

Est-ce que tu danses bien ? – Tu regardes la télévision ? – Aimez-vous le café ? – Écoutez-vous de la musique ? – Ils jouent aux cartes ?

9 Donnez les deux réponses.

Exemple : Il n'aime pas Venise ? → Non, il n'aime pas Venise. ou Si, il aime Venise.

Il n'écoute pas la radio ? – Il ne regarde pas la télévision ? – Ils ne marchent pas dans la rue ? – Il n'habite pas à Paris ? – Il ne téléphone pas à Marie ?

b. avec un nom

Sylvie joue aux cartes ?

Est-ce que Sylvie joue aux cartes ?

Sylvie joue-**t**-elle aux cartes ?

Oui (, elle joue aux cartes).

Non (, elle ne joue pas aux cartes).

10 *Posez la question.*

Exemple : Oui, Sylvie joue du piano. → Sylvie joue du piano ? ou Est-ce que Sylvie joue du piano ?
ou Sylvie joue-t-elle du piano ?

Non, Marina ne regarde pas la télévision. – Oui, Sylvie danse bien. – Non, Marie n'aime pas Louis. – Oui, Silvio présente Marina à Corinne. – Oui, Marina préfère Venise.

L'article : le, la, les

Le film, à **la** télévision, est à dix heures.
Et **les** voisins ?

au

	SINGULIER	PLURIEL
MASC.	**le** piano **l'**ami	piano**s** ami**s**
	les	
FÉM.	**la** rue **l'**ami**e**	rue**s** ami**es**

11 *Mettez l'article.*

... nom – ... garçon – ... lettre – ... films – ... train – ... personne – ... café – ... leçon – ... thé – ... boulevard – ... leçons – ... pianos – ... jardins – ... rue – ... boulevards – ... radio – ... avion – ... avenues – ... heure – ... amie.

Le, un... de...

C'est **le** café **de** Silvio ? Non.
C'est **le** café **de** Marina ? Oui.

Marina, un seul ami → **l'**ami **de** Marina	Marina	un ami un ami un ami (un ami) un ami un ami	→ **un** ami **de** Marina

12 *Le café de Marina ? Un ami de Marina ? Mettez l'article.*

... thé de Marina (un seul thé) – ... rue de Paris (une rue, une rue, ...) – ... nom du garçon (un seul nom).

POUR BIEN PRONONCER

L'intonation interrogative

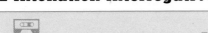

Tu joues aux cartes ?

Comment vous appelez-vous ?   Qui est-ce ?

Joues-tu aux cartes ?   Est-ce que tu joues aux cartes ?   À quelle heure est l'avion ?

13 *Écoutez ; répétez.*

a. Tu joues aux cartes ? – Il regarde la télévision ? – Ils dansent bien ? – Elle chante en français ? – Ils visitent Paris ? – Ils préfèrent Venise ? – Vous écoutez la radio ? – Nous regardons le film ?

b. Joues-tu aux cartes ? – Est-ce que tu joues aux cartes ? – À quelle heure est l'avion ? – Quelle heure est-il ? – À quelle heure est le train ? – Est-ce que vous dansez ? – Est-ce qu'elle regarde le film ? – Est-ce que tu écoutes la radio ? – Est-ce que c'est le café de Marina ?

Activités et préférences

14 Posez les questions. Tu ou vous ?

Exemple : Sylvie (jouer du piano) → Est-ce que tu joues du piano ?

Madame Mallet (voyager souvent) →
Silvio et Marina (travailler à Venise) →
Cristina (étudier le français) →
Madame Rivot (téléphoner à madame Mory) →

15 Trouvez les dialogues.

– ...
– Ah ! non. Merci.

– ...
– Je vous en prie !

– ...
– Quoi ?

– ...
– Comme ci, comme ça !

– ...
– Mais si !

16 Lecture.

Le voisin de droite éteint sa TSF,
le voisin de gauche arrête son phono,
la voisine d'en haut cesse de glapir,
la voisine d'en bas ferme son piano.

RAYMOND QUENEAU, *Si tu t'imagines*, N.R.F., Le Point du jour.

17 Est-ce que vous aimez ça ?

Exemple : (radio, télévision) je → J'aime bien la radio, mais je préfère la télévision.

(Rome, Venise) nous →
(les films, les matchs de tennis) Silvio →
(la musique classique, le jazz) elles →
(le thé, le café) elle →
(jouer aux cartes, jouer du piano) Sylvie →
(le français, l'italien) je →

Est-ce que vous aimez le cinéma ?

C.G. 26, rue Pasteur. 81.53.70.46.
PL. : 31 F. TR : Lun et – 18 ans.
1. *Séances : 14 h 15, 16 h 45,*
19 h 15, 21 h 45.
LA FAMILLE
2. *Séances : 13 h 45, 15 h 50,*
17 h 55, 20 h, 22 h 05.
SOUS LE SOLEIL DE SATAN
3. *Séances : 13 h 50, 15 h 55, 18 h,*
20 h 05, 22 h 10.
SOUL MAN (Dolby stéréo)
4. *Séances ; 14 h, 16 h, 18 h, 20 h,*
22 h.
AGENT TROUBLE
5. *Séances : 14 h 05, 16 h 35,*
18 h 05, 21 h 35.
37 DEGRÉS 2 LE MATIN

Pour vous aider :

américain, français, franco-italien,
étranger.
comédie, drame, policier, film
d'aventure.

18 Quelle est votre distraction préférée ?

Les distractions des Français	en pourcentage
• Regarder la télévision	33
• Lire	16
• Aller au cinéma	12
• Le sport	11
• Écouter de la musique chez soi	8
• Sortir au restaurant, en boîte...	7
• Aller au concert ou au théâtre	4
• Les expositions, les musées	2
Sans opinion	7

« Le Monde RTL », *Les cahiers du cinéma*, LOUIS HARRIS, 8 mai 1986.

19 Interview. Préparez les questions par écrit et interrogez votre voisin.

« Est-ce que tu... / ... vous ... »

habiter à Rome
parler bien espagnol
voyager beaucoup
dormir souvent

jouer aux cartes, au tennis, du piano
écouter de la musique pop, du jazz
regarder la télévision
visiter les musées

LEÇON 3

■ *Demander une information, donner son opinion.*

▶ *Les personnes et les pronoms personnels sujets.*

▶ *Verbes réguliers au présent.*

▶ *Formes de politesse.*

▶ *L'article : un, une, des.*

▶ *L'accent tonique.*

● *À Paris.*

APPRENEZ *par cœur*

le présent du verbe **habiter.**

Pour l'exercice 2, revoyez la page 24.
Pour l'exercice 4, revoyez la leçon 2.
Apprenez les mots des leçons 1, 2 et 3, pages 20, 21 et 34.

---

expressions et mots nouveaux

Aimer, *v.*
Ami(e), *n.*
Aujourd'hui, *adv.*
Aussi, *adv.*
Avec, *prép.*
Avenue, *n. f.*
Beaucoup, *adv.*
Chanter, *v.*
Dans, *prép.*
Danser, *v.*
De, *prép.*
Des, *art. indéf.*
Détester, *v.*
Écouter, *v.*
Elle, elles, *pron. pers. f.*

En, *prép.*
Étudier, *v.*
Français(e), *n.*
Français(e), *adj.*
Habiter, *v.*
Ils, *pron. pers. m. plur.*
Italien(ne), *n.*
Italien(ne), *adj.*
Jouer, *v.*
Lui, *pron. pers.*
   m. sing.
Mais, *conj.*
Marcher, *v.*
Mes, *adj. poss.*
Musée, *n. m.*

Nous, *pron. pers. plur.*
On, *pron. pers.*
Parc, *n. m.*
Parler (à), (de), *v.*
Personne, *n. f.*
Peu (un peu), *adv.*
Préférer, *v.*
Quartier, *n. m.*
Télévision, *n. f.*
Tiens !, *interj.*
Tous, *pron. indéf.*
Travailler, *v.*
Tu, *pron. pers. sing.*
Visiter, *v.*
Voyager, *v.*

---

1 *Faites des phrases.*

Exemple : Marina / Sylvie / avec / visiter Paris /
Marina visite Paris avec Sylvie.

a. chanter / Marina et Silvio / avec / en italien / Sylvie /
b. nous / ensemble / regarder / la télévision /
c. je / Paris / habiter à / Venise / mais / préférer / je /
d. aimer / mais / aussi / elle / la radio / la télévision / elle / aimer /

2 *Conjuguez le verbe.*

Exemple : parler, 1ʳᵉ personne, singulier → Je parle.

aimer, 2ᵉ pers. sing. – habiter, 3ᵉ pers. plur. – parler, 1ʳᵉ pers. plur. – visiter, 1ʳᵉ pers. sing. – aimer, 3ᵉ pers. sing. – habiter, 2ᵉ pers. plur. – parler, 1ʳᵉ pers. plur. – visiter, 1ʳᵉ pers. sing. – aimer, 3ᵉ pers. plur.

3 *Remplacez les mots soulignés.*

a. Nous <u>habitons</u> à Paris. (visiter, aimer, étudier à)
   → *Nous visitons Paris. Nous...*
b. Je <u>téléphone</u> à Marina. (aimer, danser avec, écouter, parler de)
c. <u>Nous</u> regardons la télévision. (tu, elles, Marie, vous, je)
   → *Tu regardes la télévision. Elles...*
d. <u>Philippe</u> étudie à Paris. (nous, mes amis, elle, tu, Éric)

4 *Écrivez les noms. C'est...*

LEÇON 4

expressions et mots nouveaux

ctivité, *n. f.*
lors, *adv.*
nglais(e), *n.*
nglais(e), *adj.*
ux, *art, contracté*
  plur.
en sûr, *adv.*
oulevard, *n. m.*
artes, *n. f. plur.*
inéma, *n. m.*
omme toujours, *loc.*
  adv.
oncert, *n. m.*
'accord, *adv.*
u, *art. déf. m. sing.*

Est-ce que..., *adv.*
  interrog.
Exposition, *n. f.*
Jamais, *adv.*
Jardin, *n. m.*
Jour, *n. m.*
Lire, *v.*
Maintenant, *adv.*
Maison, *n. f.*
Musique, *n. f.*
Ne (n')... pas, *adv.*
N'est-ce pas ?, *adv.*
  interrog. négatif
Nuit, *n. f.*
Ou, *conj.*

Pas d'accord, *loc. adv.*
Pas du tout, *loc. adv.*
Peut-être, *adv.*
Piano, *n. m.*
Préférence, *n. f.*
Radio, *n. f.*
Répondre, *v.*
Restaurant, *n. m.*
Rue, *n. f.*
Si, *adv.*
Soir, *n. m.*
Souvent, *adv.*
Sport, *n. m.*
Théâtre, *n. m.*
Voisin(e), *n.*

■ *Exprimer ses préférences.*
■ *Proposer / accepter ou refuser une proposition.*

▶ *Ne ... pas : la négation.*
▶ *Je demande ... Oui ou non ?*
▶ *L'article : le, la, les. Le, un... de...*
▶ *L'intonation interrogative.*

● *Activités et préférences.*

Transformez.

Exemple : Ils regardent la télévision. → *Est-ce qu'ils regardent la télévision ?*

a. Sylvie déteste la radio.   →
b. Elle chante bien.   →
c. Elle danse aussi.   →
d. Ils jouent aux cartes.   →

Remplacez les mots soulignés.

Exemple : Je chante bien. (nous – tu) → **Nous** *chantons bien.* **Tu** *chantes bien.*

Silvio aime voyager. (tu – vous – Marina – Monsieur et madame Rivot) →
Tu voyages beaucoup. (vous /peu – Marina / assez souvent) →
Est-ce que tu étudies à l'Université ? (tu / à Paris – ils / avec Sylvie – elle / à l'Alliance française) →

Devant chaque mot, écrivez l'article le, la ou l' et mettez M pour masculin ou F pour féminin.

Exemple : ... film ( ) → **le** *film (**M**)*

... heure (   )   ... voisin (   )   ... avion (   )
... horloge (   )   ... carte (   )   ... amie (   )
... musée (   )   ... thé (   )   ... musique (   )

Voici des questions.
À quelles questions peut-on répondre par Si ?

a. Sylvie joue du piano ?   ☐
b. Est-ce que Sylvie ne parle pas italien ? ☐
c. Vous ne parlez pas français ?   ☐
d. Ils voyagent en Italie, n'est-ce pas ? ☐
e. Ils ne travaillent pas ?   ☐
f. Paul n'écoute pas la radio ?   ☐

Faites des phrases avec les mots.

a. joues / aux cartes / tu / souvent /
b. ne / le film / regarde / pas / elle /
c. beaucoup / écoutez / la radio / vous /

Faites une liste des noms féminins des leçons 1, 2, 3 et 4 avec la ou l'.
Faites une liste des noms masculins des leçons 1, 2, 3 et 4 avec le ou l'.
Apprenez les deux listes par cœur.

5 Étudiante et dactylo

LE PROFESSEUR :	Bonsoir, mademoiselle. Qu'est-ce que vous désirez ?
L'ÉTUDIANTE :	Bonsoir, madame. Je suis étudiante. Dans votre classe...
LE PROFESSEUR :	Ah ! vous êtes une nouvelle étudiante ?
L'ÉTUDIANTE :	Oui, madame.
LE PROFESSEUR :	Ici, nous sommes en troisième année de français... Salle 25.
L'ÉTUDIANTE :	C'est bien ça, madame. Salle 25. Troisième année...

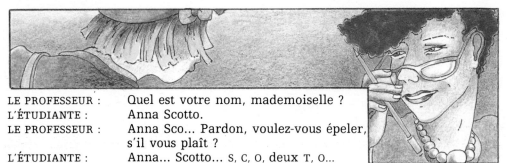

LE PROFESSEUR :	Quel est votre nom, mademoiselle ?
L'ÉTUDIANTE :	Anna Scotto.
LE PROFESSEUR :	Anna Sco... Pardon, voulez-vous épeler, s'il vous plaît ?
L'ÉTUDIANTE :	Anna... Scotto... S, C, O, deux T, O...

LE PROFESSEUR :	Vous êtes en retard, Anna. En retard de vingt minutes. Le cours commence à six heures, et il est six heures vingt !
L'ÉTUDIANTE :	Excusez-moi, madame. Je suis étudiante, mais je suis aussi dactylo... Dans une banque... Loin d'ici...
LE PROFESSEUR :	C'est entendu, Anna. Mais,... l'heure c'est l'heure !

Quelques nombres...

Dix ... Onze		

12	douze	20	vingt	40	quarante
13	treize	21	vingt et un	41	quarante et un
14	quatorze	22	vingt-deux		...
15	quinze	23	vingt-trois		...
16	seize		...	50	cinquante
17	dix-sept		...	51	cinquante et un
18	dix-huit	30	trente	60	soixante
19	dix-neuf	31	trente et un		
		32	trente-deux		**Attention !**
					vingt et un
					trente et un

1 *Vrai ou faux ?*

a. Anna est étudiante.
b. Elle est en 1re année de français.
c. Elle s'appelle Anna Giuliani.
d. Aujourd'hui elle arrive en avance.
e. Le cours commence à six heures.
f. Elle travaille dans une agence de voyages.

	VRAI	FAUX

2 *Le cours commence à six heures !*

Elle est en avance.

Elle est à l'heure.

Elle est en retard.

3 *Quelle heure est-il ?*

Il est six heures et quart ou six heures quinze. `06 15`   Il est six heures juste. `06 00`

Il est six heures et demie ou six heures trente. `06 30`   Il est six heures vingt. `06 20`

Il est six heures cinquante-cinq ou sept heures moins cinq. `06 55`

4 *Trouvez la question.*

Je suis étudiante. – Le cours commence à six heures. – Anna Scotto. – Oui, madame, dans une banque. – Non, madame, en troisième année. – Non, je suis dactylo.

5 *Lecture ou dictée.*

Anna Scotto est une nouvelle étudiante. Elle est en troisième année de français. Aujourd'hui, elle est en retard : le cours commence à six heures ! Anna est dactylo dans une banque loin de l'Alliance, mais l'heure, c'est l'heure...

De midi à minuit. Quelle heure est-il ?

minuit		midi			minuit
0	1 2 3 4 5 6 7 8 9 10 11	**12**	13 14 15 16 17	18 19 20 21 22 23	**24**
			1 2 3 4 5	6 7 8 9 10 11	
	du matin		**de l'après-midi**	**du soir**	

Remarque :

11 00	onze heures du matin *ou* onze heures (heure officielle).
14 05	deux heures cinq (de l'après-midi) *ou* quatorze heures cinq (heure officielle).
21 45	dix heures moins le quart *ou* vingt et une heures quarante-cinq (heure officielle).

6 *Donnez l'heure.*

| 09 10 | 16 30 | 18 00 | 04 20 | 07 25 | 22 25 | 24 00 | 02 15 | 00 05 | 13 33 |

Je demande... Qui ? Qui est-ce qui ? Que ? Qu'est-ce que ?

Qui est en retard ? **Qui est-ce qui** est en retard ?	**Anna Scotto** est en retard.
Qu'est-ce qui commence à six heures ?	**Le cours** commence à six heures.
Que désirez-vous ? **Qu'est-ce que** vous désirez ?	Je désire **un café.**

Je demande le nom...

Comment vous appelez-vous ? **Comment est-ce que** vous vous appelez ?	Je m'appelle **Anna Scotto.**
Qui êtes-vous ?	Je suis **Anna Scotto.**
Quel est votre nom ?	Mon nom est **Anna Scotto.**

7 *Faites l'exercice à deux.*

Exemple : Qui écoute la radio ? (Silvio) → **Silvio** *écoute la radio.*

Qui est-ce qui joue du piano ? (Sylvie) – Qui est-ce qui visite Paris ? (Corinne) – Qui danse bien ? (Marina et Silvio) – Qui est-ce qui aime Louis ? (Marie) – Qu'est-ce qui est à dix heures ? (le film).

8 *Faites l'exercice à deux.*

Exemple : Qu'est-ce que vous regardez ? (le film) → *Nous regardons **le film**.*

> Qu'est-ce que vous écoutez ? (la radio) — Comment dansez-vous ? (bien) — Comment est-ce que vous chantez ? (en français, en italien).

9 *Qui êtes-vous ? Quel est votre nom ? Répondez.*

> Gérard — René — Louis — Gaston. ***Et vous ?***

10 *Posez les questions.*

Exemple : Anna Scotto est en retard. → *Qui est en retard ?* ou *Qui est-ce qui est en retard ?*

> Le professeur écoute la radio. — Le cours commence à six heures. — L'étudiante travaille à la banque. — Le cours est en salle 25.

11 *Posez les questions.*

Exemple : Je désire un thé. → *Que désirez-vous ?* ou *Qu'est-ce que vous désirez ?*

> Elle désire un thé. — Ils écoutent la radio. — Elles regardent la télévision. — Je m'appelle François. — Elle s'appelle Marie. — Elle danse bien.

Le verbe être au présent

S I N G U L I E R	1	Je	**suis** étudiante.	Nous **sommes** en 1re année.	1	P L U R I E L
	2	Tu	**es** Anna ?	Vous **êtes** dactylo ?	2	
	3	On Il Elle	**est** en retard.	Ils Elles **sont** dans la classe.	3	

12 *Complétez avec le verbe ou le pronom.*

> Il ... trois heures. — Elle ... dactylo. — On ... en 1re année. — Ils ... en retard. — Vous ... Anna. — On ... dans le train. — Nous ... à la banque. — Elles ... à l'Alliance. — ... est étudiante. — ... sommes étudiants. — ... sont français. — ... est en retard.

POUR BIEN PRONONCER

L'intonation des phrases affirmatives et négatives

> Elle est là.   Je désire du café.   Je suis étudiante, mais je suis aussi dactylo dans une banque.
>
> Il n'est pas six heures.   Il est six heures et je ne suis pas en retard.

13 *Écoutez ; répétez.*

> a. Elle est là. — C'est Anna. — Oui, madame. — Bonsoir, mademoiselle. — C'est bien ça. — Ça va bien. — Enchanté, madame. — Comme toujours.
>
> b. On n'est pas en retard. — Elle ne chante pas, elle ne danse pas et elle n'écoute pas de musique. — Il ne regarde pas la télévision, il n'aime pas le cinéma, il n'écoute pas la radio et il ne joue pas aux cartes.

Au fil des heures

14 *Où allez-vous ?*
À quelle heure partez-vous ?

15 *Vous êtes à Nice et vous allez à Paris.*
Demandez à quelle heure part le premier train, le deuxième, le dernier.
À quelle heure arrive le premier train à Paris, le deuxième et le dernier ?

SNCF Nice – Paris

Nice-Ville	D 06.41		08.35		12.46	14.43	17.49
Cagnes-sur-Mer	D						
Antibes	D 06.58		08.52		13.02	14.59	18.04
Juan-les-Pins	D		08.56				
Cannes	D 07.09		09.06		13.12	15.10	18.15
Marseille-St-Charles	A 09.08		11.15			17.00 17.31	20.12 20.27
Arles	A 09.58					17.52	
Avignon	A 10.18		12.26		15.54	18.14 18.23	
Orange	A		12.44			18.52	23.23
Valence	A 11.31		13.35		16.51	19.36 19.18	00.26
Lyon-Perrache	A	13.20					01.33
Lyon-Part-Dieu	A 12.41	13.27	14.40			20.35	
Macon-Ville	A 13.23						
Dijon-Ville	A 14.33			14.48			03.27
Paris-Gare-de-Lyon	A	15.34		16.28	19.51	22.17	06.30

16 *Lecture.*

PAGE D'ÉCRITURE

Deux et deux quatre
Quatre et quatre huit
Huit et huit font seize...
Répétez ! dit le maître

Deux et deux quatre
Quatre et quatre huit
Huit et huit font seize.
[...]
Et seize et seize qu'est-ce qu'ils font ?

JACQUES PRÉVERT, *Paroles*, Gallimard.

17 *La journée et les repas en France.*

La famille Martin déjeune à huit heures.

Pascal déjeune
à midi et demi.

José
déjeune à midi.

Julie et Jérôme goûtent
à quatre heures et demie.

Et dans votre pays ?

18 *Écoutez.*

Mon ami Edgar
M'a dit hier au soir :
« A midi et quart,
Gare Saint-Lazare ! »
Il est en retard
Mon ami Edgar.
Je flâne au hasard,
Gare Saint-Lazare.

[...]

À une heure et quart,
C'est vraiment trop tard.
Tant pis pour Edgar :
Pas perdus, je pars !

Comment j'ai perdu mes pas à la gare Saint-Lazare,
Paroles de J. CHARPENTREAU,
L'Ecole des loisirs, Paris, 1978.

Véronique et Vincent dînent à vingt et une heures.

6

Vous travaillez assez ?

Mesdames, Messieurs...

Voici les lauréats du concours de français.

— Mademoiselle, qui êtes-vous ?
— Je m'appelle Anna. Anna Scotto... Je suis italienne et j'habite à Rome... Je voudrais être professeur de français en Italie.
— Pour vous, le français, c'est facile ?
— Oh ! facile... peut-être..., mais je ne travaille pas beaucoup en classe.
— Pourquoi ?
— J'aime Paris... J'aime marcher dans les rues... J'aime bien visiter les musées... Je travaille aussi dans une banque et je suis fatiguée...
— Et pourtant, Anna est la première de la classe !

— Et vous, monsieur ?
— Moi, je m'appelle Jack Bennet. Je suis de Los Angeles.
— Vous voulez être professeur de français, vous aussi ?
— Non. Moi, je voudrais être interprète à l'O.N.U. J'étudie aussi l'italien.
— Alors, vous travaillez beaucoup ?
— Oui, beaucoup.

— Et, vous, monsieur... vous êtes ?
— Koffi Tetégan. Togolais. De Lomé. Moi, je voudrais étudier le droit international à l'Université.
— Vous parlez bien français, monsieur Tetégan !
— Merci... mais pas encore assez bien pour l'Université... Anna et Jack, eux, travaillent beaucoup...
— Et vous ?
— Moi ? Un peu !
— Vous visitez Paris, vous aussi ?
— Oui, avec ma petite amie française.

1 *Je voudrais* + **verbe à l'infinitif :**

> **a. pour exprimer un désir, un souhait :**
> je voudrais être professeur de français ; je voudrais être interprète à l'O.N.U. ;
> je voudrais étudier le droit international.

> **b. pour faire une demande polie :**
> je voudrais téléphoner.

2 *Qu'est-ce qu'ils disent ? Vrai ou faux ?*

	VRAI	FAUX

ANNA : Je voudrais être interprète à l'O.N.U.

JACK : Le français, c'est facile.

KOFFI : Je suis à l'Université.

LE PRÉSENTATEUR : Anna est la première de la classe.

KOFFI : Anna et Jack travaillent beaucoup.

JACK : Je visite les musées.

3 *Faites des phrases complètes.*

a. Comment vous appelez-vous ?
b. Elle est très fatiguée,
c. Elle ne parle pas assez bien le français
d. Elle travaille dans une banque, loin de l'école,
e. Pour elle, le français c'est très facile
f. Elle joue aux cartes avec moi,

- mais elle n'aime pas beaucoup ça !
- alors, elle ne travaille pas beaucoup.
- alors, elle est toujours en retard.
- Anna Scotto.
- pourtant elle est toujours la première !
- pour étudier à l'Université.

4 *Regardez.*

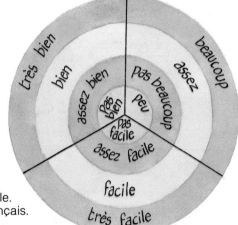

Relisez le dialogue de la page 42.

a. Pour Anna, le français, c'est facile.
b. Anna et Jack travaillent beaucoup.
c. Anna ne travaille pas beaucoup.
d. Étudier le français et travailler dans une banque, ce n'est pas facile.
e. Koffi ne parle pas assez bien le français.

Maintenant, faites des phrases avec :

beaucoup, pas beaucoup – c'est facile, ce n'est pas facile – assez bien, bien, très bien.

5 *Lecture ou dictée.*

 Anna Scotto, Jack Bennet et Koffi Tetégan sont trois lauréats du concours de français. Anna est italienne, Jack américain et Koffi togolais.
Pour être professeur de français en Italie, interprète à l'O.N.U. ou pour étudier le droit international à l'Université, ils travaillent beaucoup !

Pronoms personnels sujets : rappel

S I N G U L I E R	1re pers.	**Je** travaille.	masculin et féminin	**Nous** travaillons.	P L U R I E L
	2e pers.	**Tu** aimes.	masculin et féminin	**Vous** chantez.	
	3e pers.	**On** visite. **Il** danse. **Elle** danse.	masculin et féminin masculin féminin	**Ils** écoutent. **Elles** marchent.	

Remarque :

j'aime :

je → **j'** + a, e, i, o, u

6 *Mettez les pronoms.*

... aiment. – ... visites. – ... travaillez. – ... étudie. – ... danse. – ... jouent.

Pronoms personnels toniques

S I N G U L I E R	1re pers.	**Moi,** je travaille.	**Nous,** nous dansons.	P L U R I E L
	2e pers.	**Toi,** tu marches.	**Vous,** vous voyagez.	
	3e pers.	**Lui,** il écoute. **Elle,** elle étudie.	**Eux,** ils parlent. **Elles,** elles jouent.	

Remarques :

1. Qui danse ? → Je danse !
   ou Moi, je danse ! *ou* Moi !
2. ... et moi → nous ;
   toi et ..., ... et toi → vous.
3. Je joue **avec lui.**
   Je chante **pour eux.**
   Nous parlons **de toi.**

7 *Mettez les pronoms.*

Exemple :... tu chantes ? → *Toi, tu chantes ?*

..., j'écoute ? – ..., ils marchent ? – ..., il voyage ? – ..., je danse ? – ..., tu joues ?

8 *Vous travaillez bien ? très bien ? mal ? Répondez.*

Exemple : Mme Lamy ? (très bien) → *Elle, elle travaille très bien.*

John ? (bien) – Sylvie ? (très bien) – Philippe ? (assez mal) – Nous ? (assez bien) – Anna et Jack ? (mal).

9 *Faites les phrases.*

Exemple : Paul et moi, écouter la musique → *Paul et moi, nous écoutons la musique.*

Silvio et moi, visiter Rome – Jack et toi, regarder la télévision – Koffi Tetégan et toi, travailler beaucoup – toi et Sylvie, marcher dans les rues – Juan et moi, être fatigués – toi et Saïd, être professeurs.

10 *Répondez.*

Exemple : Vous voyagez avec Marina ? → *Non, je ne voyage pas avec elle.*

Vous étudiez l'anglais avec Anne et Henri ? (oui) – Vous jouez avec Irène et Adèle ? (non) – Vous travaillez pour Mme Lamy ? (non) – Tu regardes la télévision avec Éric ? (oui).

11 *Complétez avec des pronoms toniques.*

Marina et..., vous visitez Paris ? – Silvio et..., nous sommes en retard. – ..., tu es
à l'heure. – Anna, ..., travaille dans une banque. – ..., il joue du piano. – ..., je
marche dans la rue. – ..., elles regardent la télévision. – Je ne parle pas de..., je
parle de... . – Toi et..., nous jouons aux cartes.

Verbe + verbe à l'infinitif

J'aime voyager.	→ Je **n'**aime **pas** voyager.
Je voudrais être professeur de français.	→ Je **ne** voudrais **pas** être professeur de français.

<u>Remarque</u> : J'aime voyager. *ou* J'aime **bien** voyager.

12 *Vous aimez bien ou vous n'aimez pas ? Répondez avec oui et non.*

Exemple : voyager en autobus (il) → *Oui, il aime bien voyager en autobus. ou Non, il n'aime pas...*

parler anglais (il) – jouer au football (ils) – chanter avec vous (nous) – dîner au
restaurant (nous) – arriver en retard (tu) – être à l'heure (elles). Et vous ?

Réponses : ... moi aussi, ... moi non plus

– J'aime danser. Et toi ?	– Je n'aime pas danser. Et toi ?
– (Oui,) **moi aussi**.	– (Non,) **moi non plus**.
– (Non,) **pas moi**.	– **Moi si** (, j'aime danser).

13 *Répondez.*

Exemple : Vous, vous aimez Paris. Et eux ? → *Eux aussi. ou Pas eux.*

Moi, j'aime écouter la radio. Et toi ? – Éric et René ne sont pas dans la classe. Et
elles ? – Lui, il étudie le droit. Et elle ? – Nous n'aimons pas jouer aux cartes. Et
eux ? – Toi, tu détestes voyager en avion. Et lui ? – Nous, nous aimons marcher
dans les rues. Et lui ? – Eux, ils travaillent dans une banque. Et moi ?

POUR BIEN PRONONCER

L'enchaînement voyelle / voyelle

René et Hélène → prononcer : René et Hélène.

14 *Écoutez ; répétez.*

a. Voici Anne et voilà Alain. – Voici Olivier et voilà Éric. – Voici Julie et voilà
Isabelle. – Voici Isabelle et voilà Anne. – Voici Éric et voilà Odile. – Voici
Yvette et voilà Yves.

b. Tu as un appartement ? – Lui, il a une voiture. – Eux, ils ont un studio. – Lui, il
est avec toi ou avec moi ? – Eux, ils sont avec vous ou avec nous ?

Écoutez une deuxième fois et écrivez.

Travail et loisirs

15 *Écoutez Anna.*

Je m'appelle Anna. Anna Scotto...
Je suis italienne et j'habite à Rome.
Je voudrais être professeur de français en Italie.

Et vous ? Qui êtes-vous ? Qu'est-ce que vous voulez faire ?

Qu'est-ce que vous aimez faire ?

16 Heineken, la bière qui fait aimer la bière

Oasis, oasis, tout le monde aime ça

C'est Shell que j'aime

J'AIME, J'AIME, J'AIME...

Dunlopillo, dormez comme vous aimez

Écrivez une autre publicité avec le verbe « aimer ».

17 *Voici une page de l'agenda d'Anna. Qu'est-ce qu'elle fait le 2, le 3, le 4 janvier ?*

VENDREDI	**2**	SAMEDI	**3**	DÉC./JANV.
s Basile	Tx 2	s° Geneviève	Tx 3	Semaine 1

Notes... Notes... Notes... Notes... Notes...

8 — 8
30 — 30
9 — 9 — **Battere a [1] macchina lettera Sig. Dupré** — **Footing [4]**
10 — 10
30 — 30
11 — 11
30 — 30
12 — 12 — **Pranzo con [2] Nicole**
13 — 13
30 — 30
14 — 14
30 — 30 — **Giro in [5] centro con Odile**
15 — 15
30 — 30
16 — 16
30 — 30
17 — 17
30 — 30
18 — 18 — **Lezione di [3] francese**
30 — 30
19 — 19
30 — 30 — **Serata musica [6] da Sylvie**
20 — 20
30 — 30
21 — 21

Impératif — **Chiamare Sig. Rivot [8]** — Impératif

1. Taper une lettre à la machine pour monsieur Dupré
2. Déjeuner avec Nicole
3. Cours de français
4. Jogging
5. Courses avec Odile
6. Soirée "piano" chez Sylvie
7. Cinéma avec Alain.
8. Appeler monsieur Rivot

DIMANCHE	**4**	Épiphanie	Tx 4

8 — 14 — [7]
9 — 15 — **Cinema con Alain**
10 — 16
11 — 17
12 — 18

L	M	M	J	V	S	D	DÉC./JANV.
29	30	31	1	2	3	4	Semaine 1
5	6	7	8	9	10	11	du 29 Déc. 1986 au 4 Janv.
12	13	14	15	16	17	18	1987
19	20	21	22	23	24	25	
26	27	28	29	30	31		

18 *Nathalie et Abou aiment le cinéma, mais 36 % des Français ne vont jamais au cinéma.*

Et vous ?

Allez-vous au cinéma ?	% par type	
Deux fois par semaine ou plus .	1	} 9
Une fois par semaine	3	
Deux à trois fois par mois	5	
Une fois par mois	10	} 20
Une fois tous les deux ou trois mois	10	
Une fois tous les six mois	13	} 34
Une fois par an	10	
Moins d'une fois par an	11	
Jamais	36	
Sans réponse	1	

19 *Remplissez ce tableau et interrogez votre voisin sur ses loisirs.*

Vos loisirs	beaucoup	pas beaucoup	pas du tout
le cinéma ....,....			
le théâtre			
le sport			
la musique			
les expositions			
les voyages			
la lecture			

20 *Lecture.*

Il est seul. Il ouvre le piano, il approche une chaise, il se juche dessus. Pourquoi attend-il d'être seul ? [...]
C'est tellement plus beau quand on est seul ! [...]
Mais le plus beau de tout, c'est quand on met deux doigts sur deux touches à la fois.

ROMAIN ROLLAND, *Jean-Christophe*, « L'aube », Albin Michel.

LEÇON 5

■ *Préciser son identité.*
■ *S'excuser et se justifier.*
■ *Dire l'heure.*

▶ *De midi à minuit. Quelle heure est-il ?*
▶ *Je demande ...*
Qui ? Qui est-ce qui ?
Que ? Qu'est-ce que ?
▶ *Je demande le nom.*
▶ *Le verbe être au présent.*
▶ *L'intonation des phrases affirmatives et négatives.*

● *Au fil des heures.*

APPRENEZ *par cœur*

le verbe être.

Pour l'exercice 2, regardez la page 38.
Pour l'exercice 3, regardez la page 39.

---

expressions et mots nouveaux

Agence, *n. f.*
Aller, *v.*
Année, *n. f.*
Après-midi, *n. m.*
Arriver, *v.*
Avance (en), *loc. adv.*
Banque, *n. f.*
Classe, *n. f.*
Commencer, *v.*
Cours, *n. m.*
Dactylo, *n. f.*
Déjeuner, *v.*
Désirer, *v.*
Dîner, *v.*
Êtes, *v.* (être)
Étudiant(e), *n.*
Excuser, *v.*
Goûter, *v.*
Ici, *adv.*
Juste, *adv.*
Là, *adv.*
Loin de (d'), *loc prép.*
Matin, *n. m.*
Minute, *n. f.*
Nombres (13 à 69)
Nouvelle, *adj. f. sing.*
Professeur, *n. m.*
Quel, *adv. interrog. m. sing.*
Qu'est-ce que...,
qu'est-ce qui..., *pron. interrog.*
Retard (en), *loc. adv.*
Salle, *n. f.*
Sommes, *v.* (être)
Suis, *v.* (être)
Vouloir, *v.*
Voyage, *n. m.*

1 *Quelle est la bonne réponse ?*

a. Vous travaillez dans une banque ?
Souvent / Oui / Entendu.
b. Est-ce que vous jouez au tennis avec moi ?
Pas du tout / D'accord / Toujours.
c. Le soir, Sylvie regarde la télévision ?
Bonsoir / Merci / Jamais.
d. Vous dansez avec moi ?
Oui, bien sûr / L'après-midi / Si.
e. Est-ce qu'ils n'aiment pas Venise ?
Aussi / Oui / Si.

2 *Écrivez l'heure.*

Exemple : | 8 h 20 | → *huit heures vingt.*

| 08 20 | 11 24 | 03 27 | 15 42 | 20 45 |

| 06 15 | 21 55 | 00 02 | 10 40 | 23 05 |

3 *Quel est le verbe ?*

a. Nous ...... dans la salle 25.   suis
b. Venise .... en Italie.   est
c. Ah ! vous .... une nouvelle étudiante ! sommes
d. Je .... en première année de français. es
e. Tu .... italien ou français ?   êtes

4 *Mettez les numéros de 1 à 9 dans l'ordre logique des phrases.*

☐ – Vous êtes en troisième année ?
☐ – Ah ! Comment vous appelez-vous ?
1 – Entrez !
☐ – C'est entendu, Barbara.
☐ – Le cours commence à six heures, Barbara.
☐ – Barbara... Barbara Ford.
☐ – Bonjour, madame. Je suis une nouvelle étudiante.
☐ – Oui, excusez-moi madame... J'habite loin d'ici.
☐ – Oui, dans votre classe.

LEÇON 6

Pour travailler à la maison

expressions et mots nouveaux

Agenda, *n. m.*
Américain(e), *adj.*
Assez, *adv.*
Autobus, *n. m.*
Concours, *n. m.*
Droit, *n. m.*
Encore, *adv.*
Eux, *pron. pers. m. plur.*
Facile, *adj.*

Fatigué(e), *adj.*
International(e), *adj.*
Interprète, *n.*
Lauréats, *n. m. plur.*
Loisirs, *n. m. plur.*
Mesdames, *n. f. plur.*
Messieurs, *n. m. plur.*
Oh !, *interj.*
O.N.U., *n.*

Petit(e), *adj.*
Plus (non), *loc. adv.*
Pourquoi, *adv. interrog.*
Pourtant, *conj.*
Togolais(e), *adj.*
Travail, *n. m.*
Université, *n. f.*
(Je) voudrais..., *v.* vouloir

- ■ *Parler de soi.*
- ■ *Exprimer un jugement.*
- ■ *Exprimer un souhait.*
- ▶ *Pronoms personnels sujets : rappel.*
- ▶ *Pronoms personnels toniques.*
- ▶ *Verbe + verbe à l'infinitif.*
- ▶ *Réponses : ... moi aussi, ... moi non plus.*
- ▶ *L'enchaînement voyelle / voyelle.*
- ● *Travail et loisirs.*

Révision.

C'est moi.

C'est toi.   C'est lui.

Répondez.

– C'est toi, Jack ?
– Oui, ...

– C'est Anna ?
– Non, ...

C'est elle.

– Alors, c'est toi ?
– Non, ...

– C'est lui, Jack ?
– Oui, ...

Faites un dialogue avec les éléments :

visiter / dans les rues / je n'aime pas / moi non plus /
je préfère / moi / et toi ? / les musées / marcher /

Il ou lui ? Répondez par écrit.

Exemples : – *Koffi* parle avec Jack ? – Oui, *il* parle avec Jack.
– Est-ce que tu visites Paris avec *Jack* ? – Oui, je visite Paris avec *lui*.

a. – Il joue au tennis avec Silvio ? – Oui, ...
b. – Est-ce que Philippe aime le sport ? – Oui, ...
c. – Jean est à Paris ? – Non, ...
d. – Jack étudie l'italien avec Bruno ? – Non, ...

Écrivez les questions.

a. – ...
– Non, je n'aime pas visiter les musées.
b. – ...
– Oui, j'étudie aussi l'italien.
c. – ...
– Oui, avec ma petite amie française !

APPRENEZ *par cœur*

le présent des verbes **travail-ler, aimer, visiter, danser, chanter, écouter** *et* **marcher**.

Pour l'exercice 4, relisez le dialogue de la page 42.

7

Choses et gens

— Tiens ! Voilà les deux sœurs ! Salut, Pam ! Salut, Karine ! Ça va ?
— Oui, et toi, Fred ?
— Ça va... Vous avez un cours l'après-midi ?
— Oui, de deux heures à trois heures et demie. Et toi ?
— Moi, c'est le matin que j'ai cours. De huit à dix...
— À huit heures du matin ! Et tu arrives à l'heure ?
— Oui, mais... j'ai une voiture... Et vous, vous avez une voiture ?
— Hélas, non. Mais le bus passe à côté de la maison.

— Ah ! Vous habitez en ville ? À l'hôtel ?
— Non. Nous avons une chambre dans
l'appartement d'une vieille dame. Et toi ?
— Moi, j'ai un studio... En banlieue.
— En banlieue ? Loin d'ici ? Et tu as des copains en banlieue ?
— Bien sûr ! J'ai des copains... et des copines aussi !

Voici une photo de Jean Demy avec sa famille.
C'est sa femme, Irène, qui est à côté de lui.
Les Demy ont trois enfants : un fils, René (c'est lui
qui est à côté de sa mère). Il a douze ans. Et deux filles,
Hélène, neuf ans, et Véronique, sept ans.
Sur la photo, les deux sœurs sont devant les parents.

1 **_Trouvez les questions (relisez le dialogue de la page 50)._**

    a. Oui, et toi, Fred ?
    b. Oui, de deux heures à trois heures et demie.
    c. Oui, mais j'ai une voiture.
    d. Hélas non, mais le bus passe à côté de la maison.
    e. Non, nous avons une chambre dans l'appartement d'une vieille dame.
    f. Bien sûr ! J'ai des copains... et des copines aussi !

2 **_À quelle heure ? À cinq heures._**

  De quelle heure à quelle heure ? De cinq à sept.

BANQUE NATIONALE DE PARIS — HEURES D'OUVERTURE de 8h30 à 12h30 et de 13h30 à 16h30

Studio 16 "AU REVOIR LES ENFANTS" Film à : 14h – 16h – 18h

La banque est ouverte aujourd'hui ?   Le film commence à quelle heure ?

POSTES Levées : 10h 13h 15h 20h

Docteur Coulon CONSULTATIONS Lundi, Mardi, Jeudi Samedi de 13h à 17h

À quelle heure est la première levée ? la quatrième ?   Le docteur Coulon consulte quand ?

3 **_Vrai ou faux ?_**

	VRAI	FAUX
a. Jean Demy est le frère d'Irène.		
b. René est le frère de Véronique.		
c. Hélène et Véronique sont les sœurs de Jean.		
d. René est le fils d'Irène.		
e. Véronique est la fille d'Hélène.		
f. Hélène, Véronique et René sont les enfants de Jean et d'Irène.		

4 **_Est-ce qu'ils sont sur la photo ? Oui ? Non ? Où ?_**

    Irène – René – Pam et Karine – les trois enfants – Hélène – Fred.

5 **_Relisez le dialogue de la page 50 et notez le verbe_** avoir.

avoir (un) cours :   j'ai cours à ...   À quelle heure avez-vous (un) cours ?
avoir + âge :   René a ... Et vous, quel âge avez-vous ?
avoir des copains, un fils, une fille... :   Avez-vous des enfants ?
avoir une voiture, une chambre, un studio... :   Vous avez une voiture ?

6 **_Lecture ou dictée._**

    Fred, Karine et Pam étudient le français, mais ils ne sont pas dans la même classe. Fred a cours le matin, de huit à dix. Karine et sa sœur ont cours l'après-midi, de deux heures à trois heures et demie. Les trois étudiants habitent loin de l'Alliance, mais Fred a une voiture, et le bus passe à côté de la maison de Karine et de Pam.

POUR PRATIQUER LA GRAMMAIRE

Le verbe avoir au présent

S I N G U L I E R	1	J' **ai** une voiture.	Nous **avons** deux filles.	1	P L U R I E L
	2	Tu **as** des enfants ?	Vous **avez** une chambre ?	2	
	3	On Il **a** cours. Elle	Ils **ont** des copains. Elles	3	

7 *Complétez.*

*Exemple : Tu ... une voiture ? → Tu **as** une voiture ?*

Il ... un studio. – Nous ... cours. – On ... des cartes. – Ils ... la télévision. – Elle ... deux frères. – J'... des copines. – Elles ... des copains. – Vous ... quel âge ?

Le genre : masculin, féminin

	singulier			pluriel	
masculin	**un** **le**	fils	**Il** a dix ans.	**des** fils	**Ils** ont dix ans.
féminin	**une** **la**	fille	**Elle** a dix ans.	**les** filles	**Elles** ont dix ans.

Remarques : 1. Personnes : un ami (masc.) / une amie (fém.) ;
un étudiant (masc.) / une étudiante (fém.)
mais : le mari (masc.) / la femme (fém.) ; le frère (masc.) / la sœur (fém.), etc.
2. Le ou la + a, e, i, o, u → Exemples : **l'**ami, **l'**amie.

8 *Masculin ou féminin ?*

photo – dame – copains – voiture – garçon – mari – famille – appartement – fils – frère – sœur – femme.

9 *Masculin ou féminin ? Complétez.*

*Exemple : C'est ... fille de Jean ; ... a neuf ans. → C'est **la** fille de Jean, **elle** a neuf ans.*

C'est Pam ; c'est ... sœur de Karine ; ... a cours à deux heures ; ... est à l'heure. – Fred a ... voiture ; ... habite dans ... studio en banlieue ; ... a ... copains et ... copines. – Hélène et Véronique sont ... sœurs de René ; René a douze ans ; ... est sur ... photo. – Pam et Karine sont sœurs ; ... ont ... chambre dans ... appartement d'... vieille dame.

10 *Quelle voiture ?*

*Exemple : Fred a une voiture ? Oui, il a **une** Renault.*

Silvio, Fiat Uno – Sylvie, Renault Super 5 – M. et Mme Lamy, Citroën BX – Anna, Alfa-Romeo – Koffi Tetégan, Toyota – Paul Sichot, Peugeot 205.

C'est ... qui ...

Irène est à côté de lui. → **C'est** Irène **qui** est à côté de lui.
La radio marche. → **C'est** la radio **qui** marche.

Remarques :

1. Irène : personne ; la radio : chose → **sujets** → **c'est ... qui.**
2. Je, tu, il ; pronoms sujets → c'est moi, toi, lui... qui.
3. Ils, elles : pronoms sujets → ce sont eux, ce sont elles... qui.

11 *Mettez c'est ... qui.*

Exemple : René a douze ans. → *C'est René **qui** a douze ans.*

Le copain a une voiture. – La voiture est devant l'hôtel. – La vieille dame est à côté de la voiture. – Vous habitez en ville ? – Elle a cours le matin. – Il a des copains. – Ils ont des copines. – J'ai une petite amie. – Tu as un petit ami ?

C'est ... que ...

Pam a cours à deux heures. → **C'est** à deux heures **que** Pam a cours.
J'ai deux voitures. → **C'est** deux voitures **que** j'ai.

Remarque :

« Deux voitures, à deux heures » sont **compléments** → **c'est ... que.**

12 *Mettez c'est ... que.*

Exemple : Nous avons cours à l'Alliance. → *C'est à l'Alliance **que** nous avons cours.*

Le train part à minuit. – Paul voudrait une Super 5. – Pam et Karine habitent dans un appartement. – Nous avons cours à l'Alliance.

Qui est-ce qui ... ? Qu'est-ce que ... ? Rappel

Fred a cours à huit heures. **La voiture** marche mal.	Fred : **personne, sujet**. La voiture : **chose, sujet**.	**Qui** est-ce **qui** a cours ? **Qu'**est-ce **qui** marche mal ?
Je vois **Pam**. Je désire **un thé**.	Pam : **personne, complément**. un thé : **chose, complément**.	**Qui** est-ce **que** tu vois ? **Qu'**est-ce **que** tu désires ?

Remarque : Attention ! Fred et Pam ont cours. → Qui est-ce qui **a** cours ?

13 *Posez les questions.*

Exemple : Fred habite en banlieue. → *Qui est-ce qui habite en banlieue ?*

La voiture marche très bien. – Jean regarde le film à la télévision. – Tu vois Irène à côté de Jean ? – Hélène et Véronique sont devant les parents.

POUR BIEN PRONONCER

L'enchaînement consonne + voyelle

pour une étudiante → prononcer : pou–ru–né–tu–diante.

14 *Écoutez ; répétez.*

a. Il aime Anna. – Il écoute la radio. – Il étudie l'espagnol. – Elle appelle une amie. – Elle arrive à l'heure. – Elle habite à Nice.

b. Il écoute la radio avec elle. – Il joue aux cartes avec eux. – C'est pour elle. – Koffi Tetégan visite Orléans avec une petite amie française.

c. Quelle heure est-il ? – Quel est votre nom ? – Est-ce qu'elle aime Henri ? – Dans quelle avenue habite Anna ?

Écoutez une deuxième fois et écrivez.

Autour de nous

15 *La famille et les amis.*

Les grands-parents	Les parents	Les enfants
la grand-mère – le grand-père	la mère – le père	le fils – la fille

l'oncle – la tante – le cousin – la cousine – l'ami(e) – le copain – la copine...

Présentez des photos de vacances à des amis.

Exemple : Voilà mon père, il est assis à côté de ma mère...

16 *Lecture.*
Vive la mariée !

Tiens ! Regarde ! La photo de mariage de mes grands-parents ! Au premier rang, à droite de Grand-père et à gauche de Grand-mère, tu vois mes arrière-grands-parents. Derrière mon grand-père, c'est sa sœur Gisèle et son mari. Ils ont une fille : elle est au premier rang, à côté de mon arrière-grand-père. Le garçon, tout à gauche, c'est son cousin : le fils de Raymond et de Jeannette, l'autre sœur de Grand-père. Au premier rang, la jeune fille, tout à droite, c'est Arlette, la petite sœur de Grand-mère et au deuxième rang, à droite, derrière mon arrière-grand-mère, c'est Pierrette, sa deuxième sœur, avec son fiancé, un militaire. Tout en haut, à droite, c'est peut-être le copain du fiancé et sa petite amie... ?

17 *Présentez vos deux voisins l'un à l'autre.*

C'est..., | une amie.
| un ami.

C'est monsieur..., un voisin.

Je te présente... .

Je te présente | monsieur... .
| madame... .
| mademoiselle... .

Madame, | permettez-moi de vous présenter | monsieur...
Monsieur, | | madame...

Salut ! – Bonjour ! – Très heureux / Très heureuse. – Enchanté / Enchantée.
Attention à la réponse !

18 *Quelle phrase du dialogue pour quelle photographie ?*

– Le bus passe à côté de la maison.
– Nous avons une chambre dans l'appartement d'une vieille dame.

– J'ai un studio en banlieue.
– Vous habitez en ville ?

▲ Un immeuble
ancien à Paris.

◀ Des tours modernes
à Nanterre
(banlieue de Paris).

◀ Un quartier moderne
au centre de Paris.

19 *Lecture.*

Mantes la Jolie
L'autoroute a tranché
À ma droite les pavillons
À ma gauche les grands ensembles
À l'horizon
TOTAL a planté sa bannière.

YOLAND SIMON, *Territoires du temps*, « Encrage ».

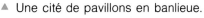
▲ Une cité de pavillons en banlieue.

8

Des nouvelles de...

Paris, le 3 mars

Chère Louise,

ma première lettre en français ! A une Française et à un professeur. Quel courage !...
Je suis à Paris depuis un mois. Avec une copine de classe, nous habitons un petit studio dans un quartier agréable et tranquille.
L'école est un peu loin de chez nous, et bien sûr, nous n'avons pas de voiture. Mais il y a un bus très commode. Le studio est confortable : nous avons la télévision et le téléphone (voici le numéro : 46 00 81 92).

Je suis en deuxième année de français.
Il y a vingt-cinq étudiants dans ma classe, des étrangers de nationalités différentes.
J'aime bien le professeur : un homme jeune, très amusant. Un Français vraiment typique !

Mais je n'aime pas Paris ... Eh non !
Moi, je préfère la campagne. Hélas, il n'y a pas d'Alliance française à la campagne. Toi, tu as de la chance, tu habites Toulouse.

Aussi, ma chère Louise, j'espère avoir bientôt le plaisir de te rencontrer et de parler avec toi de Paris ou de Toulouse, en français ou en espagnol...

Amicalement
Maria

De 70 à 99...

	60 + 10		4 × 20		(4 × 20) + 10
70	**soixante-dix**	80	**quatre-vingts**	90	**quatre-vingt-dix**
71	soixante et onze	81	quatre-vingt-un	91	quatre-vingt-onze
72	soixante-douze	82	quatre-vingt-deux	92	quatre-vingt-douze
73	soixante-treize	83	quatre-vingt-trois	93	quatre-vingt-treize
79	soixante-dix-neuf	89	quatre-vingt-neuf	99	quatre-vingt-dix-neuf

1 *Savez-vous téléphoner ?*

MANGOLD Gérard
10, av. Gén.-Leclerc .... (1) 43 05 10 51

MANGONOT Cécile
54, rue Pradier .... (1) 42 40 38 87

MANGOT Jean
36, av. Denfert-Rochereau .... (1) 43 76 57 45

MANGOUT Patrice
47, av. Gén.-de-Gaulle .... (1) 48 52 70 05

MANHES Pauline
70, av. République .... (1) 48 46 11 97

MANIBAL Éléonore
3, rue Georges-Médéric .... (1) 43 84 25 06

Exemple : Allô ! le quarante-trois, zéro cinq, dix, cinquante et un ?

2 *Regardez.*

Le 3 février, Maria arrive à Paris.

Le 3 mars, Maria écrit à Louise.

→ **Maria est à Paris depuis un mois.**

Faites des phrases.

*Exemple : étudier le français (je, 3 mois) → J'étudie le français **depuis** 3 mois.*

être en France (nous, un an) – habiter Toulouse (ils, 6 mois) – travailler dans une banque (Marie, 15 jours) – étudier le droit (Jack, 3 ans) – avoir une voiture (je, 2 ans) – regarder la télévision (vous, 2 heures).

3 *Quel courage ! À vous.*

travail → Quel travail ! – temps → ... ! – hiver → ... ! – printemps → ... ! – été → ... ! – automne → ... !

Remarque : jour → Quelle journée !   an → Quelle année !

4 *Cochez la bonne réponse.*

a. Maria est à Paris depuis —un an. ☐ / six mois. ☐ / trente jours. ☐

b. Louise est — professeur. ☐ / étudiante. ☐ / dactylo. ☐

c. Le studio de Maria est — grand. ☐ / confortable. ☐ / à côté de l'école. ☐

d. Maria est — italienne. ☐ / espagnole. ☐ / française. ☐

e. Le professeur est — jeune. ☐ / amusant. ☐ / typique. ☐

POUR PRATIQUER LA GRAMMAIRE

L'article indéfini : rappel

	singulier	pluriel
masculin	**un** livre	**des** livres
féminin	**une** montre	**des** montres

5 *Mettez l'article.*

Je suis à Paris depuis ... an. – J'ai ... copain et ... copines. – J'habite dans ... petit hôtel. – ... bus très commode passe à huit heures. – J'ai ... voisine agréable.

L'article indéfini et la négation

J'ai un livre.	→	Je **n'**ai **pas de** livre.
J'ai une montre.	→	Je **n'**ai **pas de** montre.
J'ai des livres.	→	Je **n'**ai **pas de** livres.

Remarque :
Négation → toujours **ne (n')** ... **pas de.**

6 *Complétez avec le verbe* avoir *et l'article indéfini.*

*Exemple : Il ... une moto, mais il n'... pas ... voiture. → Il **a** une moto, mais il n'**a pas de** voiture.*

Elle ... ... machine à écrire. – Nous ... ... photos. – Ils ... ... voiture. – Est-ce que vous ... ... appartement ? – Non, nous n'... pas ... appartement, mais nous ... ... studio en banlieue.

7 *Posez la question et répondez par oui ou par non. Faites l'exercice à trois.*

Exemple : vous, une télévision → Est-ce que vous avez une télévision ? Oui, bien sûr, nous avons une télévision. ou Ah non ! nous n'avons pas de télévision.

ils, une radio – vous, une montre – Karine et Pam, des copains – Karine, des amis – toi, une photo – M. et Mme Rivot, une voiture – René, une sœur – vous, un professeur – Silvio, Marina et moi, un cours de français.

8 *Faites des phrases.*

Exemple : moi, amis, petite amie → Moi j'ai des amis, mais je n'ai pas de petite amie.

Paul, frère, sœur – Pam, copains, petit ami – Karine, chaise, table – Mme Lamy, fille, fils – M. et Mme Sichot, garçon, fille – Sylvie, cahier, stylo.

Le pluriel des noms

le livre	**les** livres	
un livre	**des** livres	
le livre	**les** livres	
un livre	**des** livres	

Remarque :
En général, nom pluriel = nom singulier + **s** ;
mais un autobus → des autobus.

9 *Singulier ou pluriel ?*

rue – télévision – étrangers – voitures – quartier – studio – étudiants – femme – frère – sœurs – Paris.

10 **_Mettez les articles._**

Exemple :... Français → ***le*** *ou **les** Français.*

... Anglais – ... autobus – ... cours de français – ... fils de M. Rivot.

Quel courage ! L'exclamation

Rappel : • **l'interrogation :** { Quelle heure est-il ? ↗
Quel est votre nom ?   • **L'exclamation :** Quel courage ! ↘

	singulier	pluriel		
masculin	Quel courage	Quels enfants	**?**	**!**
féminin	Quelle voiture	Quelles voitures		

11 **_Complétez avec l'exclamation._**

Exemple :... homme amusant ! → ***Quel*** *homme amusant !*

... Français typique ! – ... enfants agréables ! – ... rues tranquilles ! – ... chance tu as ! – ... bus commode ! – ... cours de français !

Rappel : verbe + verbe à l'infinitif

J'aime jouer aux cartes.	Je n'aime pas jouer aux cartes.

12 **_Complétez avec_** *j'aime*, **_ou_** *je veux*, **_ou_** *je voudrais*.

Exemple :... habiter Toulouse → ***Je voudrais*** *habiter à Toulouse.*

aller au cinéma avec Sylvie – parler avec toi – avoir la télévision – ne ... pas habiter en banlieue – ne ... pas prendre le bus.

POUR BIEN PRONONCER

La liaison

- avec **-t** → un petit ami   prononcer : un petit [t] ami ;
- avec **-s** → ils aiment, nous habitons   prononcer : ils [z] aiment, nous [z] habitons ;
- avec **-n** → un ami, un homme   prononcer : un [n] ami, un [n] homme.

13 **_Écoutez ; répétez._**

Il est à la campagne. – C'est un Togolais. – Elle a un petit ami. – C'est un petit enfant. – Elles aiment les enfants. – Elles ont des petits amis. – Ils habitent dans des appartements agréables. – Ils étudient le français dans des écoles de langues étrangères. – Je suis à Paris depuis un an. – On habite dans un appartement tranquille. – C'est un étudiant étranger ; il a un enfant. – On écoute la radio.

Remarques : 1. Et avec : pas de liaison avec **et.**
2. Un étudiant étranger : pas de liaison avec un nom au singulier.

14 **_Écoutez ; répétez._**

Il habite dans un appartement avec un ami espagnol et un étudiant étranger. – Elle regarde la télévision avec un ami étranger ; c'est un Anglais agréable et il a un enfant amusant.

Écoutez une deuxième fois et écrivez.

Des gens, une ville... les jours

15 *Décrivez les personnes en utilisant les adjectifs.*

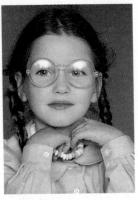

grand(e) ou petit(e)
jeune ou âgé(e) /
vieux (vieille)
gros(se) ou mince
brun(e), ou blond(e)
   ou roux (rousse)
beau (belle)
élégant(e)

intelligent(e)
intéressant(e)
amusant(e)
agréable
gentil(le)
sympathique, typique
gai(e), content(e)
timide

américain(e)
anglais(e)
espagnol(e)
français(e)
italien(ne)
suisse
togolais(e)
péruvien(ne)
polonais(e)

16 *Décrivez les étudiants de la classe de Maria.*

17 *Par écrit, faites le portrait :*

    a. d'un ami ou d'une amie ;   b. d'un personnage célèbre.

Il est ...   Elle est ...   Elle aime ...   Il n'aime pas ...
Il a ...   Elle a ...   Il n'a pas ...   Elle n'a pas ...

18 *Lecture.*

Il s'appelait Bernard Olivier. Vingt-cinq ans, brun, de grands yeux couleur de café brûlé, les épaules larges, la démarche assurée, des poils sur le dos de la main. Malheureusement sans moustache : rasé comme une statue ; heureusement sa voix était grave et musicale, et ses dents éblouissantes.

Marcel Pagnol, *Manon des Sources,*
Éditions Pastorelly.

19 *Quel jour sommes-nous ?*
Et en quelle saison ?

- Printemps
- Été
- Automne
- Hiver

20 *Lisez.*

Toulouse

Qu'il est loin mon pays qu'il est loin
Parfois au fond de moi se raniment
L'eau verte du canal du Midi
Et la brique rouge des Minimes
Ô mon pays, Ô Toulouse, Ô Toulouse.

Un torrent de cailloux roule dans ton accent
L'église Saint-Sernin illumine le soir
Voici le Capitole j'y arrête mes pas...
Ta violence bouillonne jusque dans tes violettes [...]

Paroles de Claude Nougaro.

21 *Lisez.*

TOULOUSE
capitale de
l'AÉROSPATIALE

22 *Écrivez votre carte.*

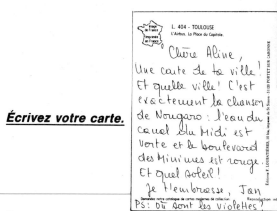

L. 404 - TOULOUSE
L'Airbus. La Place du Capitole.

Chère Aline,
Une carte de ta ville ! Et quelle ville ! C'est exactement la chanson de Nougaro : l'eau du canal du Midi est verte et le boulevard des Minimes est rouge. Et quel soleil !
Je t'embrasse, Jan
PS : Où sont les violettes ?

Mlle Aline Dupré
13, allée des Acacias
34500 . BÉZIERS

LEÇON 7

- Interroger sur le temps.
- Présenter des personnes.
▶ Le verbe avoir au présent.
▶ Le genre : masculin, féminin.
▶ C'est... qui...
▶ C'est... que...
▶ Qui est-ce qui... ?
  Qu'est-ce que... ? Rappel.
▶ L'enchaînement consonne + voyelle.
● Autour de nous.

---

expressions et mots nouveaux

À côté de, *prép.*
Âge, *n. m.*
An, *n. m.*
Appartement, *n. m.*
Autour de, *prép.*
Avoir, *v.* (au présent)
Banlieue, *n. f.*
Bus, *n. m.*
C'est... qui, C'est...
  que, *présentatif*
Chambre, *n. f.*
Chose, *n. f.*
Consulter, *v.*
Copain, *n. m.*
Copine, *n. f.*
Cousin(e), *n.*
Dame, *n. f.*
Devant, *prép.*

Docteur, *n. m.*
Enfant, *n. m.*
Famille, *n. f.*
Femme, *n. f.*
Fille, *n. f.*
Fils, *n. m.*
Frère, *n. m.*
Gens, *n. m.* ou *f. plur.*
Grand-mère, *n. f.*
Grands-parents,
  n. m. plur.
Grand-père, *n. m.*
Hélas, *adv.*
Heureux(se), *adj.*
Hôtel, *n. m.*
Livre, *n. m.*
Mari, *n. m.*

Mère, *n. f.*
Oncle, *n. m.*
Où ?, *adv. interrog.*
Ouvert(e), *adj.*
Parents, *n. m. plur.*
Passer, *v.*
Père, *n. m.*
Photo, *n. f.*
Sa, *adj. poss.*
Sœur, *n. f.*
Studio, *n. m.*
Sur, *prép.*
Tante, *n. f.*
Vieux (vieille), *adj.*
Ville, *n. f.*
Voir, *v.*
Voiture, *n. f.*

**1 Écrivez dix phrases avec les éléments donnés.
Employez les verbes chercher et trouver.**

Qui ? (une personne)	Quoi ? (une chose)	Où ?
je, tu, il/elle/on nous, vous, ils/elles un ami le professeur Monsieur Sichot un camarade Anna	un studio une voiture une photo la réponse une chambre le mot le téléphone	dans le dictionnaire en banlieue dans Paris sur la table dans le livre sur la photo dans l'appartement

*Exemple : Anna **trouve** la réponse dans le dictionnaire.*

2 Révision. Pour interroger...

Exemple : Elle est sur la photo, et vous, vous êtes sur la photo ?

a. J'ai une voiture, et vous, ... ?
b. Fred habite en banlieue, et elles, ... ?
c. Anna est dactylo, et vous, ... ?
d. Il a des copains, et eux, ... ?
e. J'ai un studio, et toi, ... ?
f. Silvio travaille à Venise, et Marina, ... ?

Pour l'exercice 2, revoyez les tableaux de la page 30 (Je demande... oui ou non).
Pour l'exercice 3, revoyez les tableaux de la page 16 (Je demande... Qui est-ce ?) et de la page 38 (Je demande... Que ?... Qu'est-ce que ?).

3 Qui est-ce ou Qu'est-ce que c'est ? Complétez.

Exemple : C'est ma mère. → Qui est-ce ?

C'est mon père. – C'est mon studio. – C'est la maison de M. Sichot. – C'est la fille des voisins. – C'est ma montre. – C'est le directeur. – C'est lui ! – C'est la photo de Pam.

4 La famille. Complétez.

les **grands-parents** : le grand-père, la ... .

les **parents** : le ..., la mère ; le mari, la ... .

les **enfants** : le fils, la ... ; le ..., la sœur ; le jeune homme, la ... ; le garçon, la ... .

les **petits-enfants** : le ..., la petite-fille.

LEÇON 8

---

expressions et mots nouveaux

Âgé(e), *adj.*
Agréable, *adj.*
Amicalement, *adv.*
Amusant(e), *adj.*
Beau (belle), *adj.*
Bientôt, *adv.*
Blond(e), *adj.*
Brun(e), *adj.*
Cahier, *n. m.*
Campagne, *n. f.*
Chaise, *n. f.*
Chance, *n. f.*
Cher (chère), *adj.*
Chez, *adv.*
Commode, *adj.*
Confortable, *adj.*
Content(e), *adj.*
Courage, *n. m.*
Depuis, *adv.*

Différent(e), *adj.*
École, *n. f.*
Écrire, *v.*
Élégant(e), *adj.*
Espagnol(e), *adj.*
Espérer, *v.*
Étranger, *n. m.*
Gai(e), *adj.*
Gentil(le), *adj.*
Grand(e), *adj.*
Gros(se), *adj.*
Homme, *n. m.*
Intelligent(e), *adj.*
Intéressant(e), *adj.*
Jeune, *adj.*
Mince, *adj.*
Mois, *n. m.*
Moto, *n. f.*

Nationalité, *n. f.*
Nombres (70 à 99)
Nouvelle, *n. f.*
Numéro, *n. m.*
Plaisir, *n. m.*
Prendre, *v.*
Quel !, *adj. exclam.*
Roux (rousse), *adj.*
Saison, *n. f.*
Stylo, *n. m.*
Sympathique, *adj.*
Table, *n. f.*
Téléphone, *n. m.*
Temps, *n. m.*
Timide, *adj.*
Tranquille, *adj.*
Typique, *adj.*
Vraiment, *adv.*

■ *Caractériser des personnes, des lieux.*
■ *Donner son opinion.*
■ *Compter jusqu'à 99.*

▶ *L'article indéfini : rappel.*
▶ *L'article indéfini et la négation.*
▶ *Le pluriel des noms.*
▶ *L'exclamation : quel... !*
▶ *La liaison.*

● *Des gens, une ville... Les jours.*

---

1 Relisez le texte de la page 56 et complétez.

« Maria, comment est le quartier ?
– Il est ... et ...
– Et le studio ?
– Il est ... et ...
– Tu es loin de ... ?
– Oui, mais dans la ..., il y a un ... très ...
– Tu aimes bien le professeur ?
– Oh, oui ! Il est ...
– Et Paris ? Est-ce que tu aimes Paris ?
– Oh, non ! Je ... la ... ! »

2 Révision. Remplacez les mots soulignés et écrivez les phrases.

a. Le cours de français commence le 3 septembre.   (3/1 – 15/4 – 1/7 – 1/8 – 15/9)

b. Lundi est le premier jour de la semaine.   (mercredi – samedi – jeudi – vendredi – dimanche)

c. Avril est avant mai ; juin est après mai.   (septembre ... octobre – juillet ... août – mars ... février – avril ... mai)

d. Maria n'a pas de voiture !   (elle – nous – les deux amis – ma femme et moi – le professeur)

3 Imaginez. Complétez avec des mots des leçons 1 à 8.

J'ai un ...   J'ai une ... et une ...
Je voudrais avoir un ...   Je n'ai pas de ...

4 Retrouvez le nom de trois jours de la semaine :

C E E D I M R R   A C D E H I M N   A D E I M S

et de six mois de l'année.

(Les lettres sont dans l'ordre alphabétique.)

| A I M | A E I J N V R | E I J L L T U |
| B C E O O R T | A I L R V | I J N U |

Les jours de la semaine :
lundi
mardi
mercredi
jeudi
vendredi
samedi
dimanche

Les mois de l'année, les saisons : voir page 61.

Apprenez le nom des jours et des mois.
Apprenez les nombres de 70 à 99.
Avec les adjectifs de la page 60, faites votre portrait : Je suis... je ne suis pas...

9

Au téléphone

— Allô ! C'est toi, Maria ?
— ....
— Pardon ? Ce n'est pas le bon numéro ? Ce n'est pas le quarante-six, zéro zéro, quatre-vingt-un, quatre-vingt-douze ?
— ....
— ... Oh, excusez-moi, monsieur. Il y a erreur. ....
— Allô ! Maria ? Ah ! enfin... c'est toi. Comment vas-tu ? Ici Louise.
— ....
— Une grande nouvelle ! je pars pour Paris. Dans une demi-heure. Je suis à la gare et...
— ....
— Demain matin, à neuf heures juste. Dis donc... excuse-moi... mais quelle est ta nouvelle adresse ? Je n'ai pas mon agenda et...
— ....
— Oui, j'ai un stylo, je note...
— ....
— Bien. Je répète : 12, boulevard Bonne-Nouvelle. Métro Bonne-Nouvelle. Oui, c'est facile !
— ....
— Cinquième étage, et il n'y a pas d'ascenseur !
— ....
— Oh ! avant dix heures... Par le métro ou en taxi, c'est rapide !
— ....
— Oui, en vacances... Pour trois jours seulement... Ce n'est pas beaucoup, mais je suis contente de te revoir...
— ....
— Non, non, je n'oublie pas le cassoulet ! Allons, Maria... A demain, l'heure tourne !

1   *Trouvez les trois réponses.*

– Allô ! C'est toi, Maria ?
– ....
– Pardon ? Ce n'est pas le bon numéro ? 46 00 81 92 ?
– ....
– Excusez-moi, monsieur ! Il y a erreur.
– ....

2   *Au téléphone. Établissez la communication.*

Allô ! Qui est à l'appareil ? •   • Non, ce n'est pas le bon numéro.

Allô ! C'est Patrick ? •   • C'est moi-même (c'est lui, c'est elle-même).
                                    • Oui, qu'est-ce que c'est ?
Allô ! 47 52 66 82 ? •   • Ah ! c'est toi... enfin !
                                    • Salut ! Fred.
Allô ! Monsieur Lucas ? •   • Non, monsieur (madame), il y a erreur.

3   *Voici les réponses de Maria à Louise (en désordre). Refaites la conversation.*

a. Tu as un stylo ?
b. À quelle heure es-tu ici ?
c. Louise ? Ça va ... et toi ? Qu'est-ce qui arrive ?
d. J'habite au cinquième étage... Il n'y a pas d'ascenseur...
e. Chic alors ! Et tu arrives à quelle heure ?
f. 12, boulevard Bonne-Nouvelle. Métro Bonne-Nouvelle. C'est facile...
g. Moi aussi... Dis Louise, tu n'oublies pas le cassoulet !
h. Tu es en congé ?

Jouez la scène.

4   *Utilisez ces mots dans une conversation. (Voir le dialogue de la page 64.)*

5   *Lecture ou dictée.*

Enfin, Louise parle à Maria ! Le train de Louise part dans une demi-heure et arrive à Paris à neuf heures juste. Maria habite boulevard Bonne-Nouvelle, au numéro douze. Le métro passe à côté de la maison, c'est facile ! Mais l'appartement de Maria est vieux, au cinquième étage, et il n'y a pas d'ascenseur.

POUR PRATIQUER LA GRAMMAIRE

Où ? Quand ? Comment ?

Où es-tu ? Où est-ce que tu es ?	Je suis à Paris. Je suis en France. Je suis au Pérou.

Remarque : Paris = ville → **à** ; France = pays, féminin → **en** ; Pérou = pays, masculin → **au**.

6 *Répondez aux questions.*

Exemple : Où êtes-vous ? (Espagne) → *Je suis en Espagne.*

Où est-il ? (Toulouse) – Où est-ce qu'elle habite ? (Belgique) – Où sont-ils ? (Nice) – Où est-ce que vous êtes ? (Allemagne) – Où sommes-nous ? (France) – Où est-ce qu'ils habitent ? (Maroc) – Où est-ce qu'il est ? (gare) – Où est-on ? (banlieue) – Où est-ce qu'elles ont cours ? (Alliance)

Quand le train arrive-t-il ? Quand est-ce que le train arrive ?	Le train arrive à treize heures.

Remarque : Quand arrives-tu ? / Quand le train arrive-t-il ?

7 *Répondez aux questions.*

Exemple : Quand l'avion arrive-t-il ? (18 h) → *L'avion arrive à 18 heures.*

Quand est-ce que tu étudies ? (soir) – Quand Jean a-t-il cours ? (après-midi) – Quand le bus arrive-t-il ? (17 h 30) – Quand jouez-vous aux cartes ? (nuit) – Quand est-ce que tu travailles ? (matin) – Quand pars-tu ? (demain)

Comment danses-tu ? Comment est-ce que tu danses ?	Je danse mal.

8 *Répondez aux questions.*

Exemple : Comment vas-tu ? (très bien) → *Je vais très bien.*

Comment est-ce que tu chantes ? (mal) – Comment joues-tu aux cartes ? (assez bien) – Comment est-ce que tu vas à la gare ? (métro) – Comment Fred va-t-il au cours ? (voiture)

9 *Posez les questions avec où , quand , comment .*

Exemple : Le train part à midi. → *Quand le train part-il ? / Quand est-ce que le train part ?*

J'ai cours à trois heures. – Ils habitent boulevard Bonne-Nouvelle. – Le film est amusant. – Il va à la tour Eiffel. – Le studio est agréable. – Le cassoulet de Toulouse est délicieux. – Le bus part à trois heures. – Maria va au restaurant en voiture. – Elles sont à l'Alliance l'après-midi. – Maria écoute la radio la nuit.

Les adjectifs : genre

masculin	féminin
un train **confortable** **un petit** frère **amusant** **un** étudiant **américain**	**une** voiture **confortable** **une petite** sœur **amusante** **une** étudiante **américaine**

10 *Quels adjectifs avec quels noms ?*

Exemple : voiture (rapide, petit, amusante) → *une voiture rapide, amusante.*

cassoulet (délicieuse, bonne, français) – ville (nouvelle, moderne, étranger) – appartement (tranquille, grande, petite) – film (américain, amusante, nouveau) – chambre (confortable, commode, moderne) – montre (suisse, vieille, bon) – dame (français, vieille, petite) – carnet (petite, amusante, différent).

11 *Répondez. Faites l'exercice à deux.*

Exemple : voiture, français → *Vous avez une voiture ? Oui, j'ai une voiture, c'est une voiture française.*

machine à écrire, américain – livre, amusant – montre, moderne – guitare, espagnol – vélo, français – table, petit – cassette, bon – radio, japonais.

Les adjectifs : nombre

singulier		pluriel	
un ami amusant	→ **une** amie amusante	**des** amis amusants	→ **des** amies amusantes
un ami français	→ **une** amie française	**des** amis français	→ **des** amies françaises

Remarques : 1. Nouveau / nouveaux.
2. Des + adjectif au pluriel + nom au pluriel → **de**. *Exemple : de bons amis.*

12 *Mettez au pluriel.*

une montre suisse – un bon film – une langue étrangère – une chambre agréable – la ville tranquille – l'ami togolais – un grand ami – une vieille dame.

Les adjectifs : place

après le nom : anglais, français, amusant, confortable, différent, étranger, etc.
avant le nom : petit, vieux, bon, grand.

Remarque : un grand homme ≠ un homme grand.

13 *Quel est l'adjectif ?*

Exemple : un ... studio ; petit ou confortable ? → *un petit studio.*

un ... restaurant ; petit ou typique ? – un Français ... ; vieux ou sympathique ? – un avion ... ; grand ou confortable ? – un ... monsieur ; vieux ou suisse ? – un cassoulet ... ; bon ou délicieux ? – un ... film ; italien ou vieux ? – une guitare ... ; petite ou espagnole ? – une banlieue ... ; tranquille ou petite ?

POUR BIEN PRONONCER

Le son i [i]

14 *Écoutez ; répétez.*

a. Sylvie – Marie – Paris – midi – minuit – l'après-midi – C'est Philippe, Philippe Lamy. – Sylvie et Marie visitent Paris avec des amis. – Il est six heures dix.

b. Sylvie habite à Paris. – C'est un film triste. – Le taxi, c'est rapide. – Oui, avec ton stylo, c'est facile ! – Sa petite amie est typique. – J'ai cours ici à six heures et ma copine aussi.

Écoutez une deuxième fois et écrivez.

Où sont-ils ?
Où vont-ils ?

15   *Dans l'ascenseur.*

– Vous allez à quel étage ?
– Au cinquième.
– Voilà !... moi au huitième...
  ... (hum... jolie !)
– ... (sympa...).
– Vous êtes arrivée... Vous avez cours, demain ?
– Oui, à la même heure...

Vous prenez l'ascenseur avec un jeune homme ou une jeune fille, qu'est-ce que vous dites ?

Saluez :
– ...
Faites connaissance :
– ...

16   *Écrivez les adresses sur les enveloppes.*

GratienMoco17rueLaRivière97200Fort-de-France
MlleG.Lalande63avenueMozart75016Paris
MonsieuretmadameLeroyer19ruedu14juillet84000Avignon

Mademoiselle Louise MAURY
25, rue des Châlets
31000 TOULOUSE

17   *Corrigez les enveloppes.*

Mr le Directeur
de l' Alliance française
Bd Raspail 101
Paris.

M. MAZET
84, boulevard Pereire
PARIS 17ème

Melle. Manuela Marques
chez M et Mme Ferreira
Thiais 94320
rue des Grands Champs 4

18 *Louise arrive à la gare d'Austerlitz (métro Quai de la Rapée), elle descend à Bonne-Nouvelle. Écrivez le nom des lignes, les directions, le nom des stations et des correspondances.*

Pour vous aider :

une station
une direction
une correspondance
elle monte à
elle prend la direction
elle change à
elle descend à

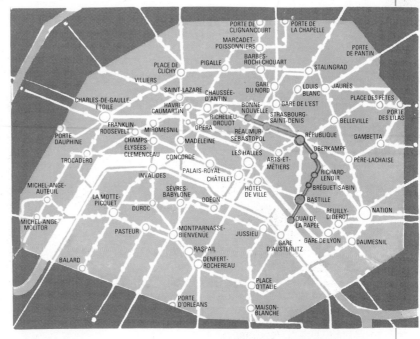

19 *Où est le vrai ticket ?*

Elles cherchent quelle station ?
Vous êtes à « Bonne-Nouvelle ». Aidez-les...

20 *Lecture.*

Les métros vont, les métros viennent,
Roule ta bosse et va bon train.
Descendez-vous à la prochaine ?
C'est toujours le même refrain !
Paroles de LÉO FERRÉ.

Qu'est-ce qu'ils vont faire ?

JANE :	Qu'est-ce qu'on fait ce soir ? On va au cinéma ? Au C.G. on passe deux très bons films : « *37°2 le matin...* » et « *Sous le soleil de Satan* ».
LAMIA :	Oui, mais... le vendredi soir, au cinéma, il faut faire la queue...
BRUNO :	Alors, qu'est-ce qu'on fait ?
JANE :	Un tour à la Citadelle ?
BARBARA :	On va prendre un pot au Café du Théâtre ?
JUAN :	Ou manger au restaurant... hein ? Pourquoi pas ?
BARBARA :	Le vendredi soir, au restaurant, il y a aussi du monde !
JANE :	J'ai une autre idée. On va manger chez moi. J'ai...
JUAN :	Quoi ! Faire la cuisine ! Et pourquoi pas le marché ?
JANE :	Mais non, j'ai trois ou quatre boîtes de conserves et une bonne bouteille de vin... Ça va ?
JUAN :	Ça va...
JANE :	Et ensuite, nous allons écouter le concert donné à l'église Saint-Jean ?
LAMIA :	Quel est le programme ?
JANE :	Un récital d'orgue... des œuvres de Jean-Sébastien Bach.
BRUNO :	Oui, mais est-ce que nous allons avoir des places ? C'est le festival...
JANE :	Je vais téléphoner pour réserver.

1 Où est-ce qu'ils vont ?

à la poste ?
à l'université ?

à la

- **Des noms féminins**

banque	université
poste	école
gare	église

Et comment ?

- **Des noms masculins**

au concert ?

au

festival	café
cinéma	restaurant
musée	magasin
théâtre	supermarché
à l' hôpital	

EN BUS

À PIED

À VÉLO

Faites des phrases.

Exemple : Anna (banque) → Anna va à la banque.

Laure (supermarché)	Bruno et Juan (concert)
Les étudiants (université)	La vieille dame (poste)
Marina et Silvio (cinéma)	Le docteur (hôpital)
Paul (gare)	Jane (restaurant)

2 Répondez *c'est vrai, ... c'est faux, ...*

    a. Ils vont au cinéma voir « 37°2 le matin ».
       C'est faux, ils ne vont pas au cinéma...
    b. Aujourd'hui, c'est samedi.
       ....
    c. Juan aime beaucoup faire la cuisine.
       ....
    d. Ils vont aller écouter un concert, dans une église.
       ....
    e. Bruno téléphone pour réserver les places.
       ....

3 Du 28 août au 13 septembre, c'est le festival de musique.

Juan, Lamia, Bruno et Jane vont écouter des concerts. Où ? Quand ?

À quelle heure ? Qu'est-ce qu'ils vont écouter ?

- Juan – Vendredi 28 août – 20 h 30 – Palais des sports – Concert de gala – Ravel, *Concerto en sol ;* Gershwin, *Un Américain à Paris.*
- Lamia – Dimanche 30 août – 17 h 30 – Théâtre municipal – Concert symphonique – Bartok, *Concerto pour alto ;* Mahler, *Symphonie n° 1.*
- Barbara – Mercredi 2 septembre – 20 h 30 – Église Saint-Jean – Récital d'orgue – œuvres de J.-S. Bach.
- Bruno – Jeudi 3 septembre – 20 h 30 – Théâtre municipal – Musique de chambre – Vivaldi, *Les quatre saisons.*
- Juan, Bruno et Jane – Vendredi 11 septembre – 17 h 30 – Salle des fêtes – Mozart, *Symphonie n° 29 en la majeur ;* Grieg, *Holberg (Suite).*

4 Lecture ou dictée.

    Que vont faire Jane, Lamia, Barbara, Bruno et Juan ? Vont-ils aller au cinéma ? Faire un tour à la Citadelle ? Prendre un pot au Café du Théâtre ? Manger au restaurant ?
    Jane a une autre idée : ses amis vont manger chez elle et ensuite ils vont écouter un récital d'orgue à l'église Saint-Jean. Au programme : des œuvres de Jean-Sébastien Bach.

POUR PRATIQUER LA GRAMMAIRE

Le verbe aller au présent

S	1	Je **vais** au cinéma.	Nous **allons** au cours.	1	P
I	2	Tu **vas** au théâtre ?	Vous **allez** à la banque ?	2	L
N		On	Ils		U
G	3	Il **va** au restaurant.	**vont** à la pharmacie.	3	R
U		Elle	Elles		I
L					E
I					L
E					
R					

5 *Ils vont à ... Faites des phrases.*

Exemple : Anna, banque, à pied → Anna va à la banque à pied.

Silvio, restaurant, bus – vous, Toulouse, avion – Koffi Tetégan, Université, vélo – Sylvie, gare, à pied – M. et Mme Sichot, Venise, voiture – elles, théâtre, métro.

6 *Où allez-vous ? Répondez.*

Exemple : moi, concert, cinéma → Moi, je vais au concert, je ne vais pas au cinéma.

Karine, école, supermarché – Silvio, restaurant, chez ses amis – Nicole et Jack, théâtre, musée – M. et Mme Rivot, banque, poste – Anna, cours de français, banque.

Le verbe faire au présent

S	1	Je **fais** un tour.	Nous **faisons** un cassoulet.	1	P
I	2	Tu **fais** la cuisine ?	Vous **faites** la queue ?	2	L
N		On	Ils		U
G	3	Il **fait** le bon numéro.	**font** le ménage.	3	R
U		Elle	Elles		I
L					E
I					L
E					
R					

Remarque :
nous faisons → ai = [ə]

7 *Qu'est-ce que vous faites ? Un étudiant pose la question, un autre répond.*

Exemple : il, de l'anglais, du français → Il fait de l'anglais ? Ah non, il fait du français.

Vous, la cuisine, le marché – ils, des photos, un film – tu, du vélo, de la musique – il, le marché, la cuisine – elle, un tour, un match de tennis – on, un café, un thé.

Aller + verbe à l'infinitif = le futur proche

Futur proche :	aller au présent	+	verbe à l'infinitif
(Dans dix minutes,)	L'avion **va**		**partir**.

8 *Mettez le futur proche.*

Exemple : Nous écoutons la radio. → Nous allons écouter la radio.

L'avion part dans dix minutes. – Nous jouons aux cartes. – Elle fait un cassoulet pour midi. – Nous voyageons en été. – Vous faites la queue au cinéma ? – On passe un bon film samedi. – Ce soir, on va au théâtre.

9 Qu'est-ce qu'on va visiter la semaine prochaine ? Répondez.

Exemple : Karine et Pam, Paris, le musée du Louvre → Karine et Pam vont à Paris la semaine prochaine ; elles vont visiter le musée du Louvre.

Louise, Rome, le Colisée – moi, Moscou, le Kremlin – elle et moi, New York, le musée d'Art moderne – Philippe et Jacques, Orlando, Disneyland – vous, Athènes, le Parthénon – toi, Paris, la tour Eiffel.

Et vous, qu'est-ce que vous allez visiter ?

Les articles – Récapitulation

		indéfinis		définis			
		masc.	fém.	simples		contractés (avec à et de)	
S I N G.		**un**	**une**	**le (l')**	**la (l')**	**à + le → au** il parle au garçon	*il parle à la fille de la fille.*
		un stylo un ami	une rue une amie	le stylo l'ami	la rue l'amie	**de + le → du** il parle du garçon	
P L U R.		**des**		**les**		**à + les → aux** je parle aux garçons	je parle aux filles
		des stylos des amis	des rues des amies	les stylos les amis	les rues les amies	**de + les → des** je parle des garçons	je parle des filles
		masc.	fém.	masc.	fém.	masculin	féminin

10 Complétez avec des articles.

C'est *le* boulevard Saint-Michel ? – Voilà *un* grand parc. – Ce n'est pas ... parc ; c'est ... jardin du Luxembourg. – Voici *la* rue de Rivoli et ... avenue des Champs-Élysées. – Je vais à *l'* Alliance, c'est *l'* heure du cours.

Nous sommes *au* mois de mai. – Le professeur parle ... étudiants et ... étudiantes. – Il est neuf heures, c'est l'heure *du* cours. – Voici la photo *du* professeur. – Je joue *aux* cartes. – Elles travaillent *au* musée. – Nous partons *aux* États-Unis.

POUR BIEN PRONONCER

Les sons [p] / [b]

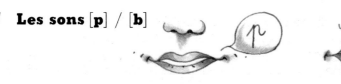

11 Écoutez ; répétez.

a. Je me présente ; je m'appelle Paul. – Paul, c'est mon prénom. – Pardon, vous partez ? – Pam ne parle pas mal l'espagnol.

b. Bernard habite boulevard Bonne-Nouvelle. – Il habite à côté d'un bistrot et d'une banque. – Bientôt, il va habiter en banlieue. – Il y a beaucoup de bus.

c. Le professeur part de bonne heure ; il habite en banlieue. – Il s'appelle Paul. Il parle beaucoup des pronoms personnels. Il parle un peu des bistrots. Il va jouer du piano avec Pam dans un bistrot du boulevard Bonne-Nouvelle.

Écoutez une deuxième fois et écrivez.

Lire la ville

12 ***Vous êtes au café,***
Place Victor Hugo.
Vous cherchez :

la rue Mégevand
la poste
l'autogare
la promenade Chamars
la place Granvelle

Pour vous aider :

Pardon	monsieur ...,		vous connaissez ... ?
	madame ...,		pour aller	à ... ?
	mademoiselle ...,			au ... ?
				à la ... ?
				à l'... ?

je cherche	la ...
	le ...
	l'...

Ⓧ PL. V. HUGO

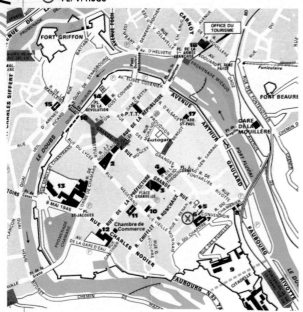

Le garçon vous aide...

| Vous êtes | à pied ? |
| | en voiture ? |

Prenez la	première	rue	à droite.
	deuxième		à gauche.
	troisième		

| Tournez | à droite. |
| | à gauche. |

Allez	tout droit.
	en face. *in front.*
	à côté.

Merci (beaucoup)...
Je vous en prie...

13 Jane, Bruno, Lamia, Barbara et Juan sont au café. <u>Au milieu</u>, c'est Bruno et Lamia. <u>À droite</u> de Bruno, debout, *standing* c'est Jane ; <u>à gauche</u> de Lamia, c'est Jane. Lamia est assise <u>entre</u> Bruno et Juan. Barbara est <u>en face</u> de Juan et de Lamia.

Répondez en utilisant à gauche,
à droite, à côté, entre...

Où est Lamia ? et Jane ?
Où sont Bruno et Juan ?...
Où est Barbara ?...

Dans la classe, qui est à droite,
à gauche de vous ? Derrière vous ?...

14 *Quelle ville est Besançon ?*

15 *Ouvrons le dictionnaire !*

HUGO (Victor), écrivain français, né à Besançon (1802-1885). Fils d'un général de l'Empire, il fut d'abord un poète classique dans ses *Odes* (1822). Mais la publication des *Orientales* (1828), et de la préface de *Cromwell* (1827), puis la représentation d'*Hernani* (1830) firent de lui le chef du romantisme. Les années 1830-1840 consacrent sa gloire ; il publie un roman historique (*Notre-Dame de Paris*, 1831), quatre recueils lyriques (les *Feuilles d'automne*, 1831 ; les *Chants du crépuscule*, 1835 ; les *Voix intérieures*, 1837 ; les *Rayons et les Ombres*, 1840), plusieurs drames (*Lucrèce Borgia*, 1833 ; *Ruy Blas*, 1838). Après la mort de sa fille Léopoldine (1843), il se consacre à la politique ; député en 1848, il quitte Paris, après le coup d'État du 2 décembre 1851, pour les îles anglo-normandes. C'est alors qu'il donne le recueil satirique des *Châtiments* (1853), le recueil lyrique des *Contemplations* (1856), l'épopée de la *Légende des siècles* (1859-1883), ainsi que deux romans (les *Misérables*, 1862 ; les *Travailleurs de la mer*, 1866). Son exil dura jusqu'en 1870. À sa mort, ses restes furent transférés au Panthéon.

La Musée V. Hugo.

Place des Vosges.

Besançon fut espagnole de 1648 à 1678.

16 *Retrouvez ces rues et cette place sur le plan. Quel rapport ces personnes ont-elles avec Besançon ?*

RUE PROUDHON

RUE LECOURBE

PLACE VICTOR HUGO

RUE CHARLES NODIER

17 *Lecture.*

century.

Ce siècle avait deux ans ! [...]

At the mercy of the air that floats

Alors dans Besançon, vieille ville espagnole
Jeté comme la graine au gré de l'air qui vole,
Naquit d'un sang breton et lorrain à la fois
Un enfant sans couleur, sans regard et sans voix [...]

VICTOR HUGO, *Les Feuilles d'automne 1*, 1830.

Pour travailler à la maison

- ■ Demander et donner des informations pratiques.
- ■ Savoir téléphoner.
- ■ Communiquer.

- ▶ Où ? Quand ? Comment ?
- ▶ Les adjectifs : genre, nombre, place.
- ▶ Le son [i].

- ● Où sont-ils ? Où vont-ils ?

---

expressions et mots nouveaux

Adresse, *n. f.*
Allons !, *interj.*
Appareil, *n. m.*
Apporter, *v.*
Après, *prép.*
Ascenseur, *n. m.*
Avant, *prép.*
Bon (bonne), *adj.*
Boulevard, *n. m.*
Cassoulet, *n. m.*
Chercher, *v.*
Chic ! *interj.*
Congé, *n. m.*
Connaissance (faire), *n. f.*

Délicieux(euse), *adj.*
Demain, *adv.*
Désolé(e), *v. p.p.*
Dis donc !, *interj.*
Enfin, *adv.*
Enveloppe, *n.f.*
Erreur, *n. f.*
Étage, *n. m.*
Gare, *n. f.*
Guitare, *n. f.*
Métro, *n. m.*
Moderne, *adj.*
Moi-même (elle-même), *pron. pers.*
Mon, *adj. poss.*

Noter, *v.*
Oublier, *v.*
Par, *prép.*
Quand ? *adv. interrog.*
Rapide, *adj.*
Répéter, *v.*
Revoir, *v.*
Ta, *adj. poss.*
Taxi, *n. m.*
Tourner, *v.*
Triste, *adj.*
Vacances, *n. f. plur.*

---

1 Complétez.

Je suis en congé pour trois jours. Je suis à la gare de Toulouse et je pars pour Paris dans une demi-heure. J'arrive à Paris à dix heures du matin. En taxi ou en le métro, c'est rapide !

2 Écrivez correctement la phrase cachée.

a. pasd'iln'yaascenseur   →
b. rapideletaxiest   →
c. estl'adressefacile   →

3 Faites dix phrases.

Le La L' Les	autobus taxis métro studio hôtel	est sont	à côté loin	de de la du d' de l'	restaurant gare banque musée ici chez moi

4 Complétez et écrivez les nombres en lettres.

a. Mélina téléphone ... Grèce, ... Athènes. C'est le (30) ... et le (1) ... .
b. Iumi téléphone ... Japon, ... Osaka. C'est le (81) ... et le (6) ... .
c. Milton téléphone ... Brésil, ... Sao Paulo. C'est le (55) ... et le (11) ... .
d. Ingrid téléphone ... Suède, ... Göteborg. C'est le (46) ... et le (31) ... .
e. William téléphone ... Chili, ... Santiago. C'est le (56) ... et le (2) ... .

Pour l'exercice 2, relisez le dialogue de la page 64.
Pour l'exercice 4, relisez la page 66.

5 Lecture. Attention aux mots nouveaux !

Le train de Louise est en retard. Il n'arrive pas à Paris à neuf heures juste mais à neuf heures trente.
Louise prend un taxi.
— Boulevard Bonne-Nouvelle ; numéro douze ...
— Bien, mademoiselle... Mais aujourd'hui, ça ne « roule » pas vite...
— Ah ! pourquoi ?
— Le métro est en grève.

LEÇON 10

―――― **expressions et mots nouveaux** ――――

À droite, *loc.*
À gauche, *loc.*
Autre, *adj. indéf.*
Bistrot, *n. m.*
Bouteille, *n. f.*
Ce, *pron. dém.*
Citadelle, *n. f.*
Concerto, *n. m.*
Conserves (boîtes de),
  n. f. plur.
Cuisine, *n. f.*
Donner, *v.*
Église, *n. f.*
Entre, *prép.*
Ensuite, *adv.*
Falloir (il faut), *v.*

Festival, *n. m.*
Hein !, *interj.*
Hôpital, *n. m.*
Idée, *n. f.*
Manger, *v.*
Magasin, *n. m.*
Marché, *n. m.*
Ménage, *n. m.*
Monde (du...), *n. m.*
Municipal(e), *adj.*
Œuvre, *n. f.*
Orgue, *n. m.*
Palais, *n. m.*
Pharmacie, *n. f.*
Pied (à pied), *n. m.*
Place, *n. f.*

Poste, *n.f.*
Pot (prendre un...),
  loc. fam.
Prochain(e), *adj.*
Programme, *n. m.*
Queue, *n. f.*
Récital, *n. m.*
Réserver, *v.*
Ses, *adj. poss. plur.*
Supermarché, *n. m.*
Symphonie, *n. f.*
Tour (faire un...), *n. m.*
Tout droit, *loc. adv.*
Vélo, *n. m.*
Vin, *n. m.*

- Proposer.
- Situer des personnes et des lieux.
- Localiser sur un plan.
- ▶ Les verbes aller et faire au présent.
- ▶ Le futur proche (aller + verbe à l'infinitif).
- ▶ Les articles. Récapitulation.
- ▶ Les sons [p] et [b].
- ● Lire la ville.

Où est-ce qu'ils vont ? Et comment ?

Exemple : Anna (la banque – à pied) → Anna va à la banque à pied.

a. Sylvie (la poste *va* – à pied) →
b. Vous (Toulouse *en* avion) →
c. Silvio et Marina (Venise *en* train) →
d. Il (le musée *en* autobus) →
e. Koffi Tetégan (l'université *à* vélo) →
f. Tu (la gare *en* voiture) →
g. Elles (le théâtre *en* métro) →
h. Louise (chez Maria *en* taxi) →

Trouvez et placez les mots dans la grille.

Le ... (1), il faut faire la ... (2) au cinéma et au ... (3) ! Les cinq amis vont
manger chez Jane. Ils ne vont pas
faire la ... (4).
Jane a trois ou quatre boîtes de ... (5) *conserves*
et une bonne bouteille de ... (6). *vin*
Après le dîner, les cinq amis iront
écouter un récital d'*orgue* (7) à l'église
Saint-Jean.

APPRENEZ *par cœur*

le présent des verbes aller *et* faire.

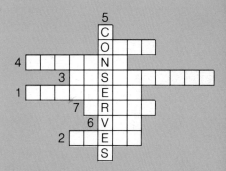

Répondez par écrit (sur le texte de la page 70).

a. Est-ce que les cinq amis vont au cinéma ?
b. Est-ce qu'ils vont au restaurant ?
c. Est-ce qu'il y a beaucoup de restaurants dans le quartier de Jane ?
Et vous ? Est-ce que vous aimez aller au concert ? *Il n'y a*
Pas de salle de concert

Pour l'exercice 1, regardez les dessins de la page 71.
Pour l'exercice 2, relisez le dialogue de la page 70.
Relevez les mots nouveaux avec les articles, pages 48/49, 62/63 et 76/77.

Mariez les mots et faites des phrases.

a. faire
  prendre
  aller
  manger
  passer

  au théâtre
  un film
  le ménage
  un taxi
  à la maison
  au restaurant

b. avoir
  marcher
  arriver
  voyager
  répéter

  en avion
  l'adresse
  des places
  en avance
  le nom
  à pied

Exemple : Le samedi soir, Maria mange au restaurant.

11

le goût - taste

la couleur.

Des goûts et des couleurs

François et sa femme Annie.

FRANÇOIS : Où allons-nous ? Au « Bon Marché » ? Au « Printemps » ?
ANNIE : Ah non ! François. Le samedi après-midi, il y a un monde fou dans ces grands magasins !

FRANÇOIS : Alors, on va où ?
ANNIE : J'ai une idée. Nous allons passer par la rue de la Banque. Dans deux ou trois boutiques, on solde les articles d'hiver. Je cherche un chemisier pour aller avec cette jupe. Rose... ou bleu clair ?
FRANÇOIS : Mais dis donc, nous allons faire des achats pour toi ou pour moi ? J'ai besoin d'un imperméable, d'une paire de chaussures...
ANNIE : ... Et aussi d'un costume pour aller au bureau. Le gris et le bleu foncé sont un peu usés. Tu préfères peut-être acheter un blazer ? Avec un pantalon gris...
FRANÇOIS : Ah non ! Je porte des blazers depuis au moins dix ans !
ANNIE : Toi, alors, tu exagères... comme toujours. Pour le printemps, le blazer c'est pratique...
FRANÇOIS : Et les chaussures ? Noires... je pense, ou marron ?
ANNIE : Chez « Sacha », il y a de beaux modèles en vitrine.
FRANÇOIS : Chez « Sacha » ?
ANNIE : Mais oui. Chez « Sacha », le magasin à côté de la poste... Tu ne vois pas ?

1 *Vrai, faux ou je ne sais pas ?*

	V	F	?
a.			
b.			
c.			
d.			
e.			
f.			

    a. Nous allons faire les courses dans un grand magasin.

    b. François préfère acheter un blazer.

    c. Ils vont passer par la rue de la Banque.

    d. Annie va acheter un chemisier bleu clair.

    e. Ils vont faire des achats pour François.

    f. Chez « Sacha », il y a de belles chaussures en vitrine.

2 *Complétez.*

Dans la rue de la Banque, deux ou trois ... soldent les articles d'hiver. Annie regarde les ... . François, lui, cherche un ... . Son *gris* et son *bleu* sont un peu usés. Il préfère acheter un costume : il porte toujours des ... ! Il cherche aussi un ... et des ... . Un ... à côté de la poste a de beaux ... en ... .

3 *Faites des phrases.*

a.	Où allons-nous ? •	• depuis dix ans.
b.	Trois boutiques soldent •	• des chaussures noires.
c.	Je porte des blazers •	• à côté de la poste.
d.	Nous allons faire des achats •	• au « Bon Marché ».
e.	Je préfère •	• les articles d'hiver.
f.	Le magasin est •	• rue de la Banque.
g.	Le samedi, il y a un monde fou •	• pour moi.

4 *Aller au, aller chez, aller avec.*

- Le nom du magasin est un nom commun (ce n'est pas un prénom, ce n'est pas un nom propre) :
  Où allons-nous ? « Au Bon Marché » ? « Au Printemps » ?

- Le nom du magasin est un prénom ou un nom propre :
  ***On va chez** « Sacha », il y a de beaux modèles.*

- On parle d'un vêtement et d'un autre vêtement :
  *Ce chemisier **va** bien **avec** cette jupe.*

- On parle d'une couleur et d'une autre couleur :
  *Un pantalon gris **va** bien **avec** un blazer bleu foncé.*

Le noir ça va avec tout.

5 *Lecture ou dictée.*

Aujourd'hui, c'est samedi. François et sa femme vont faire des achats. C'est la saison des soldes. Annie préfère les petites boutiques : il y a trop de monde dans les grands magasins ! Elle cherche un chemisier. François, lui, a besoin d'un costume, d'un imperméable et de chaussures. Noires, les chaussures, ou marron ?

Les adjectifs démonstratifs

singulier	masculin	**ce** pull-over, **cet** imperméable
	féminin	**cette** chemise
pluriel	masculin	**ces** pantalons
	féminin	**ces** chemises

Remarque :
ce → **cet**
devant une voyelle.

6 *Un étudiant pose la question ; un autre répond.*

Exemple : chemise bleue → – Quelle est la couleur de cette chemise ? – Cette chemise est bleue.

chemises vertes – pantalon noir – imperméable gris – robe rouge – costume bleu – cravate jaune – chaussures noires – pull-over orange.

7 *Qu'est-ce que vous pensez de... ? Un étudiant pose la question ; un autre répond.*

Exemple : veste élégante → – Qu'est-ce que vous pensez de cette veste ? – Cette veste est élégante.

magasin moderne – livres amusants – voiture confortable – joli chemisier – appartement agréable – bon vin – enfant sympathique – garçon courageux.

Je demande... C'est à...

À qui est ce pantalon ?	Ce pantalon est à Jean. Ce pantalon est à moi.

Remarques : 1. Ce pantalon est à Jean = c'est le pantalon de Jean.
2. C'est à + pronom tonique (moi, toi, lui, eux), voir page 44.

8 *À qui sont ces vêtements ?*

Exemple : chapeau, Francis → – Ce chapeau est à Francis.

cravate, lui – chemises, eux – pull-over, vous – veston, François – robe, Hélène – jupe, elle – pantalon, Charles – imperméable, Annie – chaussures, elles.

Ce vélo-ci, ce vélo-là

9 *À qui sont ces vêtements ?*

Exemple : deux jupes, toi, moi → Cette jupe-ci est à toi, cette jupe-là est à moi.

deux pantalons, Jean, Charles – deux chemises, vous, moi – deux blazers, François, André – deux paires de chaussures, toi, moi – quatre paires de chaussures, vous, nous.

Je demande... (rappel)

Habib aime le cinéma.	Aime-t-il le cinéma ? Habib aime-t-il le cinéma ?	Préfère-t-il la télévision ? Habib préfère-t-il la télévision ?

10 *Qui est ce garçon ? Posez la question. Recommencez avec : Qui est cette fille ?*

Exemple : étudier à l'Université → Étudie-t-il à l'Université ?

parler espagnol – avoir des amis – aimer danser – préférer le cinéma.

Les verbes acheter et préférer au présent

S I N G U L I E R	1	J'	**achète** un vélo.	Nous **achetons** ces chemises.	1	P L U R I E L
	2	Tu	**achètes** ce pantalon ?	Vous **achetez** du vin ?	2	
	3	On Il Elle	**achète** des chaussettes.	Ils **achètent** du cassoulet. Elles	3	

Remarque : On conjugue _amener_ comme _acheter._

S I N G U L I E R	1	Je	**préfère** le cinéma.	Nous **préférons** le métro.	1	P L U R I E L
	2	Tu	**préfères** le théâtre ?	Vous **préférez** le bus ?	2	
	3	On Il Elle	**préfère** la banlieue.	Ils **préfèrent** celle cravate. Elles	3	

Remarques : 1. _Répéter_ et _posséder_ se conjuguent comme _préférer._
2. _è_ se prononce [ɛ] ; voir page 123.

11 _**Conjuguez le verbe.**_

Exemple : Elle et toi, (acheter) des chaussettes → Elle et toi, vous achetez des chaussettes.

Paul et Jack (apporter) des boîtes de cassoulet. — Marie (acheter) une cravate pour Jean. — Le professeur (répéter) la question. — Sylvie et toi, (acheter) ces chaussures ? — Marc et moi, (préférer) ce pull-over. — Toi et moi, (acheter) ces chemises. — Elle et lui, (répéter) la phrase. — André et elles, (préférer) la télévision. — Bob et Carole (acheter) des chemises. — Toi, (posséder) cet appartement ?

POUR BIEN PRONONCER

Les sons [i] / [y]   L'Université est à dix minutes.

12 _**Écoutez ; répétez.**_

a. Il achète cette chemise dans cette boutique ? — La chemise est dans la vitrine. — C'est un article pratique. — Qui est-ce qui a le prix de cet article ?

b. Les chaussures sur le bureau ? C'est amusant. — Quel numéro ? — Cet étudiant a une voiture, cette étudiante préfère le bus. — Le pull-over ne va pas avec le costume.

13 _**Écoutez ; répétez.**_

Le costume est dans la vitrine. — Le petit ami de sa fille a une voiture et un studio ; il va au bureau en bus. — Le bus, c'est pratique. — En dix minutes, il est en ville, au six de la rue Ballu.

Écoutez une deuxième fois et écrivez.

Que choisir ?

14 *Complétez la liste des vêtements masculins et des vêtements féminins. Utilisez votre dictionnaire.*

pour LUI	pour ELLE
un pantalon →	une jupe
un pantalon →	une robe (ouin)
un pantalon →	
un Vestan ←	un chemisier
un blazer →	
un costume →	un Tailleur.
un imperméable →	
←	un manteau
.... →	un ensemble

15 *Quelle couleur préférez-vous ?*
pour un pantalon ?
pour un col roulé ?
pour un pantalon et pour un col roulé ?

16 *Votre couleur préférée ?*
Cherchez dans le dictionnaire dix objets qui ont cette couleur.

17 *Pour un ami, pour une amie ou pour vous-même, choisissez un ou plusieurs articles.*

Pour vous aider :

CHAUSSURES

cm	25	25,6	26,3	27	27,6	28,3	29
pointures	39	40	41	42	43	44	45

La longueur de votre pied est de vingt-cinq centimètres. Vous faites du trente-neuf.

GANTS

cm	20	21,5	23	24	25,5
pointures	7 1/2	8	8 1/2	9	9 1/2

Le tour de votre main est de vingt et un centimètres et demi. Vous faites du huit.

CEINTURES

Le tour de taille correspond à la longueur de la ceinture, de la bou-cle ou trou central.

TOUR DE TAILLE

D Elégants et raffinés, les gants en véritable cuir d'agneau très souple. 3 nervures sur le dos. Poignets fendus et surpiqués. Doublure tricot acrylique.
gold 438.1858
5 pointures
7 1/2, 8, 8 1/2, 9, 9 1/2   **225 F**

E Fabriquée en Angleterre, une superbe ceinture en cuir de sellerie piqué. 2 passants. Boucle métal. Larg. 25 mm.
marron 543.4793
7 tours de taille (en cm)
80, 85, 90, 95, 100, 105, 110   **145 F**

H Les mocassins style américain : qualité et finitions superbes. Dessus cuir. Entièrement doublés peau. Première intérieure peau. Semelle cuir. Patte fantaisie. Talon 2,5 cm. *Les autres chaussures homme sont vendues p.738 à 745.*
noir 616.1545
7 pointures
39, 40, 41, 42, 43, 44, 45   **385 F**

D 225ᶠ

H 385ᶠ

E 145ᶠ

18 ***Vous voulez une eau de toilette pour votre ami, pour votre mari ou pour votre père. Une vendeuse vous aide.***

Elle vous conseille l'eau de toilette Lacoste et vous aimez le parfum.

Elle vous conseille l'eau de toilette Lacoste et vous n'aimez pas le parfum.

Vous voulez l'eau de toilette Lacoste mais la parfumerie ne vend pas de parfum Lacoste.

Pour vous aider :

- Vous désirez ?   - Je cherche...
                 - Je voudrais...
                 - ..., vous avez ?

- Prenez...
- Vous avez...
- C'est une eau de toilette | agréable   - Oui, elle est agréable...
                          fraîche   - Non, elle est trop...
                          légère   - Non, elle n'est pas assez...
                          discrète

- Je regrette...
- Je peux vous proposer autre chose ?
- Essayez. Elle est très bien.

- En flacon ou en atomiseur ?
- Le petit modèle ou le grand ?   - Le grand modèle fait combien ?
- C'est pour offrir ?
- Je vous fais un paquet-cadeau ?

- Je vous parfume ?   - Oui, volontiers.
- Vous avez un parfum préféré ?   - Non, merci.
...   ...

19 ***Pierre aime le violet, Paul aime le marron, François va au théâtre et Vincent n'aime pas les costumes. Quelle tenue portent-ils ?***

POUR LE FESTIVAL D'AUBER, CHACUNE DE CES TENUES EST EXIGÉE.

20 ***Lecture.***

Je te promets qu'il n'y aura pas d'i verts.
Il y aura des i bleus,
des i blancs, des i rouges,
des i violets, des i marron,
des i guanes, des i guanodons,
des i grecs et des i mages,
des i cônes, des i nattentions,
Mais il n'y aura pas d'i verts.

Texte de LUC BÉRIMONT, les Éditions ouvrières, Paris, 1979.

12

Tu dépenses trop !

Elle et lui.

ELLE : Tu as le carnet de chèques ?...

LUI : Oui, pourquoi ?

ELLE : Il y a deux ou trois gros chèques à faire. Pour huit ou neuf mille francs au moins. Ta voiture, nos impôts, mon dentiste...

LUI : Nous avons assez d'argent sur le compte ?

ELLE : Oui, je pense...

LUI : Depuis cinq ou six mois, nous dépensons beaucoup ! Tu ne trouves pas ?

ELLE : Mais tout augmente ! Le loyer, les transports, la nourriture...

LUI : Oh... Oh...

ELLE : Et puis, nous allons trop souvent au restaurant.

LUI : Tu crois ? Nous n'allons pas trop souvent au théâtre et au cinéma ?
Et toi, tu achètes peut-être un peu trop de vêtements ?

ELLE : Écoute... Je travaille... au bureau... à la maison... plus que toi ! Et je gagne autant que toi ! Alors, je...

LUI : Oh ! ce n'est pas un reproche... Mais nous avons beaucoup de frais : la scolarité des enfants, nos vacances, les loisirs... Nous ne faisons pas un sou d'économie !

ELLE : Des économies ? Pour quoi faire ? Après tout, l'argent ne fait pas le bonheur !

LUI : Oh... le bonheur sans argent...

Cent et plus

100	cent	1 000	mille	10 000	dix mille
101	cent un	1 001	mille un	10 001	dix mille un
102	cent deux	1 002	mille deux	. . .	
. . .			. . .	. . .	
110	cent dix	1 100	mille cen**t**	10 100	dix mille cent
			onze cent**s**		
. . .				. . .	
160	cent soixante	1 160	mille cen**t** soixante	. . .	
. . .			onze cen**t** soixante	. . .	
. . .		. . .		. . .	
200	deux cent**s**	2 000	deux mille	100 000	cent mille
201	deux cen**t** un	2 001	deux mille un	. . .	
202	deux cen**t** deux	. . .		1 000 000	un million
. . .		. . .		2 000 000	deux million**s**
400	quatre cent**s**	. . .			
. . .		8 000	huit mille	. . .	
. . .				1 000 000 000	un milliard
900	neuf cent**s**	9 000	neuf mille	2 000 000 000	deux milliard**s**

1 *Répondez c'est vrai..., c'est faux..., peut-être.*

Exemple : Ils n'ont pas assez d'argent sur leur compte. →
C'est faux, ils ont assez d'argent sur leur compte.

     a. Le loyer, les transports augmentent, la nourriture aussi.
     b. Ils ne vont pas trop souvent au restaurant.
     c. Elle gagne plus que son mari.
     d. Elle travaille plus que son mari.
     e. Ils font des économies.
     f. Ils n'ont pas assez d'argent à la banque.

2 *Plus / moins cher que...*

     L'appareil photo est...

     Le téléviseur couleur est...

5290F   2990F

3 *Terminez les phrases.*

     ELLE : Écoute... Je travaille... au bureau... à la maison... plus que toi ! Et je gagne
             autant que toi ! Alors, je...
     LUI : Oh... le bonheur sans argent...

4 *Lecture ou dictée.*

     Tout augmente : le loyer, les transports, la nourriture... et ce ménage dépense beau-
     coup trop. Lui, il aime bien manger au restaurant ; elle, elle aime le cinéma, le théâtre
     et les beaux vêtements. Ils travaillent tous les deux, ils gagnent bien leur vie... et ne
     font pas un sou d'économie... Mais, après tout, est-ce que l'argent fait le bonheur ?

POUR PRATIQUER LA GRAMMAIRE

Les adjectifs possessifs

C'est			C'est	singulier		Ce sont	pluriel
				masculin	féminin		
	à moi	1re pers.		**mon** pantalon	**ma** veste		**mes** chaussures
	à toi	2e pers.		**ton** pantalon	**ta** veste		**tes** chaussures
	à lui / à elle	3e pers.		**son** pantalon	**sa** veste		**ses** chaussures
	à nous	1re pers.		**notre** voiture			**nos** chaussures
	à vous	2e pers.		**votre** voiture			**vos** chaussures
	à eux / à elles	3e pers.		**leur** voiture			**leurs** chaussures

Remarques : 1. _Son ou sa ?_
   C'est l'imperméable (masc.) de Silvio (masc.) → _C'est_ **son** _imperméable._
   C'est l'imperméable (masc.) de Marina (fém.) → _C'est_ **son** _imperméable._
   2. _ma, ta, sa devant voyelle_ → _mon, ton, son._
   Exemple : **mon** _ami**e** française._

5 _**Faites une phrase avec un adjectif possessif.**_

Exemple : Ces chaussures sont à moi. → _Ce sont_ **mes** _chaussures._

Ces chemises sont à toi. – Ce studio est à toi. – Cette maison est à lui. – Ce veston est à moi. – Ces carnets de chèques sont à vous. – Cet argent est à nous. – Cette voiture est à moi. – Ces chaussettes sont à toi.

6 _**Faites une phrase avec un adjectif possessif.**_

Exemple : C'est le vélo de Koffi Tetégan. → _C'est_ **son** _vélo._

C'est le bureau de Jacques. – C'est la voiture d'Henri et de Michèle. – C'est l'imperméable de Marina. – C'est le studio de Corinne. – Ce sont les vélos de Jack et de Pam. – C'est la maison de François et d'Annie. – Voici la voiture d'Henri. – Voici les chaussettes de Sylvie. – Voilà les chaussettes de Jean et de Paul.

7 _**Est-ce que vous aimez ?... Faites l'exercice à trois.**_

Exemple : robe, à elle → – _Est-ce que vous aimez_ **sa** _robe ?_
   – _Oui, j'aime_ **sa** _robe._
   – _Non, je n'aime pas_ **sa** _robe._

voiture, à lui – appartement, à eux – chaussures, à elles – photos, à nous – prénom, à moi – idée, à elle.

8 _**L'adjectif possessif est-il au masculin ou au féminin ?**_

mon appartement confortable – ton étudiante sympathique – ton imperméable bleu – son idée amusante – son amie italienne – mon adresse à Toulouse.

9 _**Photo de famille. Complétez avec les adjectifs possessifs.**_

ANDRÉ : Sur la photo, c'est **ma** famille et **mes** amis. Je vous présente ... père et ... mère ; à droite, voici ... sœur et ... frère. À gauche, c'est ... ami René et ... amie Irène. À côté d'Irène, c'est Alice, ... petite amie. Derrière elle, c'est ... cousin François avec ... oncle Jean.

Le verbe payer au présent

S	1	Je	**paie** (*ou* **paye**) par chèque.	Nous **payons** les transports.		1	P
I	2	Tu	**paies** (*ou* **payes**) comptant ?	Vous **payez** les cafés ?		2	L
N		On		Ils			U
G	3	Il	**paie** (*ou* **paye**) le restaurant.	**paient** (*ou* **payent**) le loyer.		3	R
U		Elle		Elles			I
L							E
I							E
E							L
R							

Remarque : Les 1re, 2e et 3e personnes du singulier et 3e du pluriel s'écrivent avec **i** ou **y**.

10 *Complétez avec le verbe payer.*

> Vous ... comptant ? – Combien ...-t-il par an pour son loyer ? – Nous ... avec une carte de crédit. – Oui, je ... comptant. – Combien ...-tu par mois pour ta voiture ?

Plus que, moins que, autant que : la comparaison

Je travaille 6 heures ; elle travaille 8 heures.
↓
Je travaille **moins qu'**elle.
Elle travaille **plus que** moi.

Je travaille 6 heures ; elle travaille 6 heures.
↓
Je travaille **autant qu'**elle.
Elle travaille **autant que** moi.

Remarques :

1. Je gagne **plus (moins, autant) d'**argent **que** toi :
   → plus (moins, autant) + de (d') + nom + que (qu').
2. Je suis **plus (moins)** grand **que** toi :
   → plus (moins) + adjectif + que (qu').
   MAIS : je suis **aussi** grand **que** toi.

11 *Comparez. Attention, plusieurs réponses sont possibles !*

Exemple : Jean gagne 9 000 F ; Jeanne gagne 8 000 F. → Jean gagne plus que Jeanne. ou Jeanne gagne moins que Jean.

> Andréa dépense 500 F ; Angelica dépense 400 F. – Saïd achète six chemises ; Hassan achète huit chemises. – Harry a trois costumes ; Mike a trois costumes. – Josef est grand ; Marek est grand. – Claudio boit trois cafés ; Markus boit un café. – Karin mange une côtelette ; Marion mange deux côtelettes. – Tu es sympathique ; il est sympathique. – Le vin rouge est bon ; le vin blanc est bon.

POUR BIEN PRONONCER

Le son [R]

12 *Écoutez ; répétez.*

a. De l'argent. – Un imperméable pratique et bon marché. – J'achète les trois cravates de la vitrine. – Le R.E.R., c'est pratique, et c'est très confortable. – Je fais mes courses au *Bon Marché* et aux *Trois-Quartiers*.

b. Pour les transports, j'ai une voiture. – Il possède quatre paires de chaussures noires et quatre blazers noirs. – Il aime le théâtre de boulevard.

c. Il entre dans un restaurant de la rue Racine. – Il répète : « Je suis en retard, je suis en retard, je suis en retard... Oh là là ! je suis en retard. Quel retard ! »

Écoutez une deuxième fois et écrivez.

Argent, argent...

13 *Comprenez-vous ces proverbes français ? Avez-vous, dans votre pays, les mêmes proverbes ?*

LES BONS COMPTES FONT LES BONS AMIS.

L'argent ne fait pas le bonheur.

Le temps, c'est de l'argent.

Les conseilleurs ne sont pas les payeurs.

14 *Les dépenses des Français.*

	Consommation en francs		Pourcentages	
	1979	**1985**	**1979**	**1985**
Alimentation à domicile	15 340	24 480	22,4	19,6
Repas à l'extérieur	2 360	4 580	3,4	3,7
Habillement	5 330	8 990	7,8	7,2
Habitation	16 430	31 650	24,0	25,3
dont				
Loyers, charges, crédits	6 290	13 340	9,2	10,7
Chauffage collectif, EDF, taxes	3 700	8 000	5,4	6,4
Hygiène – Santé	4 360	7 950	6,3	6,3
dont				
Hygiène, Beauté	1 070	8 030	1,5	1,6
Santé	3 290	5 920	4,8	4,7
Transports et Télécommunications	9 170	18 420	13,4	14,7
dont				
Achats et entretien des véhicules	7 720	15 420	11,3	12,3
Transports en commun	620	1 120	0,9	0,9
Télécommunication	830	1 880	1,2	1,5
Culture – Loisirs	4 390	7 050	6,4	5,6
Divers	11 150	22 000	16,3	17,6
dont				
Vacances, week-end	1 440	2 680	2,1	2,1
Impôts sur le revenu	3 700	7 560	5,4	6,0
Total	**68 530**	**125 120**	**100,0**	**100,0**

Comment les Français dépensent-ils leur argent ?
Ils dépensent peu, assez, beaucoup, trop... d'argent pour...
Vous dépensez plus, vous dépensez moins...

Dialoguez avec votre voisin.

15 **Comment payez-vous ?**

À la caisse du supermarché. Complétez les dialogues.

– Vous payez par chèque ou en espèces ?
– ...
– Vous avez une pièce d'identité ?
– ...
– Vous n'avez pas les quarante-cinq centimes ?
– ...
– Cent cinquante et cinquante ... 200.
 Votre ticket de caisse...
– ...

16 **Qu'est-ce que vous pouvez faire ?**

avec une carte de crédit

avec une carte de crédit internationale

avec une télécarte

- je peux faire des achats,
- je peux louer une voiture,
- je peux prendre un billet d'avion,
- je peux téléphoner de France en France,
- je peux régler la note au restaurant,
- je peux retirer de l'argent à un distributeur automatique,
- je peux téléphoner de France à l'étranger,
- je peux retirer de l'argent au guichet de certaines banques.

17 **Lecture.**

HARPAGON : Au voleur ! au voleur ! à
l'assassin ! au meurtrier ! justice, juste
ciel ! je suis perdu, je suis assassiné ; on
m'a coupé la gorge : on m'a dérobé mon
argent. [...]
N'est-il point là ? N'est-il point ici ? Qui
est-ce ? Arrête. Rends-moi mon argent,
coquin *(il se prend lui-même le bras).*
Ah ! C'est moi ! [...]
Hélas ! mon pauvre argent ! mon pauvre
argent !

MOLIÈRE, *L'Avare,* acte IV, scène VII.

LEÇON 11

- **Exprimer ses besoins et ses goûts.**
- **Localiser.**
- **Acheter.**

- ▶ *Les adjectifs démonstratifs.*
- ▶ *Je demande ... C'est à ...*
- ▶ *Ce vélo-ci, ce vélo-là.*
- ▶ *Je demande... (rappel)*
- ▶ *Les verbes acheter et préférer au présent.*
- ▶ *Les sons* [i] / [y].

- ● *Que choisir ?*

APPRENEZ *par cœur*

le présent des verbes acheter *et* préférer.

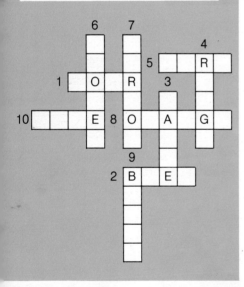

Pour l'exercice 4, relisez le dialogue de la page 78 et la page 79.
Pour l'exercice 5, relisez le poème de Luc Bérimont, page 83.

---

expressions et mots nouveaux

Achat, *n. m.*	Costume, *n. m.*	Noir(e), *adj.*
Acheter, *v.*	Couleur, *n. f.*	Offrir, *v.*
Article, *n. m.*	Courageux(se), *adj.*	Paire, *n. f.*
Besoin de/d'(avoir), *loc.*	Courses (faire les), *n. f. plur.*	Pantalon, *n. m.*
Blazer, *n. m.*	Coûter, *v.*	Penser, *v.*
Bleu(e), *adj.*	Exagérer, *v.*	Porter, *v.*
Boutique, *n. f.*	Fou (un monde fou), *adj.*	Posséder, *v.*
Bureau, *n. m.*	Foncé(e), *adj.*	Pratique, *adj.*
Cadeau, *n. m.*	Goût, *n. m.*	Printemps, *n. m.*
Ces, *adj. dém. plur.*	Gris(e), *adj.*	Prix, *n. m.*
Cette, *adj. dém. f. sing.*	Imperméable, *n. m.*	Proposer, *v.*
Chapeau, *n. m.*	Joli(e), *adj.*	Rose, *adj. inv*
Chaussure, *n. f.*	Jupe, *n. f.*	Solder, *v.*
Chemisier, *n. m.*	Main, *n. f.*	Trop, *adv.*
Choisir, *v.*	Marron, *adj. invar.*	User, *v.*
Clair(e), *adj.*	Modèle, *n. m.*	Vêtement, *n. m.*
Col roulé, *n. m.*	Moins (au), *loc. adv.*	Vitrine, *n. f.*

1 **Rétablissez l'ordre des phrases.**

– Dans les soldes ?
– Et de quelle couleur, cette robe et ce chapeau ?
– Je vais acheter une robe et un chapeau.
– Non, au « Bon Marché », les robes et les chapeaux ne sont pas chers !
– Dans les bleus ou peut-être dans les verts...

2 **Placez le nom de dix couleurs dans la grille et, avec votre dictionnaire, complétez.**

1. N... comme ... ... / 2. B... comme ... ... / 3. J... comme ... ... / 4. Rouge comme un poisson. 5. V... comme ... ... / 6. V... comme ... ... / 7. M... comme ... ... / 8. O... comme ... ... / 9. B... comme ... ... / 10. ...E comme ... ...

3 **Transformez les phrases avec « ça » (pronom démonstratif).**

Exemple : Ce blazer bleu foncé vous va bien. → Ça vous va bien.
Le voyage de Toulouse à Paris coûte cher. →
Vous aimez ce film ? →
J'achète cette jupe, ce chemisier et ces chaussures. →
Cette voiture roule vite. →
Cet imperméable ? C'est à moi. →

4 **Donnez les deux autres formes interrogatives.**

Exemple : Tu aimes cette chemise. → Est-ce que tu aimes cette chemise ? et Aimes-tu cette chemise ?
Nous passons par la rue de la Banque ? →
Elle cherche un chemisier ? →
Il préfère acheter un blazer ? →
Ils vont chez « Sacha » ? →
« Sacha », c'est facile à prononcer ? →

5 **Complétez.**

Où allons-nous ? ... « Bon Marché » ou ... « Printemps »
Je cherche un chemisier pour aller avec ... jupe. Moi, j'ai besoin d'un costume pour aller ... bureau ou d'un blazer Un blazer bleu va bien ... un pantalon gris. J'ai aussi besoin de chaussures pour aller ... le costume. ... « Sacha » il y a de beaux modèles en vitrine.

LEÇON 12 ✗

---

expressions et mots nouveaux

Après tout, *loc. adv.*
Argent, *n. m.*
Augmenter, *v.*
Aussi que, *adv.*
Autant que, *adv.*
Bonheur, *n. m.*
Carnet, *n. m.*
Centime, *n. m.*
Chacun, *pron. indéf.*
Chèque, *n. m.*
Combien, *adv. inter-rog.*
Comptant, *adv.*
Compte, *n. m.*
Croire, *v.*

Dentiste, *n. m.*
Dépenser, *v.*
Derrière, *prép.*
Économie, *n. f.*
Espèces, *n. f. plur.*
Frais, *n. m. plur.*
Franc, *n. m.*
Gagner, *v.*
Gros (grosse), *adj.*
Impôts, *n. m. plur.*
Loyer, *n. m.*
Malheureux(se), *adj.*
Moins que, *adv.*
Nombres (100 et plus)
Nos, *adj. poss. plur.*

Nourriture, *n. f.*
Payer, *v.*
Plus que, *adv.*
Puis (et), *adv.*
Reproche, *n. m.*
Sans, *prép.*
Scolarité, *n. f.*
Sou, *n. m.*
Téléviseur, *n. m.*
Tout, *pron. indéf.*
Transports, *n. m. plur.*
Trouver, *v.*
Veste, *n. f.*
Vie, *n. f.*

■ Interroger, s'interroger.
■ Faire des reproches, se justifier.
■ Les nombres (100 et plus).
▶ Les adjectifs possessifs.
▶ Le verbe payer au présent.
▶ Plus que, moins que, autant que : la comparaison.
▶ Le son [R].

● Argent, argent...

APPRENEZ *par cœur*

les nombres (100 et plus) page 85 et le présent du verbe payer.

---

1 *Trouvez une question.*

Exemple : – Oui. → Tu as ton carnet de chèques ?

– Non, pas assez ! →   – Non, pas un sou. →
– Oui, trop souvent. →   – Plus que toi ! →
– Je ne crois pas. →

2 *Conjuguez les verbes.*

Exemple : payer, 1ʳᵉ personne, singulier → Je paie ou je paye.

Acheter, 2ᵉ pers., sing. – faire, 3ᵉ pers., plur. – aller, 1ʳᵉ pers., sing. – préférer, 1ʳᵉ pers., sing. – aller, 3ᵉ pers., plur. – faire, 1ʳᵉ pers., plur. – payer, 3ᵉ pers., plur.

3 *En France, ça coûte... et chez moi (dans mon pays)...*

Exemple : téléviseur couleur, 4 000 francs → En France, un téléviseur couleur coûte 4 000 F. Dans mon pays, un téléviseur couleur coûte... C'est moins (plus, aussi) cher.

a. un vélo, 1 500 francs →
b. une petite voiture, 35 000 francs →
c. une grosse voiture, 120 000 francs →
d. un bon appareil photo, 2 500 francs →
e. un beau manteau, 4 500 francs →

4 *Peu ? Beaucoup ? Trop ? Beaucoup trop (de)... ? Qu'est-ce que vous pensez ?*

Exemple : On passe (films) à la télévision. → On passe beaucoup trop de films à la télévision !

a. Nous dépensons. →
b. Elle achète (vêtements). →
c. Nous faisons (économies). →
d. Nous avons (frais). →
e. Il y a (voitures) dans les rues. →
f. Le samedi, il y a (monde) dans les magasins. →
g. Avez-vous (vacances) ? →

Pour les exercices 1 et 5, relisez le dialogue de la page 84.
Pour l'exercice 2, regardez les pages 72, 81 et 87.

5 *Complétez.*

Madame aime acheter des ... . Monsieur, lui, aime ... au restaurant. Tous les deux, ils aiment aller au ... et au ... . Ils ont beaucoup de ... . Ils dépensent tout leur ... et ne font pas un sou d'... . Pour Madame, l'argent ne fait pas le ... . Monsieur, lui, n'est pas ... : ... argent, on est malheureux.

13

serch. — 4 pièce suite

« Cherche quatre pièces... »

Madame Mouly, Monsieur Mouly.

to move here. *grwny uh.*

ELLE : Il faut déménager... Les enfants grandissent... Chacun va avoir besoin d'une chambre maintenant.

is going to need.

LUI : Oui. Mais... c'est un gros problème. Qu'est-ce qu'on fait ? On reste à Paris ? On cherche quelque chose en banlieue ?

ELLE : Difficile de choisir. Il faut rester à Paris, tu ne penses pas ? Pour notre travail, l'école des enfants, nos amis...

you are not wurong

LUI : Tu n'as pas tort ; mais... tu imagines une maison avec un garage et un jardin pour les enfants ? Et puis... en banlieue, les loyers sont beaucoup moins chers ! J'ai envie de... *I like* *Rents*

ELLE : La banlieue c'est triste, et moi je préfère les vieilles maisons. Voyons... nous avons besoin de quatre pièces au moins.

Boring

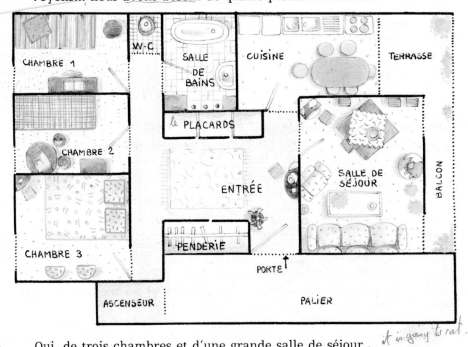

le

LUI : Oui, de trois chambres et d'une grande salle de séjour. *it is going to cost.*

ELLE : Et d'une belle entrée avec beaucoup de placards.

LUI : A Paris, dans un bon quartier, dans un vieil immeuble, au troisième ou au quatrième étage, ça va coûter... euh... dans les six ou sept mille francs par mois. Avec les charges...

ELLE : Tant que ça ?

LUI : Oui... et nous allons aussi avoir besoin de nouveaux meubles : un lit, un bureau... une bibliothèque... Tu vois ?

ELLE : Je vois... pour nous... encore quelques années difficiles...

LUI : Eh oui ! chérie...

1 *Cochez la bonne réponse.*

Les enfants sont grands. ☐   Chacun va avoir sa chambre. ☐

Les enfants grandissent. ☐   Chacun a sa chambre. ☐

Les enfants sont petits. ☐   Chacun va avoir besoin d'une chambre. ☐

Monsieur Mouly préfère la banlieue. ☐   Les loyers sont chers en banlieue. ☐

Madame Mouly préfère la banlieue. ☐   Les loyers ne sont pas chers en banlieue. ☐

Les enfants préfèrent la banlieue. ☐   Les loyers sont moins chers en banlieue. ☑

Quatre pièces, c'est trois chambres et une salle de séjour. ☐

Quatre pièces, c'est quatre chambres. ☐

Quatre pièces, c'est trois chambres et une belle entrée. ☐

2 *Conseillez : utilisez il faut ou il ne faut pas (plusieurs réponses sont possibles).*

Exemple : La maison est petite... Il faut déménager !

La maison est trop grande... | Il faut déménager !
Vous n'avez pas beaucoup d'argent... | Il ne faut pas déménager !
La banlieue est triste... | Il faut rester à Paris !
Vous préférez les vieilles maisons... | Il ne faut pas rester à Paris !
Vous avez des enfants... | Il faut habiter en banlieue !
Vous voulez de nouveaux meubles... | Il ne faut pas habiter en banlieue !
   | Il faut faire des économies !

3 *Racontez le dialogue de la page 92.*

Exemple : Les enfants / grands / maintenant → Les enfants sont grands maintenant.

ils / chambre / avoir besoin. →
la famille / aller / déménager. →
le père / banlieue / avoir envie / aller. →
la mère / ne pas aimer / banlieue / préférer Paris. →
où / ils / est-ce que / aller / habiter ? →

4 *Des expressions avec avoir : relisez le dialogue de la page 92 et complétez.*

avoir besoin d'une chambre, de pièces, de meubles : Les enfants ont ...besoin... une... Les Mouly ont... quatre... et ... aussi de nouveaux ...meubles.

avoir envie de rester à Paris, d'habiter en banlieue : Madame Mouly a ...envie... de ... ; monsieur Mouly, lui, a ... d'... en ...banlieue...

avoir tort / avoir raison : Madame Mouly pense qu'il faut rester à Paris, elle n'a... mais monsieur Mouly, lui, pense qu'il faut habiter en banlieue, est-ce qu'il ...a ? ...Raison...

Et vous, de quoi avez-vous besoin ? De quoi avez-vous envie ?

5 *Lecture ou dictée.*

Monsieur et madame Mouly ont besoin de déménager : leurs enfants grandissent. Il faut déménager, oui... mais c'est un gros problème ! Où aller ? Rester à Paris ? Chercher en banlieue ? En banlieue, les loyers sont beaucoup moins chers..., mais madame Mouly, elle, voudrait bien rester en ville... Dans un bon quartier, à Paris, pour un appartement de quatre pièces, le loyer est de six ou sept mille francs par mois, les charges en plus... C'est très cher !

Le verbe choisir au présent

S I N G U L I E R	1	Je	**choisis** une cravate.	Nous **choisissons** le restaurant.	1	P L U R I E L
	2	Tu	**choisis** un chapeau ?	Vous **choisissez** le film ?	2	
	3	On Il Elle	**choisit** la couleur.	Ils **choisissent** leurs amis. Elles	3	

Remarque : Ces verbes se conjuguent comme **choisir** → _finir, grossir, maigrir, grandir, vieillir, rougir, jaunir, noircir, blanchir._

6 _**Un étudiant pose la question ; un autre répond.**_

Exemple : Qu'est-ce que tu choisis ? Je choisis les chaussures.

Les adjectifs beau, nouveau et vieux : genre, nombre et place

	masculin		féminin
	devant consonne	devant voyelle	
singulier	un beau jardin un nouveau logement un vieux quartier	un **bel** appartement un **nouvel** immeuble un **vieil** immeuble	une belle chambre une nouvelle résidence une vieille robe
pluriel	les beaux chapeaux les nouveaux films les vieux manteaux	les **beaux** enfants les **nouveaux** avions les **vieux** imperméables	les belles boutiques les nouvelles chaises les vieilles maisons

7 _**Beau, beaux, bel, belle, belles ? Complétez.**_

un ... costume – de ... livres – une ... chambre – un ... enfant – un ... homme – un ... restaurant – un ... hôtel – une ... horloge – une ... école – un ... immeuble – de ... films – un ... hôpital.

8 _**Du vieux et du nouveau. Faites l'exercice à deux.**_

Exemple : mon manteau → – Moi, j'aime bien mon vieux manteau.
– Eh bien moi, je préfère mon nouveau manteau.

mon chapeau – mon anorak – mon quartier – mon appartement – les films – les boutiques – mes chaussures – les bistrots – les livres – ma voiture.

Les déterminants : récapitulation

Les déterminants sont **avant** le nom.

a. déterminants d'identité

	défini		possessif		démonstratif	
	masculin	féminin	masculin	féminin	masculin	féminin
singulier	le	la	mon, ton, son	ma, ta, sa	ce, cet	cette
	l'		notre, votre, leur			
pluriel	les		mes, tes, ses, nos, vos, leurs		ces	

Remarques : 1. _L'_ devant voyelle, voir page 31.
2. _Mon, ton, son :_ féminin devant voyelle, voir page 86.
3. _Cet,_ devant voyelle, voir page 80.
4. _Au, aux, du, des,_ voir page 73.

9 _**Quel est le déterminant ?**_

Exemple : Je prends (le, cette) bus. → Je prends **le** bus.

Je préfère (la, ce) banlieue. – Dans (cette, ce, sa) vieil immeuble, (cette, notre, les) chambres sont trop petites. – Il achète (sa, son) imperméable dans (ses, ces, la) petite boutique du boulevard Bonne-Nouvelle. – (Votre, sa, leurs) chaussettes sont rouges et jaunes. – J'aime (la, sa, ces) couleurs.

b. déterminants de quantité

Il y a un certain nombre de personnes ou de choses que l'on peut compter.

Remarque :
Autres déterminants : plusieurs, quelques, beaucoup de, peu de + nom au pluriel.

	masculin	féminin
singulier	un	une
pluriel	des, deux, trois, quatre...	

10 _**Mettez un déterminant.**_

Exemple : J'achète ... chaussettes. → J'achète **des** ou **ces** chaussettes.

Je préfère un demi. – Il a des boîtes de cassoulet. – Elles ont une boîte de cassoulet. – Il y a un bus à six heures. – Nous allons acheter des bouteilles de vin.

POUR BIEN PRONONCER

Les sons [u], [i] et [y]

Je voudrais du cassoulet de Toulouse et une bouteille de vin rouge.

11 _**Écoutez ; répétez.**_

a. Nous sommes souvent dans la salle de séjour. – Où habitez-vous ? Boulevard Bonne-Nouvelle. – La nouvelle boutique est ouverte. – Nous n'avons pas beaucoup de nouvelles de nos amis de Toulouse. – Combien coûte ce pull-over rouge ? – Vous allez sans doute en cours ? – Ce vin a bon goût.

b. Qu'allons-nous choisir ? Allons-nous habiter en ville dans un vieil immeuble ? – Souvent la salle de séjour est petite. – La boutique est ouverte ; il y a de nouvelles jupes en vitrine.

Écoutez une deuxième fois et écrivez.

Avoir un toit

LOGEMENT :
30 % des Français mécontents
À Paris, ils sont 42 %

*Dans les tours,
les charges crèvent le plafond*

go through the ceiling

Les tours, c'est 10 % plus cher

SONDAGE	
Êtes-vous satisfait de votre logement ?	*Depuis 1983, vos dépenses de logement (loyer et charges) ont-elles augmenté plus vite que vos revenus ?*
OUI 69	
NON 30	OUI 64
Ne se prononcent pas 1	NON 28
Sondage réalisé auprès des Français en 1987.	Ne se prononcent pas 8

12 *Et vous, êtes-vous satisfait de votre logement ?*

Dépensez-vous beaucoup pour vous loger ?

13 *Vous trouvez ça cher ?*

M. Ledoux habite un grand deux pièces (soixante mètres carrés) dans un immeuble de bon standing. Il a un parking au sous-sol. Il habite en banlieue à quinze minutes du RER.

14 *Choisissez une petite annonce et interrogez votre voisin ou votre voisine.*

L'appartement est à louer ? à vendre ?   Il est grand ? Il a combien de pièces ?

VENTES appartements

PARIS

9ᵉ arrondt

TRUDAINE, pierre de taille, 2 p. tt cft, bains, calme. 229 000 F ou crédit. 2 250 F mensuels. Tél. 43.27.00.00.

16ᵉ arrondt

FAISANDERIE Beau 2 p. 62 m² calme. 1 150 000 F. Tél. 42.89.00.00.

20ᵉ arrondt

Paris-20ᵉ, près Mᵒ St-Mandé, appt 2 p. cuis., cft, 2ᵉ étage, clair. 259 000 F. Crédit. Tél. 43.70.00.00.

18ᵉ arrondt

Beau studio entièr. ref. neuf dans bon imm. 211 000 F. Tél. 47.66.00.00.

BANLIEUE

78 Yvelines

(R.E.R. 1988) 17 km Saint-Lazare Entrée, 3 p. cuis., s. bns, w.c. VUE IMPRENABLE PARIS Soleil, verdure, ch. centr. Prix 380 000 F. Crédit 100 %. Tél. 43.87.00.00.

91 Essonne

STE-GENEVIÈVE-DES-BOIS. Résid. récente, 4 p. 330 000 F. SOGIF. Tél. 45.63.00.00.

LOCATIONS offres

PARIS

4ᵉ arrondt

Administrateur de biens loue studio 30 m², cuis. équip., loyer 3 000 F par mois + 600 F charges. Tél. matin de 9 h 30 à 12 h. Tél. 45.53.00.00.

BANLIEUE

91 Essonne

Particulier (91) à louer immédiatem. ÉVRY, appart. 4 p. duplex + jardin, boxe sous-sol. 3 900 F/mois ch. comprises. Tél. 60.88.00.00, heures bureau.

Pour vous aider :

cuis. : cuisine
ch. : charges
chf. centr. : chauffage central
équip. : équipée
immédiatem. : immédiatement
Mᵒ : métro
ref. : refait
résid. : résidence
r. : rue
s. bns : salle de bains

15 ***Lisez la lettre de M. Ledoux et répondez-lui.***

Mon cher ami,

Pour les vacances d'été, je cherche à louer une petite maison à la campagne près de chez toi. Avec nos trois enfants, nous avons besoin de deux ou trois chambres, d'un grand "séjour", d'une cuisine et d'une salle de bains bien équipées.

Peux-tu trouver ça pour nous ?

Toutes nos amitiés.

Yves Ledoux

Pour vous aider :

VACANCES

CAMPAGNE

SÉJOUR NOUVEL ÂGE À SAINT-PRIX

95 VAL-D'OISE
Pour personnes âgées ne souhaitant plus faire de longs voyages : vacances et repos. À la semaine en août 87 au CPCV Saint-Prix, lisière forêt. Tél. (1) 34.45.56.07.

MER

À louer, JUAN-LES-PINS, studio tt cft, très calme, 50 m plage, du 15/6 au 14/7 + septembre. Tél. 95.68.65.00, p. 18, ou après 20 h au 46.36.04.54.

BRETAGNE SUD (29), particulier loue proximité plage, maison caractère, tout confort. Tél. 98.20.25.32.

MONTAGNE

VAL-THORENS

Studio 4 places tout confort, balcon, piscine, équitation. Très calme, bien exposé. Tél. 43.00.89.87.

ÉTRANGER

Loue appt. F4, avec terrasse bord de mer. Gandia (Espagne), juin, juillet, août, sept. ou hors saison, quinz. ou mois. Tél. 48.61.00.01, après 19 h.

F4 : quatre pièces
quinz. : quinzaine (deux semaines)

16 ***Par écrit, décrivez votre habitation idéale.***

17 ***Vous cherchez à louer une maison au bord de la mer, à la montagne ou à la campagne pour vos vacances. Écrivez au syndicat d'initiative.***

Monsieur,

Pour	le mois de ...		
	x semaines, du ... au ...,	nous cherchons à louer	à ...
	la période du ... au ...		près de ...

Nous voudrions...

Pouvez-vous nous indiquer les possibilités et les conditions ?
Par avance, je vous remercie et vous prie d'agréer, Monsieur, l'expression de ma considération distinguée.

18 ***Lecture.***

C'est dans un studio qu'elle (1) habite (XVIe, près Bois. Lux. Studio, 30 m². 6e s./rue, asc. desc. s. de b., kitch.). L'imaginerait-on dans un pavillon à Saint-Maur ? L'accès de l'immeuble est formellement interdit aux représentants, quêteurs et démonstrateurs.

PASCAL LAINÉ, *La Dentellière*, Gallimard.

(1) Elle : Marylène.

14 Le monde est petit...

Deux copains, Patrick et Daniel.

PATRICK : Comme le monde est petit ! Tu sais qui je viens de rencontrer dans ton escalier ?

DANIEL : Non...

PATRICK : Antonio ! Un ami de Lisbonne... Depuis trois ans, nous travaillons ensemble dans la même société et dans le même bureau...

DANIEL : Qu'est-ce qu'il vient faire à Paris ? et dans cet immeuble ?

PATRICK : Comme moi, il est en congé... Il vient voir sa famille.

DANIEL : Sa famille habite en France ?

PATRICK : Pas ses parents, mais son oncle et sa tante. Et ses deux cousines. Ils viennent juste d'arriver du Portugal.

DANIEL : Ce sont les nouveaux locataires du troisième ?

PATRICK : Oui, c'est ça. Lui est ingénieur dans une compagnie franco-portugaise ; les filles sont encore étudiantes.

DANIEL : Ah ! je vois... Depuis quelques jours, je rencontre dans l'escalier une jolie brune...

PATRICK : Ce sont des gens charmants... Tiens ! J'ai une idée, j'invite tout le monde au restaurant : toi, Antonio et sa famille... Tu es libre ?

DANIEL : Non, hélas... le mardi soir, je vais dîner, moi aussi, au restaurant, avec les Westberg, mes vieux amis suédois. Nous avons une table réservée chez le « Chinois » de la rue de Madrid...

PATRICK : Alors... pourquoi ne pas aller tous ensemble chez *ton* Chinois ?

DANIEL : Oui... pourquoi pas ? Des Portugais, des Suédois, des Français... chez un Chinois de la rue de Madrid ! L'O.N.U. ... ou presque !

PATRICK : Les disputes en moins... et l'amitié en plus !

1 Le mardi soir, Daniel dîne au restaurant avec ses vieux amis suédois.

Et vous, qu'est-ce que vous faites :

- le mardi soir ?
- demain matin ?
- demain après-midi ?
- dimanche ?

***Quel jour avez-vous un cours de français ? À quelle heure ? Le matin ?
L'après-midi ? Le soir ?***

2 ***Cochez les bonnes réponses.***

a. Patrick
    Antonio   □   travaille à Paris.
    L'oncle d'Antonio   □

b. Patrick
    Daniel   □   travaille à Lisbonne.
    L'oncle d'Antonio   □

c. La société   d'Antonio   □
                  de l'oncle d'Antonio   □   est portugaise.
                  de Patrick

d. Antonio et son oncle   □
    Patrick et Antonio   □   travaillent dans la même société.
    Antonio et Daniel   □

e. Patrick et Daniel   □
    Antonio et son oncle   □   habitent dans le même immeuble.
    Daniel et l'oncle d'Antonio   □

3 *Même*. ***Observez le mot indéfini et complétez.***

*Antonio et Patrick travaillent dans la **même** société et dans le **même** bureau.*

Anne, Jack et Koffi sont dans la ... classe. À l'école, Hélène et Véronique Demy
ont les ... amis. Marie habite dans le ... studio que sa « copine » de classe. Elles
ont le ... professeur. Maria et Louise n'habitent pas la ... ville.

Utilisez *même* ***dans d'autres phrases.***

4 ***Lecture ou dictée.***

Patrick vient de rencontrer Antonio, son ami de Lisbonne... dans l'escalier de
Daniel ! Comme le monde est petit ! L'oncle, la tante et les deux cousines d'Antonio viennent d'arriver du Portugal : ce sont les nouveaux locataires du troisième.
Patrick invite tout le monde au restaurant chinois de la rue de Madrid. Daniel a
déjà une table réservée. Il va dîner avec ses amis suédois. Mais les amis de nos
amis sont nos amis. C'est une bonne idée de réunir tous ces gens de pays différents autour de la même table... n'est-ce pas ?

Le verbe venir au présent

to come
& to come from. (be from).

Venant.

S I N G U L I E R	1	Je **viens** avec toi.	Nous **venons** du 3ᵉ étage.	1	P L U R I E L
	2	Tu **viens** à l'Alliance ?	Vous **venez** dîner ?	2	
	3	On / Il / Elle **vient** de Madrid.	Ils / Elles **viennent** en voiture.	3	

Remarque : Il vient **à** l'Alliance, **de** Madrid, **en** voiture / Il vient dîner.

5 ***Conversation. Remplacez*** *lui par toi, puis par eux, puis par elles.* ***Faites l'exercice à deux.***

Exemple : – Lui, vient-il avec nous ? – Il vient passer deux jours.
→ (1ᵉʳ étudiant) : – *Toi, viens-tu avec nous ?* (2ᵉ étudiant) : – *Je viens passer deux jours.*

– Lui, vient-il avec nous ? – Il vient passer deux jours. – Avec Jacqueline ?
– Oui, il vient avec elle.

6 ***Conversation. Remplacez*** *tu par vous, puis par je.* ***Faites l'exercice à deux.***

– Tu viens au cours en retard ! – Mais non, je viens en avance ! – Ah ! pardon !
– Je viens toujours en avance.

7 ***Conversation. Remplacez*** *je par nous.* ***Faites l'exercice à deux.***

– Je viens de banlieue. – Tu viens en voiture ? – Non, je viens en bus. – Ah ! tu
viens dans ces vieux bus ?

Venir + de + verbe à l'infinitif : le passé récent

a.  b.  c.

a. rappel : le futur proche

Futur proche (Dans quelques minutes), Paul	aller au présent **va**	+ verbe à l'infinitif **dîner**

b. le futur proche avec venir

Futur proche (Dans quelques minutes), Paul	venir au présent **vient**	+ verbe à l'infinitif **dîner**

c. le passé récent

Paul	Venir au présent **vient**	+ de + **de**	verbe à l'infinitif **dîner**	passé récent (il y a quelques minutes)

8 *Faites des phrases avec aller + l'infinitif ; venir + l'infinitif ; venir + de + l'infinitif.*

acheter des chemises – prendre le bus – jouer aux cartes – regarder la TV.

Noms de villes et de pays

a. les noms de villes sont en général masculins

> Paris est **grand.** Je vais **à** Paris. Je suis **à** Paris. Je viens **de** Paris.

Remarque : La ville **de** Paris est **grande.**

b. les noms de pays qui se terminent par une consonne ou par une voyelle qui n'est pas -e sont masculins

> Le Maroc : Je vais **au** Maroc. Je suis **au** Maroc. Je viens **du** Maroc.

Remarques : 1. Je vais, je suis **aux** États-Unis ; je viens **des** États-Unis.
2. Je vais, je suis **à** Madagascar, Monaco, Cuba ; je viens **de** Madagascar, Monaco, Cuba.

c. les noms de pays qui se terminent par la voyelle -e sont féminins

> La France : Je vais **en** France. Je suis **en** France. Je viens **de** France.

9 *D'où venez-vous ? Où êtes-vous ? Où allez-vous ? Utilisez la carte de la page 6.*

Exemple : Je viens de Bordeaux ; je suis à Lille ; je voudrais aller à Lyon.

10 *D'où venez-vous ? Où êtes-vous ? Où allez-vous ?*

*Exemple : Je viens **des** Pays-Bas ; je suis à Monaco ; je voudrais aller **au** Mexique.*

Australie — Brésil — Canada — Chine Populaire — Danemark — Espagne — Iraq — Madagascar — Mexique — Pays-Bas.

POUR BIEN PRONONCER

Les sons [a] / [α]
— Moi, je veux partir un mois.
— Pourquoi pas ?

11 *Écoutez ; répétez.*

Ah ! Madame, ça va mal. – Pardon, vous n'allez pas au théâtre ? – Là-bas, il y a un grand choix de bas noirs. – Je n'ai pas le choix : garçon, un café ! – Il a trois ans ; je voudrais avoir son âge ! – Nous allons avenue Émile-Zola, pas boulevard Émile-Zola. – Ça ne va pas ! J'ai trois bas ! Le troisième est à toi ? Le quatrième est là-bas ? Alors ça va.

Écoutez une deuxième fois et écrivez.

Nations Unies

CITÉS UNIES

SAINT-MAUR
jumelée avec

LA LOUVIERE
Lu BELGIQUE

ZIGUINCHOR
le SÉNÉGAL

RIMINI
l' ITALIE (e)

HAMELN
(a) ALLEMAGNE FÉDÉRALE

BOGNOR REGIS
GRANDE - BRETAGNE

LEIRIA
PORTUGAL

12 *Jumelez votre ville à une ville française et à plusieurs villes dans le monde. Quelles villes choisissez-vous ? Pourquoi ?*

13 *Où se trouvent ces restaurants ?*

14 *De quelle origine sont ces restaurants ? Dans lequel préférez-vous dîner ? Pourquoi ?*

ANNA KARENINA, 178, rue St-Martin (3e), 48.04.03.63. Ouv. J. Nuit. Dîner, chandelles, amb. musiciens et chanteur. Prix moyen : 150 F.

AZTECA nouveau, 7, rue Sauval (1er), 42.36.11.16. M. carte 110 F. Mus. le soir. J. 24 h.

FAKHR EL DINE (Élysées), 3, r. Quentin-Bauchart (8e). 47.23.74.24. Fourchette d'or de la gastronomie libanaise (ouvert tous les jours).

GOLDENBERG JO, 7, r. des Rosiers, 4e, 48.87.20.16. Tlj charcuterie, traiteur, restaurateur. Sptés Europe centrale. Commande jusqu 23 h 30.

KABOUKI, 9, rue de la Gaîté-Montparnasse. 43.20.04.78. Spéc. SUSHI. Prix moyen : 120 F.

LA MAISON DU VALAIS, 20, r. Royale, 8e. 42.60.22.72. Salon de thé, dégust. Spécialités suisses.

LA PAELLA, 50, r. des Vinaigriers, 10e, 42.08.26.89. T.I.J. acc. jusqu'à 1 h du mat. Cuisine réputée.

LAURIER DE CHINE, 275, bd Péreire (17e). 45.74.33.32. Restaurant gastronomique.

LE PIRÉE, 89, rue Mouffetard (5e), 47.07.35.99. Tous les jours, service jusqu'à 1 h, orchestre, chansons, danses Spiros. Ambiance. Menu : 40 F.

MAHARAJAH, 72, bd St-Germain. M° Maubert. 43.54.26.07. 7 j. sur 7 service non stop jusqu'à 23 h 30. Ven., sam., accueil clientèle jusqu'à 1 h. Cadre luxueux, salle climatisée.

15 *Lecture.*

Puis, dans le matin rose,
Ayant longé le Pôle,
Des rades et des môles,
Lentement redevient
Bouleau de mon jardin.
Chaque nuit, le bouleau
Du fond de mon jardin
Devient un long bateau
Qui descend ou l'Escaut
Ou la Meuse ou le Rhin.
Il court à l'Océan
Qu'il traverse en jouant
Avec les albatros,
Salue Valparaiso,
Crie bonjour à Tokyo
Et sourit à Formose.

MAURICE CARÊME, *Le Bouleau*, extrait de « La Gr
bleue », Éd. Ouvrières, Paris. © Fondation Maurice
rême.

16 *Interrogez votre voisin ou votre voisine.*
Quel timbre préférez-vous ? (préfères-tu ?).
De quel pays vient-il ?

Pour vous aider :

L' Allemagne *f.*

Ca Colombie
ca Finlande
La Hongrie
L' Inde *f.*
L' Irlande *l*
Le Japon *~*
La Jordanie
Le Portugal
La Syrie

17

CROIX-ROUGE FRANÇAISE
CCP 600.00 Y - PARIS / MINITEL 3615 CODE CRF

La ✚ agit
agir (Act)
grâce
à vous.

L'UNICEF est créé en 1946 par l'O.N.U.
L'UNICEF s'occupe en priorité des problèmes de l'enfance dans le monde.
child/novel

La Croix-Rouge est une organisation internationale fondée en 1863 par Henri Dunant pour secourir les blessés de guerre.
Aujourd'hui, elle est présente dans tous les pays. Elle aide les victimes des guerres et des catastrophes naturelles.
En temps de paix, la Croix-Rouge aide les malades, les pauvres et les personnes seules.

ej. une inondation (flood) un tremblement de terre la Sécheresse (drought)

Connaissez-vous d'autres organisations internationales ? Présentez-les.

un incendie un désastre atomique.

LEÇON 13

APPRENEZ

par cœur

le présent du verbe choisir.

---

expressions et mots nouveaux

Bibliothèque, *n. f.*
Chacun, *pron. indéf. masc.*
Charges, *n. f. plur.*
Cher (chère), *adj.*
Chéri(e), *adj.*
Déménager, *v.*
Difficile, *adj.*
Entrée, *n. f.*
Envie (avoir), *loc.*
Garage, *n. m.*
Grandir, *v.*
Imaginer, *v.*

Immeuble, *n. m.*
Jardin, *n. m.*
Lit, *n. m.*
Location, *n. f.*
Logement, *n. m.*
Louer, *v.*
Meubles, *n. m. plur.*
Notre, *adj. poss.*
Pièce, *n. f.*
Placard, *n. m.*
Problème, *n. m.*
Quelque chose, *loc. indéf. m.*

Raison (avoir), *loc.*
Rentrer, *v.*
Résidence, *n. f.*
Rester, *v.*
Salle de séjour, *n. f.*
Sans doute, *loc.*
Tant que ça ?, *loc.*
Toilette, *n. f.*
Toit, *n. m.*
Tort (avoir), *loc.*
Vendre, *v.*
Vente, *n. f.*

---

1 **Où sont-ils ?**

Exemple : La famille Mouly dîne. → Elle est dans la salle de séjour.

Sylvie joue du piano. →
Sa sœur téléphone. →
Madame Mouly fait le café. →
Les enfants déjeunent. →
Monsieur Mouly fait sa toilette. →
Monsieur Mouly rentre la voiture. →
Les enfants jouent. →

2 **Complétez les abréviations.**

app. / appt. →   F →   séj. →
anc. →   gar. →   s. bns. →
asc. →   gd / gde → tt cft. →
ch. / chbre →   imm. →   tél. →
cuis. →   p. →   jard. →

3 **Écrivez leur petite annonce.**

a. Elle demande dans un bon quartier, un studio avec sa[lle] de bains, WC et une cuisine assez grande. Elle préfè[re] la banlieue. Elle n'a pas de voiture. Son numéro de té[lé]phone est le 97-66-66-31.
b. Il offre à Paris, dans le XIXe arrondissement, un apparte[ment de deux pièces de 35 mètres carrés. Le loyer [est] de 2 800 F avec les charges. L'appartement est à c[ôté] du métro Ourcq, il est au quatrième étage. Il n'y a p[as] d'ascenseur. Il faut téléphoner le soir après 20 [h] au 42-50-97-01.

4 **Vous avez besoin de nouveaux meubles pour votre s[é]jour ou pour votre chambre. Quels meubles achete[z-]vous ?**

5 **Complétez avec** *avoir* **ou une expression avec** *avoir*.

Monsieur et Madame Mouly ... deux enfants. Leur fils [a] sept ans et leur fille ... douze ans. Chacun va ... une cha[m]bre. Les Mouly vont déménager. Ils ... une voiture et [en] banlieue, les maisons ... un garage. Monsieur Mouly ... h[a]biter en banlieue. Il ... : en banlieue, les maisons ... [un] jardin. Mais madame Mouly préfère Paris ; est-ce qu' ... ? →

Pour l'exercice 4, cherchez les mots dans un dictionnaire et les noms des meubles dans un catalogue.
Pour l'exercice 5, relisez le n° 5 de la page 51 et les n°s 1 et 4 de la page 93.

LEÇON 14

Pour travailler à la maison

---

expressions et mots nouveaux

nitié, *n. f.*
un(e), *adj.*
armant(e), *adj.*
inois(e), *n.*
mme, *conj.*
mme, *adv. exclam.*
mpagnie, *n. f.*
spute, *n. f.*
calier, *n. m.*
anco-portugais,
adj. comp.

Ingénieur, *n. m.*
Inviter, *v.*
Là-bas, *adv.*
Libre, *adj.*
Locataires, *n. m. plur.*
Moins (en), *loc. adv.*
Monde (tout le), *loc.*
Origine, *n. f.*
Pays, *n. m.*
Plus (en), *loc. adv.*
Portugais(e), *n.*

Portugais(e), *adj.*
Presque, *adv.*
Réunir, *v.*
Savoir, *v.*
Société, *n. f.*
Suédois(e), *n.*
Suédois(e), *adj.*
Timbre, *n. m.*
Ton, *adj. poss.*
Venir de, *v.*

■ *Identifier et caractériser des personnes.*
▶ *Le verbe venir au présent.*
▶ *Venir + de + verbe à l'infinitif : le passé récent.*
▶ *Noms de villes et de pays.*
▶ *Les sons* [a] / [α].
● *Nations unies.*

Qui est-ce ?

Exemple : Il est américain et il étudie le français et l'italien. → C'est Jack.

a. Il est français et il travaille à Lisbonne. →
b. Il est togolais et il veut étudier le droit international. →
c. Elle est italienne et elle travaille dans une banque. →
d. Elle est brune et jolie. →
e. Il aime Venise et il aime aussi Paris. →

APPRENEZ
par cœur

le présent du verbe venir et revoyez *le présent du verbe* aller.

C'est Louise ! Cochez la bonne réponse.

a. Elle est jeune. ☐ / vieille. ☐   f. Elle a une amie française. ☐ / espagnole. ☐

c. Elle parle anglais. ☐ / espagnol. ☐   e. Elle aime Paris. ☐ / la campagne. ☐

d. Elle est étudiante. ☐ / professeur. ☐   b. Elle habite à Paris. ☐ / à Toulouse. ☐

Présentez Louise en 2 ou 3 phrases.

Refaites des phrases selon l'exemple.

Exemple : Antonio vient de Lisbonne (Patrick et Antonio) → Patrick et Antonio viennent de Lisbonne.

(Nous) →
(Les deux cousines) →

(Ma sœur) →
(Vous) →

(Tu) →
(L'oncle et la tante d'Antonio) →

Exemple : L'Italie est un beau pays (Suède) → La Suède est un beau pays.

(Japon) →
(Algérie) →

(Corée) →
(Philippines) →

(Mexique) →
(Brésil) →

*Pour l'exercice 1, relisez les dialogues des leçons 3, 5, 6 et 14.
Pour l'exercice 2, relisez le dialogue de la leçon 8.*

Faites des phrases.

a. Moi, j'habite	à	Italie.
b. Antonio arrive		États-Unis.
c. Il travaille	au	Cuba.
d. Demain matin, ils vont rentrer ensemble	aux	Lisbonne avec Patrick.
e. Daniel, lui, reste	de	Portugal.
f. Mais il voyage aussi : il va souvent	du	Paris.. Hollande.
g. Sa petite amie habite	en	Amsterdam.

cent cinq 105

15 Une bouteille... et du bon !

Deux bons copains, Laurent et Rémi.

LAURENT : Nous n'avons pas beaucoup
de temps... Où allons-nous déjeuner ?

RÉMI : Chez Léon, « Au Petit Nice » ? Ce n'est pas mauvais... mais
il n'y a pas un grand choix...

LAURENT : On est vendredi. D'habitude, ce jour-là, le patron prépare
la bouillabaisse. Il est du Midi, le patron...

RÉMI : Eh bien ! Va pour la bouillabaisse... Et avec ça, on va
boire un rosé de Provence !

(Quelques minutes plus tard...)

LE PATRON : Bonjour, messieurs... Qu'est-ce que vous prenez ?

LAURENT : La bouillabaisse du vendredi !

LE PATRON : Hélas... pas aujourd'hui. Pour la bouillabaisse, il faut de
bons poissons... des poissons de la Méditerranée. Je regrette... mais...

LAURENT : Les regrets sont pour nous, patron ! Alors... quel est le plat
du jour ?

LE PATRON : Gigot d'agneau... haricots verts.

LAURENT : Et en entrée, qu'est-ce que vous avez ?

LE PATRON : Salade niçoise... comme dessert : tarte maison. Une spécia-
lité de la patronne.

LAURENT : Parfait ! Nous sommes un peu pressés... Nous avons juste
une petite heure pour déjeuner.

LE PATRON : Entendu ! Chez nous, le service est rapide... Bon appétit,
Messieurs !

RÉMI : Hé ! patron... Nous ne buvons pas d'eau ! Vous n'avez pas
de bouillabaisse... mais vous avez toujours du rosé, j'espère ? Alors... une bouteille... et du bon !

1 *Aller à, aller chez (rappel).*

• Le nom est un nom de lieu : **aller à (au, à la, à l', aux)**. *Exemple : Je vais « Au Petit Nice ».*

• Le nom est un prénom, ou un nom de personne, ou un pronom personnel : **aller chez**. *Exemple : Je vais chez Léon.*

À vous ! Complétez.

J'ai une idée : on va manger *chez* moi. – Les cinq amis vont ... concert donné ... l'église Saint-Jean. – Pour mes chaussures, je vais ... « Sacha » et pour mes chaussettes, je vais *au* « Printemps » ou *aux* « Trois Quartiers ». – Nous ne faisons pas d'économies : nous allons trop souvent *au* théâtre et *au* restaurant. – Le mardi soir, nous avons une table réservée *au* le « Chinois » de la rue de Madrid.

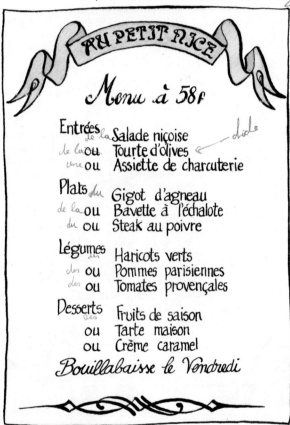

AU PETIT NICE

Menu à 58 f

Entrées
de la Salade niçoise — *dicté*
de la ou Tourte d'olives
une ou Assiette de charcuterie

Plats *du* Gigot d'agneau
de la ou Bavette à l'échalote
du ou Steak au poivre

Légumes *des* Haricots verts
des ou Pommes parisiennes
des ou Tomates provençales

Desserts *des* Fruits de saison
ou Tarte maison
ou Crème caramel

Bouillabaisse le Vendredi

2 *Observez.*

– **La** bouillabaisse du vendredi et **un** rosé de Provence !
– ...
– Vous n'avez **pas de** bouillabaisse, mais vous avez toujours **du** rosé, j'espère ?

Maintenant, lisez le menu. Qu'est-ce que Laurent et Rémi commandent ? Remplacez la, le, l', les, *par* de la, du, de l', des.

Laurent et Rémi commandent de la ... .

Qu'est-ce qu'ils ne commandent pas ? Remplacez de la, du, de l' *et* des *par* de *ou* d'.

3 *Complétez les dialogues.*

– *Où allons nous déjeuner ?*
– Chez Léon, « Au Petit Nice ».
– *Où est-ce ?*
– Au coin de la rue.
– *Vous avez de la bouillabaisse ?*
– Non, pas aujourd'hui.
– *Vous avez de l'eau.*
– Ah non, pas d'eau.
– *Quel est le plat du jour ?*
– Du gigot d'agneau avec des haricots verts.

4 *Relisez le dialogue de la page 106 et répondez.*

Ils vont où ? *au restaurant chez Léon* | Ils demandent quoi ?
Ils viennent d'où ? *du barreau de la Fevaille* | Ils prennent quoi ?
Il est d'où ? *de ... midi* | Ils boivent quoi ?
Le patron est du midi

5 *Lecture ou dictée.*

On est vendredi. Laurent et Rémi vont déjeuner au « Petit Nice ». D'habitude, ce jour-là, au menu, il y a de la bouillabaisse. Hélas ! pas aujourd'hui... Tant pis ! Les deux copains vont prendre le plat du jour : gigot d'agneau et haricots verts. Avec une entrée, un dessert et... une bonne bouteille de rosé, ils vont faire un bon repas.

Les déterminants : l'article partitif

Il y a une certaine quantité de quelque chose qu'on ne peut pas compter.

	phrase affirmative		phrase négative
singulier	masculin	féminin	Je ne bois pas **de** thé.
	du vin	**de la** bière	

Remarques : 1. *De la* → *de l'* devant voyelle : de l'eau.
2. Autres déterminants : beaucoup de, peu de, un peu de + nom au singulier.
3. *De* + voyelle → **d'** : je ne bois pas **d'**eau.

6 *Mettez l'article partitif.*

Exemple : Je voudrais ... thé. → Je voudrais **du** thé.

Nous achetons ... nourriture. – Vous préférez ... vin ou ... eau ? – Moi, avec ... cassoulet, je préfère ... vin. – Elle écoute ... musique à la radio. – Cette année, la mode a ... couleur.

7 *Oui ou non ? Répondez. Faites l'exercice à deux.*

Exemple : Vous avez de l'argent ? → Oui, j'ai de l'argent. ou Non, je n'ai pas d'argent.

Tu prends de la tarte ? – Prenez-vous du vin ? – Est-ce qu'il y a souvent de la bouillabaisse ? – Prend-elle du gigot ? – Est-ce qu'il a du courage ? – Ont-ils de l'appétit ? – Ont-ils des nouvelles de leur fils ? – Le soir, prenez-vous du café ?

8 *Sur la table du restaurant, il y a ... Qu'est-ce qu'il y a ?*

Exemple : Sur la table du restaurant, il y a du sel.

Le verbe prendre au présent

S	1	Je	**prends** de la bouillabaisse.	Nous **prenons** des vacances.	1	P
I N G U L I E R	2	Tu	**prends** le métro ?	Vous **prenez** de la tarte ?	2	L U R I E L
	3	On Il Elle	**prend** son manteau.	Ils **prennent** leur voiture. Elles	3	

Remarques : 1. Attention à la prononciation :
pr**en**ds, pr**en**d [ã] ;
pr**en**ons, pr**en**ez [ən] ;
pr**enn**ent [ɛn].
2. On conjugue *apprendre* et *comprendre* comme **prendre.**

9 *Conversation. Remplacez lui par toi, puis par eux, puis par elles. Faites l'exercice à deux.*

Exemple : – *Lui, il prend le train ? – Il prend aussi l'avion.* → (1er étudiant) – *Toi, tu prends le train ?* (2e étudiant) – *Je prends aussi l'avion.*

– Lui, il prend le train ? – Il prend aussi l'avion. – Et sa voiture ? – Il ne la prend jamais.

10 *Conversation. Remplacez tu par vous, puis par je.*

– Prends-tu du gigot ? – Oui, et je prends aussi des haricots verts. – Tu ne prends pas de salade ? – Si, mais je prends de la salade niçoise.

11 *Conversation. Remplacez je par nous.*

– Je prends du fromage. – Tu prends de la tarte ? – Bien sûr ! – Tu prends aussi du café ? – Je ne prends jamais de café.

Le verbe boire au présent

S	1	Je	**bois** de l'eau.	Nous **buvons** souvent de la bière.	1	P
I						L
N	2	Tu	**bois** du café ?	Vous **buvez** du thé ?	2	U
G						R
U		On		Ils		I
L	3	Il	ne **boit** jamais de vin.	**boivent** du lait.	3	E
I		Elle		Elles		L
E						
R						

12 *Conversation. Remplacez lui par toi, puis par eux, puis par elles. Faites l'exercice à deux.*

– Lui, il boit du vin. – Il boit un peu de vin. – Ah ! non, il boit beaucoup de vin.

13 *Conversation. Remplacez on par nous.*

– On ne boit pas de vin. – Non, on boit de l'eau. – Jamais de vin ? – On boit du rosé avec la bouillabaisse.

14 *Conversation. Remplacez tu par vous, puis par je.*

– Tu bois de la bière. – Oui, je bois deux ou trois demis. – Souvent ? – Je bois seulement avec des amis.

POUR BIEN PRONONCER

Les sons [l] / [R]   Les spécialités de la patronne ?
La salade niçoise et la tarte maison.

15 *Écoutez ; répétez.*

a. Il paie le loyer, elle paie les loisirs. – Le vélo de l'étudiant togolais est bleu ; le vélo de l'Espagnol est blanc. – La salade est sur la table. – Voici la lettre d'Italie.

b. Le patron du restaurant est riche. – Le garçon prépare le rosé. – Bonjour, il est quatre heures un quart. – Il va au restaurant trois jours par semaine, le mardi, le mercredi et le vendredi. – Il arrive à l'heure au bureau. – Son ami arrive du Portugal.

c. Dans ce petit restaurant à côté du jardin du Luxembourg, le patron prépare la salade niçoise. – Les locataires viennent d'arriver du Portugal.

Écoutez une deuxième fois et écrivez.

Les Français et la table

Télé 7 jours / SOFRES (mars 85)

16 *Le petit déjeuner à la française.*

Que boivent-ils ?		Que mangent-ils ?		Où déjeunent-ils ?	
café noir	: 40 %	des tartines	: 51 %	dans la cuisine	: 82 %
café au lait	: 38 %	des biscottes	: 13 %	dans la salle à manger	: 13 %
thé	: 9 %	des toasts	: 4 %	dans la chambre	: 4 %
chocolat	: 7 %	un croissant	: 3 %	dans une autre pièce	: 1 %
rien	: 4 %	autre chose	: 7 %		
		rien	: 25 %		

Et vous, que prenez-vous au petit déjeuner ? Où déjeunez-vous ?

17 *Les Français à table.*

Journal du Dimanche / IFOP (juillet 84)

Les six plats préférés des Français		Les desserts		Les boissons	
steak-frites	: 42 %	fruits	: 43 %	eau	: 49 %
sole	: 15 %	tartes	: 18 %	vin rouge	: 16 %
bœuf bourguignon	: 14 %	glaces	: 17 %	boissons gazeuses	: 13 %
couscous	: 13 %	gâteaux	: 12 %	bière	: 10 %
magret de canard	: 12 %			lait	: 6 %
steak tartare	: 3 %			cidre	: 5 %
				vin blanc	: 1 %

Quels sont vos plats et vos boissons préférés en France ? dans votre pays ?

18 *Lisez la recette de la bouillabaisse et écrivez une recette de votre pays pour des amis français.*

La Bouillabaisse

Faire chauffer deux litres d'eau dans une grande casserole. Saler et poivrer. Ajouter

trois tomates coupées

deux oignons

Quand l'eau est bouillante, y mettre différentes sortes de poissons coupés en morceaux

de l'ail

du thym

et deux cuillerées à soupe d'huile d'olive.
Laisser mijoter vingt minutes. Préparer des croûtons frottés avec de l'ail, faire une mayonnaise et y ajouter de l'ail écrasé (aïoli). Servir les croûtons et l'aïoli avec la bouillabaisse.

du laurier

du persil

19 **Choisissez un plat du menu de la page 107 et commandez un vin.**

Eh bien ! Va pour la bouillabaisse. Et avec ça, on va boire un rosé de Provence !

HARMONIE DES VINS ET DES METS

Avec les entrées et les hors-d'œuvre : un vin blanc sec ou demi-sec, un vin rosé.
Avec la bouillabaisse : un vin rosé de Provence ou du Midi.
Avec les poissons : un vin blanc.
Avec les viandes blanches : un vin rouge léger. — *light*
Avec les viandes rouges : un vin rouge corsé. — *strong*
Avec les fromages : un vin rouge léger ou corsé selon le fromage.
Avec les desserts et les fruits : un vin blanc doux, un vin doux naturel ou un vin mousseux.
Le champagne avec tout.

Vins blancs secs : Muscadet, Sancerre, Vouvray, Graves sec, Châblis, Meursault, Pouilly
Fuissé, Sylvaner, Riesling, Pinot...
Vins rouges légers : Bourgueil, Chinon, Graves, Médoc, Côte de Beaune, Beaujolais...
Vins rouges corsés : Pomerol, Saint-Émilion, Chambertin, Côte de Nuits, Pommard, Châ-
teauneuf-du-Pape...
Vins doux : Anjou, Sauternes, Montbazillac, Rivesaltes...

20 **Indiquez dans l'ordre les différents moments du repas et imaginez les dialogues.**

16 Demain... c'est dimanche !

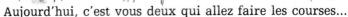

LA MÈRE :	Aujourd'hui, c'est vous deux qui allez faire les courses...
	Toi, Nicole, va chez le boucher et achète la viande pour la semaine prochaine...
NICOLE :	Quoi, maman ?
LA MÈRE :	Comme d'habitude... Tiens ! Prends un crayon et note.
NICOLE :	Après... Je passe à la boulangerie ?
LA MÈRE :	Oui...
ÉRIC :	Maman ! Demain c'est dimanche ! Tu vas faire un gâteau ?... un gâteau au chocolat ?
LA MÈRE :	Quel gourmand ! Est-ce que j'ai le temps de penser aux gâteaux ?
	Toi aussi, va faire les courses... À la « Supérette », au coin de la rue. Tiens ! Ne perds pas ta liste et n'oublie rien...

ÉRIC :	Et après... avec Nicole...
LA MÈRE :	Après... après... avec Nicole, vous avez encore des courses à faire. Hé oui ! Nous avons besoin de légumes et de fruits... Je vais faire une autre liste...
ÉRIC :	N'oublie pas le melon... et le gâteau au chocolat !... Demain... c'est dimanche !

1 *Rappel.*

> C'est sa femme **Irène** qui **est** à côté de lui. *(page 72)*
> C'est **vous** qui **allez** faire les courses. *(page 112)*

À vous !

> C'est toi qui ... faire les courses.
> C'est moi qui ...   C'est Nicole et Éric ...   C'est eux ...
> C'est elle qui ...   C'est nous ...   C'est Marina et Sylvie ...

2 *Voici la liste de Nicole. Cherchez les morceaux de bœuf et de mouton sur les dessins.*

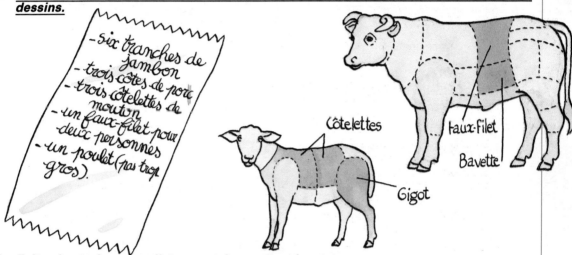

- six tranches de jambon
- trois côtes de porc
- trois côtelettes de mouton
- un faux-filet pour deux personnes
- un poulet (pas trop gros).

Côtelettes

Faux-filet

Bavette

Gigot

3 *Faites les trois autres listes avec les mots suivants :*

> sucre, pommes de terre, œufs, melon, café, carottes, tomates, deux baguettes, huile, abricots, un camembert, pêches, huit croissants.

4 *On achète...*

un kilo ou une livre | un paquet | un litre | un pot | une douzaine | une boîte | une bouteille

Maintenant, complétez les listes à la place d'Éric et de Nicole.

pommes de terre →   sucre →   sel →   moutarde →
pêches →   eau minérale →   spaghettis →   haricots verts →
lait →   conserves →   tomates →   champagne →

5 *Lecture ou dictée.*

Madame Roy n'a pas le temps de faire ses courses. C'est Nicole et Éric qui vont aller à la boucherie, à la boulangerie, chez le marchand de légumes et à la « Supérette ». Il y a beaucoup de choses à acheter, et il faut faire une liste pour ne rien oublier.

L'article partitif ; rappel

Il boit **du** vin.		Il boit trop **de** vin. Il boit beaucoup **d'**eau.
du, de la + nom	MAIS	beaucoup **de,** un peu **de,** trop **de** + nom.

Remarques : 1. *De la* → *de l'* + voyelle ; *de* → **d'** + voyelle.
2. Il boit du vin avec **de l'**eau / Il boit du vin sans eau.
Après **sans,** il n'y a pas d'article.

6 *Nous avons faim et soif ; nous mangeons et nous buvons... Faites des phrases.*

Exemple : je, pain → *Je mange un peu de pain.* ou *Je mange beaucoup de pain.*

du gâteau – de la bière – du fromage – du poulet – du thé – de la salade – de l'eau.

7 *Préférez-vous avec ou sans ?*

Exemple : thé, lait → *Je préfère le thé* **avec du** *lait.* ou *Je préfère le thé* **sans** *lait.*

viande, moutarde – café, sucre – fromage, beurre – gâteau, chocolat.

Le verbe vendre au présent

S	1	Je	**vends** des vélos.	Nous **vendons** notre voiture.	1	P
I N G	2	Tu	**vends** ton appartement ?	Vous **vendez** des tomates ?	2	L U R
U L I E R	3	On Il Elle	**vend** du cassoulet.	Ils **vendent** des croissants. Elles	3	I E L

Remarque : Attention à la prononciation ! → je, tu vends ; il vend.

8 *Besoin d'argent ! Faites des phrases.*

Exemple : moi, vélo → *Moi, j'ai besoin d'argent ; je vends mon vélo.*

mes amis, vieil appartement – le patron, restaurant – mon copain, disques – les étudiants, livres – ses parents, boutique – toi, gâteaux – ces gens, leur voiture.

Le verbe perdre au présent — *my belongings*

S	1	Je	**perds** mes affaires.	Nous **perdons** du temps.	1	P
I N G	2	Tu	**perds** ton temps ?	Vous **perdez** votre stylo !	2	L U R
U L I E R	3	On Il Elle	**perd** souvent la liste.	Ils **perdent** le match. Elles	3	I E L

Remarque : Attention à la prononciation → je, tu perds ; il perd.

9 *Perdre ou ne pas perdre son temps ? Complétez.*

Exemple : Tu vas au cinéma. → Tu perds ton temps.

Alain regarde la télévision ; il ... . – Nous étudions les langues étrangères ; nous ... . – Ils font la queue ; ils ... . – Elle arrive en classe en retard ; elle ... . – J'écoute la radio cinq heures par jour ; je ... . – Nous passons trois heures au musée ; nous ... . – Tu restes une heure dans un taxi ; tu ... .

L'impératif

Avec l'impératif, on donne des ordres, des conseils, on interdit.

acheter	finir	vendre
Achète du pain ! Achetons des croissants ! N'achetez pas de viande !	Ne finis pas la bouteille ! Finissons notre travail ! Finissez la salade !	Vends ton vélo ! Vendons nos livres ! Vendez votre voiture !
aller	être	avoir
Va chez le boulanger ! Allons au cinéma ! Allez faire les courses !	Sois optimiste ! Soyons courageux ? Ne soyez pas timide !	N'aie pas peur ! Ayons du courage ! Ayez vos affaires !

Remarques : 1. Avec l'impératif, il n'y a pas de pronom sujet.
2. Tu achètes, mais : Achèt**e** ! Pas de -s.
3. Avec l'impératif, il y a souvent *s'il te plaît, s'il vous plaît*.
4. Les formes de la première personne du pluriel sont rarement employées.

10 *Conversation. Remplacez toi par vous. Faites l'exercice à deux.*

– Toi, fais la vaisselle ! – D'accord, mais toi, fais le ménage ! – Viens m'aider ! Prends cette casserole !

11 *Les courses de Nicole. Donnez les ordres.*

Exemple : du pain → Françoise, achète du pain ! Et puis non, n'achète pas de pain !

de la viande – des fruits – des tomates – de la glace – du fromage – du sel.

Recommencez et donnez les ordres à Nicole et Éric.

12 *Les conseils du médecin. Donnez les conseils.*

Exemple : manger → Mangez beaucoup de tomates ! ou Ne mangez pas trop de tomates !

boire de l'eau – boire de la bière – prendre du café – prendre du beurre – prendre du sucre – manger du pain – marcher.

POUR BIEN PRONONCER

L'intonation impérative

De l'eau !   Donne de l'eau !   Donne de l'eau, s'il te plaît !

13 *Écoutez ; répétez.*

Une bière, s'il vous plaît ! – Deux petits déjeuners, s'il vous plaît ! – Un pain et deux croissants, s'il vous plaît ! – Prends le pain pour ce midi ! – Prends le pain pour ce midi et pour ce soir ! – Achète six tranches de jambon, six côtes de porc et trois côtes de mouton ! – Patron, donnez-nous de la salade niçoise, du gigot, des haricots et une bonne bouteille de rosé, s'il vous plaît !

Boutiques et magasins

14   Quel est votre chariot ?

Chariot 1 : Des bonbons anglais. Des chocolats hollandais. Un plumeau violet. Des bougies en forme de fruits. Une brosse à dents. De la vodka.

Chariot 2 : Des boîtes de conserves. Un rôti de bœuf. Des « surgelés ». Du café instantané. Du lait en tube. Un ouvre-boîtes. Des ceintres.

Chariot 3 : Un chou-fleur. Des pommes de terre. Du lait en bouteille. Des pâtes. Un poulet. Un balai. De l'eau de Javel. Du papier hygiénique. Une cocotte minute.

Aucun ? Remplissez alors votre chariot...

15   Qu'est-ce que vous préférez ? Les petits commerces ? Les grandes surfaces ? Les livraisons à domicile ? Pourquoi ?

Vos courses à domicile.

Finies les queues !
Finis les sacs lourds !

RESTEZ CHEZ VOUS
ET TAPEZ... SUR VOTRE MINITEL.
Vous avez accès à un véritable supermarché à domicile. Vous y trouvez tout : alimentation, boissons, entretien, surgelés...
Il est ouvert 24 heures sur 24, 7 jours sur 7.
Vous commandez et on vous livre à domicile.
Vous payez par carte bancaire ou par chèque.
La livraison est gratuite à Paris et en banlieue à partir de 300 F de commande.

FAITES VITE L'ESSAI !
TAPEZ...

16 *Achetez !*

Chez le marchand de fromages :

Du brie
Un fromage de chèvre
Du gruyère
Des yaourts
Un camembert | bien fait
| pas fait...

À la charcuterie :

Des saucisses
Du saucisson
Du jambon
Du pâté de foie
Du pâté do campagne
Des rillettes

Pour vous aider :

– Je voudrais...
– Vous avez... ?
– C'est combien ?
– Donnez-m'en...

– Ce sera tout ?
– Et avec ça ?
– ... F., s'il vous plaît.
– Ça vous fait ... F.
– Vous n'avez pas de monnaie ?

17 *Vous invitez des amis français. Composez un menu et préparez votre liste d'achats :*

– Vous êtes seul(e).
– Vous avez une famille nombreuse.
– Vous n'avez pas beaucoup d'argent.
– Vous avez beaucoup de temps.

Carottes râpées au citron
Épaule de veau
Riz créole
Fruits

Salade au fromage
Steaks hachés
Carottes braisées
Crème mousseuse au moka

Potage
Salade composée
Fromage
Crème au citron

18 *Lecture.*

La mère de Pomme vendait des œufs. Elle vendait aussi des berlingots de lait, du beurre au quart ou à la motte, du fromage. Elle prenait son grand couteau à double manche, elle posait le tranchant sur la meule de gruyère selon la grosseur qu'on lui demandait, et elle se faisait confirmer : « Comme ça, ou plus ? ».

Pascal Lainé, *La Dentellière*, Gallimard.

Pour travailler à la maison

- ■ **Demander.**
- ■ **Exprimer ses goûts.**
- ■ **Apprécier.**
- ■ **S'excuser.**
- ▶ *Les déterminants : l'article partitif.*
- ▶ *Le verbe prendre au présent.*
- ▶ *Le verbe boire au présent.*
- ▶ *Les sons [l] / [R].*
- ● *Les Français et la table.*

APPRENEZ *par cœur*

le présent des verbes **prendre** *et* **boire.**

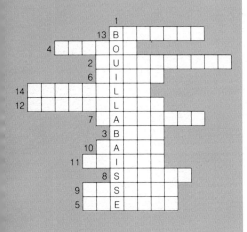

Pour l'exercice 1, revoyez les pages 108 et 109.
Pour l'exercice 2, relisez le dialogue de la page 106.

---

expressions et mots nouveaux

Agneau, *n. m.*	Haricot, *n. m.*	(Être) pressé, *v.*
Appétit, *n. m.*	Lait, *n. m.*	Provençal(e), *adj.*
Assiette, *n. f.*	Mauvais(e), *adj.*	Regret, *n. m.*
Bien (eh), *interj.*	Menu, *n. m.*	Regretter, *v.*
Bouillabaisse, *n. f.*	Midi, *n. m.*	Repas, *n. m.*
Choix, *n. m.*	Mode, *n. f.*	Rosé (un), *n. m.*
Coin, *n. m.*	Moutarde, *n. f.*	Rosé(e), *adj.*
Demander, *v.*	Niçois(e), *adj.*	Salade, *n. f.*
Dessert, *n. m.*	Œuf, *n. m.*	Sel, *n. m.*
Eau, *n. f.*	Pain, *n. m.*	Service, *n. m.*
Entrée, . *f.*	Parfait !, *adj.*	Spécialité, *n. f.*
Fromage, *n. m.*	Parisien(ne), *adj.*	Steak, *n. m.*
Fruit, *n. m.*	Patron(ne), *n.*	Tarte, *n. f.*
Gigot, *n. m.*	Plat, *n. m.*	Tomate, *n. f.*
Habitude (d'), *loc. adv.*	Préparer, *v.*	

---

1 **_Refaites des phrases selon l'exemple._**

Exemple : Sylvie comprend bien l'italien (je) →
Je comprends bien l'italien.

(nous) →	Jack et Sylvie →	(les deux sœurs) →
(tu) →	(le patron) →	(vous) →

Exemple : Le soir, nous ne buvons pas de café (je) →
Le soir, je ne bois pas de café.

(ma mère) →	(la vieille dame) →	(Sylvie et Marina) →
(mes amis) →	(mon ami) →	(tu) →

Exemple : Dans le placard de la cuisine, il y a du sel (pain) →
Dans le placard de la cuisine, il y a du pain.

(moutarde) →	(œufs) →	(eau minérale) →
(sucre) →	(vin) →	(conserves) →

2 **_Trouvez et placez les mots dans la grille._**

Laurent aime bien la ... (1). Mais, ... (2) chez Léon, il n'y a
pas de bouillabaisse : les poissons ne sont pas assez
(3), dit le ... (4). Alors, qu'est-ce que Laurent et Rémi vo
choisir ? Ils vont ... (5) du ... (6) avec des ... (7) verts, e
en entrée, de la ... (8) niçoise. Et comme ... (9) ? De la
(10) ... (11), une ... (12) de la patronne. Ils ... (13)
l'eau ? Non, du vin. Une bonne ... (14) de rosé.

3 **_Rapprochez les mots et faites des phrases._**

Exemple : Nous prenons une bouteille de rosé ?

une bouteille ●	● de la rue
le plat ●	● du Midi
des poissons ●	● de rosé
l'entrée ●	● de la Méditerranée
le coin ●	● du jour
un homme ●	● de l'appartement

LEÇON 16

---

expressions et mots nouveaux

Abricot, *n. m.*	Côtelette, *n. f.*	Mouton, *n. m.*
Affaire, *n. f.*	Crayon, *n. m.*	Optimiste, *adj.*
Aider, *v.*	Croissant, *n. m.*	Paquet, *n. m.*
Baguette, *n. f.*	Douzaine, *n. f.*	Pêche, *n. f.*
Beurre, *n. m.*	Gâteau, *n. m.*	Perdre, *v.*
Œuf, *n. m.*	Glace, *n. f.*	Peur, *n. f.*
Boulanger, *n. m.*	Gourmand, *n. m.*	Pomme de terre, *n. f.*
Boucher, *n. m.*	Huile, *n. f.*	Porc, *n. m.*
Boulangerie, *n. f.*	Jambon, *n. m.*	Poulet, *n. m.*
Camembert, *n. m.*	Kilo, *n. m.*	Prochain(e), *adj.*
Carotte, *n. f.*	Légume, *n. m.*	Rien, *pron.*
Charcuterie, *n. f.*	Liste, *n. f.*	Supérette, *n. f.*
Chariot, *n. m.*	Litre, *n. m.*	Tranche, *n. f.*
Chocolat, *n. m.*	Marchand, *n. m.*	Viande, *n. f.*
Côte, *n. f.*	Melon, *n. m.*	Vrai(e), *adj.*

---

1 Rapprochez les mots et faites des phrases.

Exemple : Chez le boucher, Nicole achète trois côtes de porc.

chez le boucher •   • le melon et les gâteaux
le petit garçon •   • un gâteau au chocolat
à la boulangerie •   • des croissants
la « Supérette » •   • trois côtes de porc
demain dimanche •   • au coin de la rue
au petit déjeuner •   • la liste des courses
un stylo •   • deux baguettes

2 Maman dicte et Nicole note.

Exemple : (Maman) – Va chez le boucher ! (Nicole) →
Aller chez le boucher.

– Prends de la viande !   → p...
– Passe chez le boulanger !   → p...
– Achète huit croissants !   → a...
– Choisis un beau melon !   → c...
– N'oublie pas ta liste !   → ne pas o...

3 Pas ? pas de ? Complétez les dialogues.

a. – Ils vont faire les courses ? – Non, ... aujourd'hui.
b. – Éric a un frère ? – Non, ... un frère, mais une sœur.
c. – Éric est grand ? – Il a six ans ! Il n'est ... grand !
d. – J'achète un gros poulet ? – Achète un poulet, mais
   ... trop gros !

4 Refaites des phrases selon l'exemple.

Exemple : Quand nous avons faim, nous mangeons du pain (jam-
bon) → Quand nous avons faim, nous mangeons du jambon.

• Quand nous avons faim, nous mangeons (sucre), (frites),
  (chocolat).
• Quand nous avons soif, nous buvons (eau), (bière), (thé).
• Voulez-vous (pomme ?), (pêche ?), (œufs ?)

5 Complétez.

Aujourd'hui, Silvio a trente ans ! Sylvie et Marina préparent
le dîner. Voici le menu : ... melon, ... gigot d'agneau, ...
haricots verts, salade, ... fromage, et comme dessert, ...
gâteau au chocolat. ... vin ? Oui ! ... champagne, bien entendu ! Bon anniversaire, Silvio ! ! !

■ Donner des ordres.
■ Répondre à des ordres.
▶ L'article partitif : rappel.
▶ Le verbe vendre
   au présent.
▶ Le verbe perdre
   au présent.
▶ L'impératif.
▶ L'intonation impérative.
● Boutiques et magasins.

APPRENEZ

par cœur

le présent des verbes vendre
et perdre.

Pour l'exercice 3, relisez les pages 30, 31 et 58 et le dialogue de la
leçon 16.
Pour les exercices 4 et 5, relisez la
leçon 15.

17 Passe ton bac d'abord !

Serge, lycéen (17 ans) et Irène, étudiante à l'Université (19 ans).

(Dans l'entrée de l'immeuble)

IRÈNE :   Alors ce bac, ça a marché ?

SERGE :   Comme ci, comme ça. Les maths ça va, la philo... hum !... Tu sais, avec les correcteurs, on n'est jamais sûr... Toi, tu as eu de la chance, tu as eu ton bac facilement...

IRÈNE :   La deuxième fois seulement !

SERGE :   Moi, si j'échoue, je ne recommence pas.

IRÈNE :   Allons... un peu d'optimisme...

SERGE :   D'optimisme ! J'entends déjà mes parents : « Paresseux ! Bon à rien ! Les filles, le rock, le tennis... oui ! mais préparer ton avenir ! Ta sœur a pourtant montré le bon exemple. »

IRÈNE :   Thérèse ? Où est-elle maintenant ?

SERGE :   Dans un I.U.T., à Grenoble... Sciences agricoles... Tu vois ça ? Ma chère... une perle. Pas de copains, pas de *disco*, économe... Toutes les qualités, quoi ! Tout pour réussir dans la vie... Elle a déjà trouvé un emploi... Avec les vaches et les moutons... et moi... tous les défauts...

IRÈNE :   Tu exagères... Si tu rates ton bac... tu redoubles ton année !

SERGE :   C'est ça... tu parles comme mes parents... « Passe ton bac d'abord ! »...

1 **Répondez** *c'est vrai..., c'est faux..., **ou** je ne sais pas...*

Exemple : Serge et Irène sont dans l'ascenseur. → C'est faux, ils ne sont pas dans l'ascenseur...

    a. Serge est content de ses maths.
    b. Il est aussi content de sa philo.
    c. La sœur de Serge est plus jeune que lui.
    d. Les parents de Serge sont contents de lui.
    e. Serge travaille beaucoup.
    f. Thérèse étudie dans un Institut universitaire de technologie.
    g. Irène a déjà un emploi.

2 **Matin / matinée...**

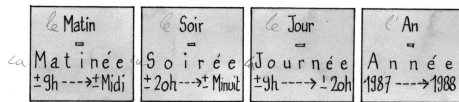

le Matin = la Matinée ± 9h ---→ ± Midi

le Soir = la Soirée ± 20h ---→ ± Minuit

le Jour = Journée ± 9h ---→ ! 20h

l'An = Année 1987 ---→ 1988

Le féminin marque la durée ----→

- **le matin** de ± 9 heures à ± midi → **la matinée.**
- **le soir** de ± 20 heures à ± minuit → **la soirée.**
- **le jour** de ± 9 heures à ± 20 heures → **la journée.**
- **l'an** 1986... 1987 → **l'année.**

Et maintenant, complétez.

Serge a dix-sept ... . Au lycée, il n'a pas fait une bonne ... . Le ..., il arrive souvent en retard en classe. Dans la ..., il pense au tennis, au rock et aux filles, mais pas à la philo. Le ..., il n'a jamais rien à étudier. Il passe la ... à regarder la télé. Mais, attention ! le ... de l'examen va arriver !

3 **Commence / recommence...**

Rappel :   Le cours commence à six heures. *(page 36)*
                Si j'échoue, je ne **re**commence pas. *(page 120)*

Septembre 1987 : Serge commence sa terminale (sa dernière année de lycée).
Juin 1988 : Serge échoue au Baccalauréat.
Septembre 1988 : il **re**commence sa dernière année de lycée.

Terminez les phrases.

    a. Louise fait le numéro de Maria. Le numéro n'est pas bon, Louise ... *refait*.
    b. Les Mouly déménagent. Le loyer augmente beaucoup, les Mouly ... *redéménagent*.
    c. Laurent prend de la salade niçoise. Elle est très bonne, Laurent ... *reprend*.
    d. Rémi demande du rosé de Provence. Rémi aime beaucoup le rosé de Provence, Rémi ... *redemand*.

4 **Lecture ou dictée.**

Les Lucet sont contents de leur fille, mais pas de leur fils. Thérèse a bien travaillé à l'école et à l'Université et elle a déjà trouvé un emploi. Serge, lui, vient de passer le baccalauréat. Il a réussi les mathématiques, mais la philosophie n'a pas « marché ». Il a peur d'échouer. Que vont dire ses parents ? S'il échoue, il n'a pas envie de recommencer.

Le passé composé

On forme le passé composé avec un **auxiliaire** (*avoir* ou *être*) et un **participe passé**.
Le passé composé indique **une action passée**.

a. le passé composé avec avoir

S	1	J'	**ai acheté** des chaussures.	Nous **avons joué** aux cartes.	1	P
I N G	2	Tu	**as regardé** le match ?	Vous **avez étudié** le français ?	2	L U
U L I E R	3	On Il Elle	**a écouté** la radio.	Ils Elles **ont mangé** du gigot.	3	R I E L

Remarque : 1. Dans *j'ai acheté, ai* (verbe *avoir*) est l'**auxiliaire ;** *acheté* est le **participe passé** de *acheter.*

b. quel auxiliaire ?

Les verbes avec un complément d'objet direct emploient toujours l'auxiliaire **avoir**.

Exemple : J'achète des chaussures. → J'ai acheté des chaussures.

Mais quelques verbes n'ont pas de complément d'objet direct et pourtant emploient l'auxiliaire **avoir :** coûter, dormir, marcher, plaire, sembler, voyager...

c. comment former le participe passé ?

- **verbes réguliers en -*er* → -*é***

Exemple : chanter → chanté : Nous avons chanté toute la nuit.

- **verbes réguliers en -*ir* → -*i***

Exemple : finir → fini : J'ai fini mon travail.

- **Attention aux participes passés de ces verbes :**

avoir   → eu   prendre → pris
être   → été   vendre → vendu   (et apprendre, comprendre → appris, compris)
faire   → fait   perdre → perdu   boire → bu

Remarque : Passé composé du verbe *être :* J'**ai** été, tu **as** été, etc.

5 *Samedi dernier... Faites des phrases.*

Exemple : moi, regarder le match à la télévision → Samedi dernier, j'ai regardé le match à la télévision.

elles, dîner dans un restaurant chinois – elle, acheter une robe d'été – toi, louer une maison à la campagne – moi, déjeuner avec Marc – lui, vendre sa moto à Antonio – eux, choisir de belles cravates – elle, faire du tennis.

d. le passé composé dans les phrases négatives et interrogatives

- **phrases négatives**

... n'	+ auxiliaire avoir +	pas +	participe passé	
Philippe **n'**	**a**	**pas**	**réussi**	les maths.

- **phrases interrogatives**

Est-ce que tu **as eu** tes notes ? Tu **as eu** tes notes ? **As**-tu **eu** tes notes ?

6 *Oui ou non, avez-vous fait... ? Un étudiant pose la question ; un autre répond.*

Exemple : faire des études, toi → – As-tu fait des études ?
– Oui, moi, j'ai fait des études. ou Non, moi, je n'ai pas fait d'études.

travailler toute l'année, lui – comprendre les explications, elle – perdre son temps, Philippe – commencer une licence de physique, eux – faire une bonne année, le fils de Mme Rivot – prendre des notes, les étudiants – jouer dans leurs chambres, les enfants.

7 *Où, quand, comment ont-ils fait ? Un étudiant pose la question, un autre répond.*

Exemple : où, Édith, commencer, licence → – Où Édith a-t-elle commencé une licence ?
– Elle a commencé une licence dans son pays, ou à l'Université, ou à la Sorbonne, etc.

quand, Marek, étudier, leçon 18 – où, Anna, apprendre, français – avec qui, Silvia et Marina, chanter, chansons françaises – comment, Karen, dépenser, argent – où, Peter, Rudolf, acheter, livres – avec qui, Sylvie, prendre, cours d'italien.

Les verbes en -cer et -ger

Attention à la première personne du pluriel du présent !

Je mange du pain.	*mais*	Nous **mangeons** peu.
Je commence ce livre.	*mais*	Nous **commençons** demain.

8 *Conversation. Remplacez on par nous.*

a. – Bon, on commence ? – D'accord on commence ! – Aïe, raté ! – Alors, on recommence...
b. – Quand est-ce qu'on mange ? – On ne mange pas aujourd'hui. – Comment ça, on ne mange pas aujourd'hui ? – Enfin, on mange seulement un peu de fromage.

Écrivez les verbes de l'exercice.

POUR BIEN PRONONCER

Les sons [e] / [ɛ]   Hélène est à l'Université et Thérèse dans un IUT.

9 *Écoutez ; répétez.*

a. Écoutez ; répétez. Allez ! Répétez ; écoutez ; répétez ! – Ménage, marché, déjeuner, dîner, télé ; ménage, marché, déjeuner, dîner, télé ! J'en ai assez !

b. Ma chère, c'est une perle ! – J'aime le faux-filet, mais je préfère les côtelettes. – Il aime le camembert avec de la baguette fraîche. – Les locataires du troisième ont des problèmes de budget.

10 *Écoutez ; répétez.*

Je préfère les résidences modernes ; les entrées sont belles et les salles de séjour sont claires. – J'ai acheté un poulet chez Bébert la semaine dernière, il était cher et de mauvaise qualité. – J'ai réservé une table pour dîner chez le Portugais ; j'ai invité Thérèse, Hélène et son frère.

Écoutez une deuxième fois et écrivez.

Études, examens, emplois

11 Voici le carnet de notes de Serge.

À l'école primaire, Serge travaillait bien. Il ne faisait pas de fautes à ses dictées. Il écrivait de petits textes intéressants et amusants. Il apprenait bien ses leçons. Il était bon en calcul. Ses maîtres étaient contents de lui et ses parents aussi... Et maintenant ?

Qu'est-ce qui est arrivé ?

DISCIPLINES	COEF.	NOTE	PLACE	Note la plus haute	Note la plus basse	Moyenne	APPRÉCIATIONS / Nom du Professeur
Ortho.-Gramm.	2	8		16	7	12	Serge doit être plus attentif pendant les cours pour progresser
Expr. écrite	2	6		14	6	10	
Expr. orale	1	6		14	6	11	M D. Bilon
Latin	1	9		17	9	13	Travail irrégulier M D. Bilon
Grec	1						M
L.V. 1 ....Nb élèves	3	14		17	8	13	Excellent à l'oral A.B à l'écrit M Yvar
L.V. 2 ....Nb élèves	3	14		17	4	11	Des résultats satisfaisants obtenus sans trop d'efforts. Peut mieux faire M Girard
Histoire-Géographie Éducation civique	2	6		14	6	10	Travail nettement insuffisant M Lamy
Mathématiques	4	8		17	3	11	Très insuffisant. Manque d'un travail sérieux M Dupin
Biologie	1	9		15	6	9	Trop moyen M Seccin
Physique	1	7		15	4	9	Insuffisant. travail superficiel M Harrouet
Musique	1	9		19	8	13	Manque de sérieux M Mathieu
Dessin	1	10		17	9	12	passable M Bruez
Technologie	1	7		17	7	12	ne fait pas grand chose en classe doit se ressaisir M Sabin
E.P.S.	2	13		17	10	13	Assez bien. Des efforts réels M Amand

Total avec coefficient : 207
Moyenne générale de l'élève : 9,17
Classement : 29

Moyenne générale de la classe : 11,19
Moyenne la plus haute de la classe : 15,04
Moyenne la plus basse de la classe : 6,73

Pour vous aider :

Coef. : coefficient
Exp. : expression
L.V. 1 : première langue vivante

L.V. 2 : deuxième langue vivante
E.P.S. : éducation physique et sportive
AB : assez bien

12 Passe ton bac d'abord ! Mais quel bac ?

8 bacs d'enseignement général	A1 A2 A3
	B
	C
	D D'
	E

18 bacs de technicien (BTn)	F1 F2 F3 F4 F5 F6 F7 F8 F9 F10 F11 F12
	G1 G2 G3
	H

Cours privé François Villon

Enseignements secondaire et pré-universitaire

Seconde. Premières. Terminales A, B, S, C, D.

■ Prépas : Médecine, DEUG, Sc. Po.
■ Langues : Angl., All., Esp.
■ Informatique.

13 Quelle chance les jeunes ont-ils de trouver un emploi ?

EMPLOYÉE DE BUREAU
niveau Bac + notions compta et
informatique - Tél. 48.99.00.00

Sté Transports Routiers
recherche
CHAUFFEUR Régional
Permis C1
Expérience 2 ans
Tél. pr RV 45.97.00.00

Dans le cadre de son expansion
importante Sté Immobilière
Embauche immédiatement
NÉGOCIATEURS(TRICES)
+ 25 ans, voiture indispensable
formation assurée
Tél. 48.86.00.00

Recherchons POUR UN MOIS :
AIDE-MAGASINIERS-VENDEURS
avec permis V.L.
Tél. pour R.V. de 13 à 17 h
Tél. 34.64.00.00

Recherchons
EXCELLENTE DACTYLO
Dynamique, expérimentée, BAC
mini.
bilingue ANGLAIS
Orthographe parfaite.
Bon contact clients
pour prise messages téléphon.
saisie directe dactylographiée.
Tél. pour R.V. 43.39.00.00

RECHERCHE :
Pour **atelier Sérigraphie**
Dessinateur d'exécution
Réf. 5 a. minimum
ds la qualification.
Libéré O.M. - Niveau bac minimum.
Anglais apprécié.
DECA PUB - Tél. 43.60.00.00

Recherchons **4 stagiaires Tuc**
2 postes de secrétariat
2 postes pour la création
et le développement
d'une banque
de données télématique
Tél. 64.80.00.00

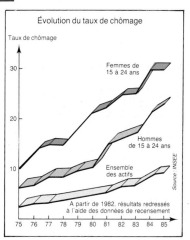

Évolution du taux de chômage

Taux de chômage

Femmes de 15 à 24 ans

Hommes de 15 à 24 ans

Ensemble des actifs

A partir de 1982, résultats redressés à l'aide des données de recensement

75 76 77 78 79 80 81 82 83 84 85

Source INSEE

14 Comprenez-vous ces jeunes ?

Pour vous aider :

– Moi, ...
– Eh bien moi, ...
– Je ne suis pas tout à fait de votre avis...
– Oui, mais...

– Mais si !
– Ah non !
– Je ne suis pas du tout d'accord avec vous !
– C'est faux !

– Oui, bien sûr, vous avez raison.
– Après tout, pourquoi pas ?
– Parlons d'autre chose.

15 Lecture.

LE CANCRE

Il dit non avec la tête
mais il dit oui avec le cœur
il dit oui à ce qu'il aime
il dit non au professeur
il est debout
on le questionne
et tous les problèmes sont posés
soudain le fou rire le prend
et il efface tout
les chiffres et les mots
les dates et les noms
les phrases et les pièges
et malgré les menaces du maître
sous les huées des enfants prodiges
avec des craies de toutes les couleurs
sur le tableau noir du malheur
il dessine le visage du bonheur.

JACQUES PRÉVERT, *Paroles*, Gallimard.

18 Tous partis !

Micheline Lucet, épouse de Pierre Lucet, mère de Serge, Thérèse et Hélène, et Gisèle Mazières.

(Au téléphone)

GISÈLE MAZIÈRES :	....
MICHELINE LUCET :	Oui... elle-même... Qui est à l'appareil ? Ah... c'est toi Gisèle...
GISÈLE MAZIÈRES :	....
MICHELINE LUCET :	Quoi ? Inviter toute la famille à dîner, samedi prochain... Tu es gentille... Merci ! Mais... je suis toute seule à la maison. Tout le monde est parti !
GISÈLE MAZIÈRES :	....
MICHELINE LUCET :	Eh bien... Serge est parti le premier, il y a huit jours, avec un de ses copains de lycée. Ils vont passer deux semaines au bord de la mer.
GISÈLE MAZIÈRES :	....
MICHELINE LUCET :	J'ai oublié le nom : un petit port breton. Ils ont fait de l'auto-stop et ils campent.
GISÈLE MAZIÈRES :	....
MICHELINE LUCET :	Hélas non ! Ne parlons pas du bac ! Serge, lui, a déjà tout oublié... pour la planche à voile...
GISÈLE MAZIÈRES :	....
MICHELINE LUCET :	Hélène ? Depuis trois jours elle est chez son oncle, à la campagne, pas très loin de Toulouse...
GISÈLE MAZIÈRES :	....
MICHELINE LUCET :	Oui, toute seule. Elle a pris le train de nuit et elle est arrivée sans mal à la ferme. J'ai eu une carte ce matin.
GISÈLE MAZIÈRES :	....
MICHELINE LUCET :	Pardon ? Pierre ? Non... pas encore. Il est en voyage d'affaires à l'étranger. D'abord, à Madrid... puis à Rabat... avec un arrêt à Lisbonne. Une petite tournée d'une dizaine de jours... Tu vois, la maison est un peu morte.
GISÈLE MAZIÈRES :	....
MICHELINE LUCET :	Entendu pour samedi prochain... Compte sur moi... Vers sept heures et demie. Mes amitiés à Vincent. Bonsoir !... et merci encore.

1 **_Voici les questions et les réponses de Gisèle Mazières (en désordre). Rétablissez la conversation._**

    a. Comment ça ? Tout le monde ? Où donc ?

    b. Et ton mari, il est en vacances, lui aussi ?

    c. Oui, c'est bien moi. Dis donc, vous êtes libres samedi prochain ? Je voudrais vous inviter à dîner... Toute la famille.

    d. Et Hélène ?

    e. Serge a réussi au bac ?

    f. Tu ne vas pas rester seule samedi prochain ! Viens dîner à la maison ; vers sept heures et demie, nous comptons sur toi !

    g. Elle a voyagé toute seule ?

2 **_Voici la carte d'Hélène. Lisez cette carte et la conversation._**

Cadalen, le 6 août

Cher papa, chère maman
Je suis bien arrivée il fait
très beau. Avec Mylène on
fait des promenades dans
les champs et les bois.
Des petits chats viennent
de naître ...
Je vous embrasse tous les
deux très fort. Hélène

Monsieur et Madame Lucet
84, avenue de la
république
91940 les Ulis

MICHELINE : Oui, toute seule. Elle a pris le train de nuit et elle est arrivée sans mal à la ferme... J'ai eu une carte ce matin.
GISÈLE : Qu'est-ce qu'elle écrit ?
MICHELINE : Elle écrit que...

3 **_Observez. Rien / quelque chose – personne / quelqu'un – tous / toutes._**

4 **_Complétez._**

Il n'y a ... à la maison ; ils sont .... partis ! Thérèse est travailleuse : elle a toujours ... à faire. Serge, lui, ne fait ... Son copain Éric est ... de sympathique ; il a toujours envie de faire ... d'intéressant. Éric et Serge sont gourmands : hier ils ont mangé ... les chocolats d'Hélène ! Samedi, Gisèle et Micheline ont fait des courses ... les deux. Elles ont acheté ... les nouveaux livres du mois.

5 **_Lecture ou dictée._**

🔲   Où est donc la famille Lucet ? M. Lucet, lui, est en voyage d'affaires à l'étranger. Thérèse, la fille aînée, travaille, loin de sa famille, du côté de Grenoble. Serge, le fils, vient de partir en Bretagne et campe au bord de la mer. La petite Hélène est à la campagne, chez son oncle. Et Mme Lucet est restée toute seule, dans sa maison vide... Heureusement, elle va rencontrer ses vieux amis Mazières !

POUR PRATIQUER LA GRAMMAIRE

Le passé composé

a. Le passé composé avec être

S	1	Je **suis allé(e)** à Paris.	Nous **sommes allé(e)s** à Toulouse.	1	P
I N G U L I E R	2	Tu **es allé(e)** au cinéma.	Vous **êtes allé(e)s** en Italie ?	2	L U R I E L
	3	On **est** allé / Il **est** allé / Elle **est** allée au restaurant.	Ils **sont** allés / Elles **sont** allées chez Paul.	3	

Remarque : Pour le passé composé avec **être** dans les phrases négatives et interrogatives : voir le passé composé avec **avoir,** leçon 17, page 122, d.

b. L'accord du participe passé

Le participe passé s'accorde en genre et en nombre avec le sujet.

Exemples : Il est allé / elle est allée ; ils sont allés / elles sont allées ;
je (masc.) → je suis allé ; je (fém.) → je suis allée.

c. Quel auxiliaire ?

Quelques verbes n'ont jamais de complément d'objet direct ; au passé composé, ils se conjuguent avec l'auxiliaire **être.**

Exemples : aller → Je suis allé(e) à Paris. – venir → Je suis venu(e) à Paris.

Remarque : Voir page 122 les verbes qui n'ont pas de complément d'objet direct et se conjuguent avec l'auxiliaire **avoir.**

d. Comment former le participe passé ?

1. arriver → arrivé ; entrer → entré ; rester → resté.
2. aller → allé ; venir → venu ; partir → parti.

6 ***De Paris à Madrid... Écrivez les phrases. Attention à l'accord !***

Exemple : il → Il est parti de Paris hier soir et il est arrivé à Madrid ce matin.

mon amie – mes parents – mon frère et moi – ma mère et ma tante – nous – M. et Mme Lamy – moi – ton frère et toi – toi.

7 ***M. et Mme Lamy ont fait un beau voyage. Racontez.***

Exemple : par le train, partir de Paris, le 15 juin → Le 15 juin, ils sont partis de Paris par le train.

le 16 juin, à dix heures du matin, arriver à Madrid – descendre à l'hôtel « Manolete » – rester huit jours à Madrid – sortir avec leurs amis espagnols – de Madrid, aller à Séville, passer par Cordoue – partir de Séville, le 10 juillet, descendre à Agadir – à Agadir, rester dix jours – rentrer à Paris, par avion, le 25 juillet.

Les verbes à deux auxiliaires

Il sort le chien.	
sujet + verbe + complément d'objet direct	→ Il **a** sorti le chien.

Il sort par la fenêtre.	
sujet + verbe + complément circonstanciel	→ Il **est** sorti par la fenêtre.

8 ***Qu'est-ce qu'ils ont fait ? Faites des phrases. Attention à l'auxiliaire !***

Exemple : *Philippe, faire de l'auto-stop, aller au bord de la mer → Philippe a fait de l'auto-stop et est allé au bord de la mer.*

Édith, descendre sa valise, aller à la gare – Mme Mazières, téléphoner, inviter Mme Lucet – mes cousines, voyager en Italie, passer par la Suisse – Marina, inviter son amie Sylvie, sortir avec elle – Ursula, prendre le train, arriver à six heures du soir – Mme Lamy, aller en Espagne, rester deux jours à Madrid – Sylvie, rester un mois à Venise, rencontrer ses amis italiens – mon oncle et ma tante, venir à Paris, passer trois semaines avec nous.

Les verbes naître et mourir

Ces verbes s'emploient souvent au passé composé. Le verbe *mourir* s'emploie surtout à la troisième personne.

Je suis né en 1944.	Il est mort en 1968.
Elle est née en 1970.	Elle est morte en 1973.

9 ***Quand êtes-vous né(e) ? Répondez.***

Il y a ... heure(s), mois, an(s)

Elle est née il y a deux ans.

Il y a deux ans qu'elle est née.

10 ***Il y a... Faites des phrases.***

Exemple : *Il est cinq heures ; le train est parti à quatre heures. → Le train est parti il y a une heure. Ou Il y a une heure que le train est parti.*

Il est 18 h 20 ; le bus est passé à 18 h. – Il est 9 h 30 ; le train est arrivé à 9 h 15. – Nous sommes en 1987 ; Linda est née en 1983. – Nous sommes en 1980 ; Joseph est mort en 1930. – C'est le mois de décembre ; Renata est née au mois d'août. – Nous sommes lundi ; Markus est mort samedi. – Nous sommes le samedi 12 ; Luigina est partie le samedi 7.

11 ***Vous êtes né(e)(s)... il y a combien de temps ? Répondez.***

Exemple : *Je suis né(e) il y a ... ou Il y a ... que je suis né(e).*

POUR BIEN PRONONCER

Les sons [s] / [z]

Ma cousine Sandrine Lucet, eh bien, c'est la sœur de Gisèle Mazières !

12 ***Écoutez ; répétez.***

    a. Nous sommes le samedi soir six mars, et madame Lucet est seule. – A la semaine prochaine, bonsoir et merci ! – Est-il optimiste ou pessimiste ? Comme ci, comme ça... – Il a gagné au tennis, mais il a eu de la chance.

    b. Ma cousine aime les oiseaux. – J'ai besoin d'une douzaine d'œufs et de deux ou trois autres choses. – La salade niçoise est délicieuse, la tarte maison aux fraises aussi. Et le rosé ? – Gisèle est paresseuse.

    c. Gisèle est aussi paresseuse que sa sœur Sandrine. – Pour la deuxième fois, où est passé mon sac ? – Serge est optimiste et il a souvent de la chance ; Gisèle est paresseuse, elle n'aime pas les sciences, mais elle aime écouter les oiseaux.

Écoutez une deuxième fois et écrivez.

Partir

accomodation

13 *Où et quand les Français partent-ils en vacances ?*

Mode d'hébergement	%
Résidence secondaire	9,8
Hôtel	13,2
Location	12,8
Résidence secondaire de parents et amis	9,3
Tente, caravane	12,0
Autres	8,7
Résidence principale de parents et amis	34,2

Genre du séjour	%
Circuit	6,3
Sports d'hiver	9,8
Mer	35,7
Montagne (hors sports d'hiver)	12,8
Campagne	24,7
Ville	10,7

Part des séjours en France et à l'étranger	%
France	84,6
Étranger	15,4

Séjours à l'étranger	%
Été	16,7
Hiver	12,6

7.8 = Sept virgule huit per cent.

Oct.	Nov.	Déc.	Janv.	Fév.	Mars	Avr.	Mai	Juin	Juil.	Août	Sept.
33 %	1,2 %	7,8 %	1,3 %	7,1 %	7,0 %	6,1 %	4,0 %	6,1 %	25,4 %	26,1 %	4,6 %

Et vous, quand partez-vous ? Où allez-vous ? Passez-vous vos vacances dans votre pays ? à l'étranger ? en France ? Quel hébergement choisissez-vous ? Pourquoi ? Dialoguez avec votre voisin, votre voisine.

14 *Météo. Quel temps a-t-il fait, aujourd'hui, en France ?*

Pour vous aider : en Bretagne, en Corse, dans les Landes, le Centre, le Nord, le Sud (le Midi), l'Est, l'Ouest, le Nord-Est, le Sud-Ouest, à Paris, dans la région de Toulouse.

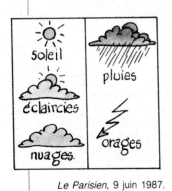

Le Parisien, 9 juin 1987.

il fait beau / mauvais
    chaud / froid
il y a du soleil
    des nuages
    des éclaircies
    des averses (des ondées)
    de la pluie
    de la neige
    des orages
    du brouillard
    du vent
le temps est ensoleillé
    nuageux (couvert)
    orageux
il pleut
il neige

Et chez vous, quel temps a-t-il fait ?

15 *Rédigez la carte postale de vacances de Serge : à sa mère, à sa petite amie.*

Il parle de l'endroit où il est, du temps qu'il fait, de ce qu'il fait...

Rédigez votre propre carte de vacances.

16 *À l'agence de voyages.*

Renseignez-vous sur les possibilités et les conditions d'hébergement en Corse.

Corse : Les Calanques

À 7 km d'Ajaccio :
jardin, piscine, chambres confortables avec loggia et vue sur mer.
Chambres de 2 à 4 lits avec salle de bains. Draps et linge de
toilette fournis, entretien des chambres deux fois par semaine.
Accueil, bar, restaurant, animation, night-club.

PRIX PAR PERSONNE POUR UNE SEMAINE						
CHAMBRE DOUBLE PENSION COMPLÈTE VIN + ANIMATION	du 12/04 au 28/06 du 30/08 au 27/09		du 28/06 au 12/07 du 26/07 au 02/08 du 23/08 au 30/08		du 12/07 au 26/07 du 02/08 au 23/08	
	Adulte	Enfant 2 à 9 ans	Adulte	Enfant 2 à 9 ans	Adulte	Enfant 2 à 9 ans
Paris-Ajaccio	2 965	2 160	3 200	2 290	3 600	2 530
Sans transport	1 685	960	1 920	1 090	2 270	1 280
Semaine suppl.	1 565	860	1 800	990	2 150	1 180

17 *Répondez à cette annonce.*

18 *Vacances d'hier, vacances d'aujourd'hui.*
Cherchez les différences.

19 *Lecture.*

Trois enfants marchent le long d'une grève. Ils s'avancent côte à côte, se tenant par la
main. [...]
Il fait très beau. Le soleil éclaire le sable jaune d'une lumière violente, verticale. Il n'y a
pas un nuage dans le ciel. Il n'y a pas, non plus, de vent. L'eau est bleue, calme, sans la
moindre ondulation venant du large...

ALAIN ROBBE-GRILLET, *La Plage*, extrait d'« Instantanés », Éditions de Minuit.

LEÇON 17

- ■ *Apprécier.*
- ■ *Exprimer son désaccord.*
- ■ *Argumenter.*

- ▶ *Le passé composé avec avoir.*
- ▶ *Le passé composé dans les phrases négatives et interrogatives.*
- ▶ *Les verbes en –cer et –ger.*
- ▶ *Les sons* [e] / [ɛ].

- ● *Études, examens, diplômes...*

APPRENEZ *par cœur*

le présent des verbes manger et commencer et les participes passés des verbes avoir, prendre, être, vendre, apprendre, comprendre, faire, perdre et boire.

--- expressions et mots nouveaux ---

Agricole, *adj.*
Apprendre, *v.*
Avant-hier, *adv.*
Avenir, *n. m.*
Bac(calauréat), *n. m.*
Bon(ne) à rien, *adj.*
C'est ça, *loc.*
Correcteur, *n. m.*
D'abord, *adv.*
Défaut, *n. m.*
Déjà, *adv.*
Diplôme, *n. m.*
Disco, *n. m.*
Dormir, *v.*
Échouer, *v.*
Économe, *adj.*
Emploi, *n. m.*
Entendre, *v.*

Études, *n. f. plur.*
Examen, *n. m.*
Exemple, *n. m.*
Explication, *n. f.*
Facilement, *adv.*
Finir, *v.*
Fois, *n. f.*
Institut, *n. m.*
Lycée, *n. m.*
Lycéen, *n. m.*
Math(ématiques), *n. f. plur.*
Montrer, *v.*
Note, *n. f.*
Optimisme, *n. m.*
Paresseux (paresseuse), *adj.*
Perle, *n. f.*

Philo(sophie), *n. f.*
Plaire, *v.*
Primaire, *adj.*
Qualité, *n. f.*
Rater, *v.*
Recommencer, *v.*
Redoubler, *v.*
Réussir, *v.*
Rock, *n. m.*
Science, *n. f.*
Secondaire, *adj.*
Si, *conj. sub.*
Sûr(e), *adj.*
Technologie, *n. f.*
Tout(e), tous, toutes, *adj. indéf.*
Universitaire, *adj.*
Vache, *n. f.*

1 *Tout ? toute ? tous ? toutes ? Complétez.*

Thérèse ? elle travaille ... le temps ! Elle est à l'I.U.T. ... journée, et le soir, à la maison, elle étudie encore ! Ser lui, est paresseux ! ... les matins, il arrive en retard au cée, il a de mauvaises notes, il passe ... ses soirées à garder la télé ou à écouter du rock. Vraiment, sa sœur a les qualités, et lui, ... les défauts !

2 *Faites des phrases au passé composé.*

Exemple : étudier le programme → Thérèse est une bonne é diante, elle a étudié le programme.

Saskia, travailler à la bibliothèque – Barbara, prendre c notes en classe – Rita, répéter les exercices de gramma – Marta, préparer ses examens de français – Angeli comprendre les explications du professeur – Lisa, réussi l'examen.

3 *Infinitif ? ou participe passé ?*

a. (passer / passé) : Serge vient de ... le bac.
b. (marcher / marché) : Est-ce que ça a bien ... ?
c. (réussir / réussi) : Il a ... les maths mais pas la philo.
d. (avoir / eu) : Irène a ... de la chance, elle ; elle a ... bac facilement.
e. (trouver / trouvé) : Thérèse aussi a de la chance : ell déjà ... un emploi.
f. (penser / pensé) : Cette année, Serge a beaucoup ... tennis et aux filles.
g. (préparer / préparé) : Il n'a pas ... son examen.
h. (passer / passé) : Ses parents ne sont pas contents faut ... le bac d'abord !

4 *Où ? Quand ? Comment ? Trouvez les questions.*

– Irène a rencontré Serge **dans l'entrée de l'immeuble**
– Serge a passé son bac **avant-hier**.
– Irène a eu son bac **facilement... la deuxième fois se lement !**

LEÇON 18

Pour travailler à la maison

---

expressions et mots nouveaux

...iné(e), *adj.*
...rrêt, *n. m.*
...uto-stop, *n. m.*
...ois, *n. m.*
...ord, *n. m.*
...reton(ne), *adj.*
...amper, *v.*
...arte, *n. f.*
...hamp, *n. m.*
...hat, *n. m.*
...hien, *n. m.*
...ompter (sur), *v.*
...ôté (du côté de), *n. m.*

Descendre, *v.*
Donc, *conj.*
Embrasser, *v.*
Épouse, *n. f.*
Fenêtre, *n. f.*
Ferme, *n. f.*
Heureusement, *adv.*
Mer, *n. f.*
Mort(e), *adj.*
Mourir, *v.*
Naître, *v.* (né, née)
Personne, *pron. indéf.*
Planche à voile, *n. f.*
Port, *n. m.*

Près de, *prép.*
Promenade, *n. f.*
Que, *conj.*
Quelqu'un, *pron. indéf.*
Quelques-uns (unes),
  pron. indéf.
Sans mal, *loc. prép.*
Seul(e), *adj.*
Sortir, *v.*
Tournée, *n. f.*
Travailleur(euse), *adj.*
Valise, *n. f.*
Vers, *prép.*
Vide, *adj.*

- **Inviter.**
- **Refuser, accepter une invitation.**
- **Raconter.**

- ▶ *Le passé composé avec être.*
- ▶ *Les verbes à deux auxiliaires.*
- ▶ *Les verbes naître et mourir.*
- ▶ *Il y a ... heure(s), ... mois, ... an(s).*
- ▶ *Les sons [s] / [z].*
- ● *Partir.*

---

1 *Complétez les phrases.*

Vous m'invitez ? C'est gentil !
Vous m'invitez ? Vous ... ... !
Tu m'... ? Tu ... ... !

Serge est parti le premier.
Serge et son copain ...
Hélène ...

Hélène a pris le train de nuit.
Serge et son copain ...
Vous ...

Compte sur moi !
Nous ... !

2 *Refaites l'exercice 8 de la page 129 et écrivez les verbes de cet exercice.*

- • descendre, aller
- • téléphoner, inviter
- • voyager, passer
- • inviter, sortir

- • prendre, arriver
- • aller, rester
- • rester, rencontrer
- • venir, passer

3 *Racontez au passé.*

Le mois dernier, avec un copain, nous (passer) quelques jours en Bretagne, au bord de la mer. Nous (camper) sur la plage et nous (manger) dans un petit restaurant. Nous (faire) de la planche à voile tous les jours. Nous (aimer beaucoup) ce petit port breton et nous (rentrer) à Paris avec regret et un peu tristes.

4 *Observez les trois premières phrases et complétez les phrases suivantes.*

Hier, Hélène a pris le train.
Aujourd'hui, elle prend le train.
Demain, elle va prendre le train.

a. Aujourd'hui, madame Mazières invite madame Lucet.
   Hier, ...   Demain, ...
b. Demain, Serge va faire de la planche à voile.
   Hier, ...   Aujourd'hui, ...
c. Aujourd'hui, Pierre passe à Lisbonne.
   Hier, ...   Demain, ...
d. Demain, il va arriver à Rabat.
   Aujourd'hui, ...   Hier, ...

Pour l'exercice 1, faites attention au genre (masculin, féminin) et au nombre (singulier, pluriel).
Pour l'exercice 4, revoyez le futur proche (page 72) et le présent du verbe prendre (page 108).

19 Ski, lecture ou tricot ?

Pierre, Françoise et leurs parents.

1. Pierre et son père.

PIERRE :	Dis... Papa ! Qu'est-ce que nous allons faire pendant les vacances de Noël ?
LE PÈRE :	Heu... Je ne sais pas, ta mère et moi, nous irons peut-être faire du ski, comme l'année dernière.
PIERRE :	Et nous ? Nous irons avec vous ?...
LE PÈRE :	Oh vous ! Vous êtes encore un peu jeunes... non ? Toi, Pierre, tu ne préfères pas passer les fêtes chez tes grands-parents ?
PIERRE :	Non, pas cette année ! Si vous faites du ski, j'en ferai aussi... Je suis assez grand maintenant !

2. Françoise et son père.

FRANÇOISE :	Papa... demain, c'est dimanche... Qu'est-ce qu'on fait ?
LE PÈRE :	Demain, nous irons à la campagne. Nous partirons de bonne heure, comme ça, avant midi, nous aurons le temps de faire une petite promenade à pied.
FRANÇOISE :	Et nous mangerons au restaurant ?
LE PÈRE :	Non... je ne pense pas. Ta mère va préparer des sandwiches, et nous pique-niquerons sur l'herbe ; il va faire beau, ce sera plus agréable.

3. Elle et Lui.

ELLE :	On sort, ce soir ?
LUI :	Tu sais... moi, ce soir, je préfère rester à la maison. Je vais regarder le match de foot à la télé.
ELLE :	Quel sportif ! Tu aimes tout : le football, le rugby, le volley, le tennis... Tout ! mais... à la télévision... et dans un bon fauteuil... Sportif en chambre, quoi !
LUI :	Tu exagères un peu... tu oublies le ski. Je fais du ski... moi !
ELLE :	Oui, c'est vrai... Tu en fais beaucoup... huit jours par an ! Alors, nous restons ici ?... Je vais reprendre mon livre. Heureusement pour moi, il y a la lecture...
LUI :	... et le tricot !

1 *Répondez oui ou non et justifiez oralement vos réponses.*

  a. – Les parents de Pierre feront du ski pendant les vacances de Noël.
   – Pierre a fait du ski l'année dernière.
   – Monsieur et Madame Dupré aiment faire du ski.
  b. – Demain dimanche, parents et enfants iront à pied à la campagne.
   – Ils ne vont pas manger au restaurant.
   – Ils mangeront des sandwiches dans la voiture.
  c. – Madame Dupré aime bien regarder les matches à la télévision.
   – Elle aime bien la lecture.
   – Monsieur Dupré fait beaucoup de sport.

2 *Faites des phrases avec c'est... / ce sera plus... / moins... et un adjectif.*

Exemple : pique-niquer sur l'herbe (agréable)
   → *Pique-niquer sur l'herbe, ce sera plus agréable.*

  a. voyager en Concorde
  b. payer par chèque
  c. prendre l'avion pour aller à Nice
  d. manger au restaurant
  e. partir en vacances avec un copain
  f. aller à Venise par le train

  ● agréable
  ● rapide
  ● cher
  ● sympathique — *Nuie*
  ● confortable
  ● pratique

3 *Pour parler de l'avenir, on peut employer :*

● **le présent :**
*Exemple : Papa, qu'est-ce qu'on **fait** aux vacances de Noël ?*

● **le futur proche :**
*Exemple : Papa, qu'est-ce que nous **allons faire**... ?*

● **le futur :**
*Exemple : Papa, qu'est-ce que nous **ferons**... ?*

Mettez les phrases au futur proche ou au futur.

  a. Demain, nous irons à la campagne.
  b. Avant midi, on aura le temps de faire une petite promenade.
  c. Ta mère va préparer des sandwiches.
  d. Il va faire beau demain.
  e. Je vais reprendre mon livre.

4 *Complétez avec dis..., euh..., je ne pense pas..., je ne sais pas... ou tu sais... .*

  a. ... qu'est-ce que nous ferons pendant les vacances de Noël ?
  b. ... moi, ce soir, je préfère rester à la maison.
  c. ... qu'est-ce qu'on fait dimanche ?
  d. ... ta mère et moi, nous irons peut-être faire du ski.
  e. ... nous irons peut-être manger au restaurant.
  f. ... je préfère lire ou tricoter.

5 *Lecture ou dictée.*

Monsieur et Madame Dupré font du ski huit jours par an. Leur fils, Pierre, voudrait bien en faire aussi. Son père n'est pas d'accord : Pierre est encore un peu jeune. Pierre, lui, pense qu'il est assez grand pour en faire.
Demain, il va faire beau. Les Dupré iront à la campagne. Françoise aime aller au restaurant ; son père, lui, préfère déjeuner sur l'herbe.
Ce soir, Madame Dupré a envie de sortir. Son mari, lui, préfère rester à la maison pour regarder un match à la télévision. Quel sportif !

Le futur des verbes visiter, finir, attendre, boire

verbe	radical	je, j'	tu	il, elle, on	nous	vous	ils, elles
		terminaisons					
visiter finir attendre boire	visit-e- fini- attend- boi-	rai	ras	ra	rons	rez	ront

Remarques : 1. Le temps :

Passé   Présent   Futur →

Les formes verbales :   Passé composé   Présent   Futur

2. Futur des verbes en **er :** formes de la 1re ou de la 3e personne du singulier du présent de l'indicatif + **rai, ras, ra, rons, rez, ront**. *Exemple :* acheter → j'achèterai, etc. ; appeler → j'appellerai, etc. ; payer → je payerai ou je paierai, etc.
3. On peut prononcer : je visiterai, j'achèterai, j'appellerai ; on prononce : je paierai.

Le futur des verbes être, avoir, aller, venir, faire

verbe	radical	je, j'	tu	il, elle, on	nous	vous	ils, elles
		terminaisons					
être avoir aller venir faire	se- au- i- viend- fe-	rai	ras	ra	rons	rez	ront

Remarques : 1. Ces verbes ont un radical particulier au futur.
2. On peut prononcer : je serai, je ferai.

6 *L'année prochaine... Faites des phrases au futur.*

Exemple : moi, aller, Mexique, parler... → L'année prochaine, j'irai au Mexique et je parlerai espagnol.

Sylvie, aller, Italie, parler ... – Silvio et Marina, venir, France, parler ... – ma femme et moi, aller, États-Unis, parler... – ma sœur, aller, Cuba, parler ... – moi, aller, Pérou, parler ... – toi, aller, Angleterre, parler ... – Philippe Lamy, visiter, Brésil, parler ... – tes amis et toi, aller, Canada, parler... .

7 *Pendant les vacances... Faites l'exercice à trois.*

Exemple : vous, faire du ski → – Pendant les vacances, est-ce que vous ferez du ski ?
– Oui, nous ferons du ski. ou Non, nous ne ferons pas de ski.

vous, pique-niquer souvent – ton père et ta mère, faire des promenades à vélo – les deux cousines, jouer au tennis – Hélène, aller à la campagne – toi, faire de la planche à voile – Philippe, inviter ses copains – M. Lamy, rester à Paris.

8 *Posez la question et répondez par oui ou non. Faites l'exercice à trois.*

Exemple : sortir → Est-ce que tu sortiras ce soir ? Oui, je sortirai. ou Non, je ne sortirai pas.

aller au cinéma – être seul(e) – inviter des amis – regarder la télévision – jouer aux échecs – faire la cuisine – acheter du pain – venir chez moi.

Le pronom en

Le pronom **en** remplace un nom précédé par *de, du, de la, des*.

- M. Lamy revient **de Madrid ?**   Oui, il **en** revient.

- Faites-vous **du ski ?**   Oui, j'**en** fais.

- Buvez-vous **de l'eau ?**   Oui, j'**en** bois.

- Avez-vous **des vacances ?**   Oui, j'**en** ai.

Remarques :
1. Place de **en** : toujours **avant** le verbe.
2. Place de la négation : *je n'en bois pas*.
3. Avec un nom précédé d'une **expression de quantité** (beaucoup de, un peu de, etc.) :
   Il y a beaucoup de gens ? Oui, il y en a beaucoup.
4. Avec un nom précédé de **un, une** :
   A-t-il une sœur ?   Oui, il en a une / Non, il n'en a pas.
5. Avec un groupe de mots précédés par **de** : *As-tu envie de jouer aux cartes ? Oui, j'en ai envie.*

9 *En faites-vous ? Posez la question et répondez par oui ou non. Faites l'exercice à trois.*

Exemple : vous, du cheval → Faites-vous du cheval ? Oui, j'en fais. ou Non, je n'en fais pas.

Philippe, de la planche à voile – vos parents, de la marche – ton ami Alain, du patin à roulettes – tes grands-parents, du tourisme – toi, beaucoup de ski nautique – vos amis, un peu de rugby – Édith, de la gymnastique – toi, de l'athlétisme.

Verbe + verbe à l'infinitif

verbe + verbe à l'infinitif (voir leçon 6)	→ Elle **veut aller** en Californie.
verbe + à + verbe à l'infinitif	→ Philippe **commence à faire** de la moto.
verbe + de + verbe à l'infinitif	→ J'**ai oublié de fermer** la porte.

10 *Faites une phrase avec un élément de a. et un élément de b.*

Exemple : a. Il a essayé de b. faire du ski. → Il a essayé de faire du ski.

a. Édith déteste
Nous commençons à
Elle préfère
Ils cherchent à
Il a essayé de
Nous avons décidé de

b. jouer aux cartes
faire du ski
prendre des billets
boire de l'eau
marcher tous les jours
louer un studio

POUR BIEN PRONONCER

Les sons [ə], [œ] / [ɛ̃], [ɔ̃]

Ils feront de l'auto-stop et ils camperont près d'un petit port breton.

11 *Écoutez ; répétez.*

Elle me téléphonera et nous irons faire une promenade. – Serge n'est pas comme sa sœur ; elle, elle adore la nature, surtout les fleurs. – Qu'est-ce que nous ferons à Noël ? Cette année, comme l'année dernière, nous passerons les fêtes chez mes grands-parents. – Demain, nous ferons encore une petite promenade, puis nous pique-niquerons sur l'herbe. – Nous ne regarderons pas le match.

Écoutez une deuxième fois et écrivez.

Temps libre

12 Des lois.

L'ordonnance du 16 janvier 1982 fixe la durée légale des congés à trente jours ouvrables payés pour douze mois de travail. Elle fixe à trente-neuf heures la durée du travail hebdomadaire. La durée du travail quotidien ne peut excéder dix heures.
Un repos hebdomadaire de vingt-quatre heures consécutives minimum le dimanche est obligatoire.
L'ordonnance du 26 mars 1982 fixe l'âge de la retraite à soixante ans.

Travaillez-vous plus, travaillez-vous moins que l'ensemble des Français ?
Travaillez-vous plus, travaillez-vous moins que votre voisin ? que votre voisine ?
Interrogez-les.

13 Le temps libre.

Chez soi
on regarde la télévision,
on écoute la radio,
sa chaîne haute-fidélité
ou son magnétophone,
on joue d'un instrument,
on bricole...

Au dehors

MUSIQUE CINÉMAS ZOO THÉÂTRES

MUSIC-HALLS CIRQUES CHANSONNIERS

MARIONNETTES DANSE CABARETS

COMÉDIE MUSICALE EXPOSITIONS MUSÉES

Que faites-vous pendant votre temps libre ?

Et votre voisin, qu'est-ce qu'il fait ?

Interrogez-le.

14 Les activités sportives.

Rendez à chaque sport son logo.

la natation
le football
la gymnastique
le tennis
le cyclisme
le ski
la voile
le yoga
l'équitation
le judo
la boxe
la plongée sous-marine
le rugby
la pelote basque
les boules

Connaissez-vous d'autres sports ? Cherchez dans le dictionnaire leur correspondant français.

Pratiquez-vous un ou plusieurs sports ? Et votre voisin ? votre voisine ? Dialoguez.

15 *Lecture.*

Des leçons de gymnastique sont organisées sur la plage, sous la direction d'un moniteur agréé. Les adultes peuvent s'y inscrire. Outre le tennis et le golf, de nombreuses activités sportives ou distractives s'offrent au choix des vacanciers : équitation, école de voile, club de bridge, et, bien sûr, le Casino...
Tout est prévu pour la distraction des enfants et la tranquillité des parents : promenades à dos d'âne ou de poney, terrain de jeux constamment surveillé, et chaque semaine un concours de châteaux de sable doté de nombreux prix...
PASCAL LAINÉ, *La Dentellière*, Gallimard.

16 *Ils pratiquent la planche à voile, la voile et la natation.*

Pourront-ils pratiquer leur sport demain ?

baignade autorisée

baignade dangereuse

baignade interdite

vent faible

vent fort

mer agitée

tempête

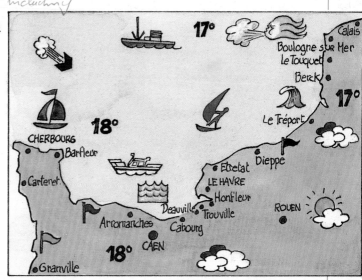

17 *Au syndicat d'initiative de Rambouillet, vous vous renseignez sur les possibilités touristiques de la ville. Vous précisez la durée de votre séjour, vous donnez vos goûts. Préparez le dialogue en groupe et jouez-le devant la classe.*

Rambouillet.
Le château.
La laiterie de la Reine.
Le parc animalier.
L'hippodrome.

Le musée du train-jouet et de la maquette.
La bergerie nationale et le musée du mouton.

18 *Dans votre ville, dans votre région, quelles sont les possibilités de tourisme ? Renseignez par écrit un ami français sur les curiosités, sur les circuits possibles.*

19 *Écoutez.*

LA COULEUR LOCALE

Comme il est beau ce petit paysage
Ces deux rochers, ces quelques arbres
Et puis l'eau et puis le rivage
Comme il est beau
Très peu de bruit un peu de vent
Et beaucoup d'eau
C'est un petit paysage de Bretagne [...]
JACQUES PRÉVERT, *Spectacles*, Gallimard.

20

Comment ça va ?

Madame Michel, Madame Vessier : deux voisines de palier.

MME VESSIER :	Il y a quelqu'un de malade chez vous, madame Michel ?
MME MICHEL :	Oui. Mon mari... Depuis deux jours, il est au lit avec une grippe... Oh ! ce n'est pas bien grave, mais, pour l'administration, il faut avoir un certificat médical. Le docteur Châtaignier est venu mardi soir ; il a donné à Pierre un arrêt de travail de dix jours.
MME VESSIER :	Il prend des antibiotiques ?
MME MICHEL :	Non, non, on ne doit pas couper la fièvre. Pour la grippe, il faut prendre de l'aspirine et beaucoup de boissons chaudes... et, surtout, il faut rester au lit et ne pas prendre froid !
MME VESSIER :	Tant mieux ! ce n'est pas très grave, alors.
MME MICHEL :	Heureusement, non. Dans un mois, nous irons passer quelques jours à la montagne. Là, Pierre pourra respirer à pleins poumons... et sera de nouveau en forme... Et votre petite fille, madame Vessier, comment va-t-elle en ce moment ? Bien, j'espère ?
MME VESSIER :	Justement, je suis un peu inquiète. Hier soir, elle est rentrée de l'école avec un gros mal de tête... Elle n'a pas voulu manger et elle a passé une mauvaise nuit... Ce matin, elle a des boutons sur le ventre et la poitrine. Elle a sûrement quelque chose.
MME MICHEL :	Rien de sérieux, sans doute... Elle est vaccinée ?
MME VESSIER :	Oui, bien sûr. Mais Suzy n'est pas très résistante. En hiver, j'ai toujours peur pour sa santé.
MME MICHEL :	Appelez le médecin. Comme ça, vous serez rassurée... Vous avez le numéro de téléphone du docteur Châtaignier ? C'est un bon médecin, vous pouvez avoir confiance...

1 *C'est vrai..., c'est faux..., on ne sait pas. Répondez.*

Exemple : Madame Michel va bien. → *C'est vrai, c'est monsieur Michel qui va mal.*

a. La grippe de monsieur Michel est grave.
b. Pendant dix jours, monsieur Michel ne travaillera pas.
c. La petite Suzy est toujours en bonne santé.
d. C'est à l'école que Suzy a attrapé une maladie.
e. Madame Vessier est une maman toujours inquiète.
f. Madame Vessier a confiance dans le docteur Châtaignier.

2 *Pour situer dans le temps :* *il y a..., depuis..., dans... . Observez.*

● *Je suis parti de Venise il y a un mois.*

Départ de Venise   Aujourd'hui

10 octobre   10 novembre

● *Je suis à Paris depuis huit jours.*

Arrivée à Paris   Aujourd'hui

1er juillet   (8 jours)   9 juillet

● *Je partirai pour Londres dans dix jours.*

Aujourd'hui   Départ pour Londres

15 août   25 août

Complétez.

Monsieur Michel est malade *depuis* ... trois jours. Le docteur Châtaignier est venu chez les Michel *il y a* deux jours. Monsieur et madame Michel partiront à la montagne *dans* un mois. Suzy, elle, a mal à la tête *depuis* hier soir. Elle a des boutons rouges sur le ventre *depuis* ce matin. *dans* quelques jours, elle ira mieux. Ce n'est pas grave, elle a été vaccinée *il y a* trois mois.

3 *Observez.*

On dit : *j'ai mal à la tête (et non pas * à ma tête).*

Complétez avec l'article défini.

Monsieur Michel a la grippe. Il a mal à *la* gorge et *aux* jambes. Suzy aussi est malade, elle a mal à *la* tête ; ce matin elle a des boutons rouges sur *le* ventre et *la* poitrine. Gisèle Mazières a trop mangé chez ses amis Lucet, aujourd'hui elle a mal à *l'* estomac. Serge a fait de la planche à voile, il s'est fait mal *au* genou droit.

4 *Lecture ou dictée.*

Madame Vessier a rencontré le docteur Châtaignier dans l'escalier. Le médecin est entré chez les Michel... Qui est malade ? C'est monsieur Michel : il a la grippe. Cette maladie n'est pas bien grave, mais monsieur Michel devra rester au lit et à la maison pendant une dizaine de jours, prendre beaucoup d'aspirine et de boissons chaudes... Puis il ira respirer le bon air de la montagne et sera de nouveau en pleine forme.
Chez madame Vessier, ça ne va pas très bien non plus... Hier soir, la petite Suzy est rentrée de l'école avec un gros mal de tête... Elle a passé une mauvaise nuit et ce matin elle a des boutons rouges sur le corps. Qu'est-ce qu'elle peut bien avoir ? Il faut faire venir le médecin...

POUR PRATIQUER LA GRAMMAIRE

Le verbe devoir et l'obligation

Indicatif présent

S I N G U L I E R	1	Je	**dois** rester au lit.	Nous **devons** appeler le médecin.	1	P L U R I E L
	2	Tu	**dois** prendre de l'aspirine.	Vous **devez** boire de l'eau.	2	
	3	On Il Elle	**doit** venir aujourd'hui.	Ils Elles **doivent** partir demain.	3	

Passé composé : J'ai dû, tu as dû, etc.   **Futur :** Je devrai, tu devras, etc.

Remarque : participe passé **dû** au masculin singulier seulement ; au féminin : _due_ ; au pluriel : _dus, dues_.

● **L'obligation**

devoir + verbe à l'infinitif → Je **dois rester** au lit.   Il est nécessaire de + verbe à l'infinitif
il faut + verbe à l'infinitif → Il **faut boire.**
il faut + nom → Il **faut de l'eau.**   → **Il est nécessaire d'**avoir
un certificat médical.

5 _Parce qu'il faut... Faites des phrases._

Exemple : travailler → Je travaille parce que je dois travailler. ou... _parce qu'il faut travailler._ ou _parce qu'il est nécessaire de travailler._

arriver à l'heure – étudier – rester au lit – aller à l'école – faire du sport – avoir de la patience – préparer les exercices – être courageux.

Le verbe pouvoir et la possibilité

Indicatif présent

S I N G U L I E R	1	Je	**peux** prendre un billet.	Nous **pouvons** aller avec vous.	1	P L U R I E L
	2	Tu	**peux** aller chez ton oncle.	Vous **pouvez** passer par là.	2	
	3	On Il Elle	**peut** rester chez moi.	Ils Elles **peuvent** réussir au bac.	3	

Remarque :
je peu**x**
tu peu**x**

Passé composé : J'ai pu, tu as pu, etc.   **Futur :** Je pourrai, tu pourras, etc.

● **La possibilité** pouvoir + verbe à l'infinitif → Tu **peux aller** chez ton oncle.

6 _Il n'a pas pu... ; il a dû... Faites des phrases._

Exemple : il, aller travailler, rester au lit → Il n'a pas pu travailler ; il a dû rester au lit.

je, prendre la voiture, aller à pied – les enfants, manger au restaurant, pique-niquer – elles, trouver un studio, louer une chambre – nous, regarder la télé, faire la cuisine – Marina, passer par Paris, rentrer à Venise – moi, payer comptant, faire un chèque – les deux copains, prendre le train, faire de l'auto-stop.

Le verbe vouloir et la volonté

Indicatif présent

S I N G U L I E R	1	Je	**veux** faire du ski.	Nous **voulons** jouer au tennis.	1	P L U R I E L
	2	Tu	**veux** ce livre ?	Vous **voulez** prendre une photo ?	2	
	3	On Il Elle	**veut** apprendre la musique.	Ils **veulent** aller en Suisse. Elles	3	

Remarque :

je veu**x**
tu veu**x**

Passé composé : J'ai voulu, tu as voulu, etc.　　**Futur :** Je voudrai, tu voudras, etc.

● **La volonté**

vouloir + verbe à l'infinitif → Ils **veulent aller** en Suisse.
vouloir + nom → Tu **veux ce livre** ?

Remarque :
On emploie souvent *je voudrais* (forme polie) à la place de *je veux*.

7　*Tu en veux ? Faites l'exercice à deux.*

Exemple : toi, prendre de l'aspirine → – Veux-tu prendre de l'aspirine ? – Non, je ne veux pas...

nous, appeler le médecin – il, aller à l'hôpital – le malade, prendre ses médicaments – ta mère, regarder la télévision – vous, boire de la bière – l'employé, descendre les bagages – toi, faire les exercices de grammaire.

POUR BIEN PRONONCER

Le son -*e* muet [ə]

Sam*e*di, nous chant*e*rons, mais ma sœur, ell*e*, ne peut pas v*e*nir.

Si, avant la lettre -*e*, il y a :
1. une consonne écrite et deux consonnes prononcées, le e [ə] se prononce : Elle **ne** veut pas ;
2. deux consonnes écrites et deux consonnes prononcées, le e [ə] se prononce : ... par **le** train.
Mais le -*e* peut disparaître de la prononciation (surtout dans la moitié nord de la France) s'il y a :
1. une consonne écrite et une consonne prononcée : sa**m**edi *ou* sam*e*di ;
2. deux consonnes écrites et une consonne prononcée : nou**s** ferons, nous cha**nt**erons... ou nous f*e*rons, nous chant*e*rons.

8　*Écoutez ; répétez.*

Il n'y a plus de sel, plus de vin, plus de pain, plus de légumes, plus de chocolat : plus rien quoi ! – Jean a pris de l'aspirine ; il n'a plus de fièvre, il n'ira pas chez le docteur. – Il ne peut pas venir pour le match de tennis de demain. – As-tu étudié le texte de demain ? – Non, je vais le faire. – Alors à demain, il y a beaucoup d'exercices à faire et je n'ai pas beaucoup de temps.

Écoutez une deuxième fois et écrivez.

Malade ou bien portant ?

À VOTRE SANTÉ ! *to your health.*
A Ta santé.

Bonne année, bonne santé ! *good health*

La santé, ça n'a pas de prix.

Le travail c'est la santé.

9 *Dans votre langue, utilise-t-on souvent le mot « santé » dans des expressions courantes ?*

10 *Qu'est-ce qu'on dit couramment ?*

français du médecin
français du pharmacien

Troubles du poids ●
J'ai la Migraines ●
Troubles digestifs ●
Troubles du sommeil ●
La Fatigue ●
Troubles nerveux ●
M. Ulcères ●
Troubles intestinaux ●
Troubles cardiaques ●

français courant

● j'ai mal à l'estomac
● je dors mal
● j'ai mal au foie
● j'ai mal à la tête
● j'ai de la tension *bl. pressure*
● je digère mal *pain*
● j'ai une douleur au cœur
● j'ai mal au ventre *belly ache*
● je maigris

Pour vous aider :

J'ai de la fièvre...
Depuis...
Je ne peux plus... *no longer*
J'ai des difficultés à...
Quand je..., je...
J'ai déjà eu ça, il y a...
pendant...

11 *Poursuivez la consultation.*

Vous êtes malade. Vous téléphonez au médecin pour lui demander s'il peut passer chez vous.

— Il peut venir dans trois quarts d'heure.
— Il ne peut pas venir. Il vous donne le numéro de téléphone du médecin de garde. *(on call)*
— Il ne peut pas venir mais il peut vous recevoir.
au cabinet

12 *Lecture.*

KNOCK : Il faudra tâcher de trouver une voiture. Vous vous coucherez en arrivant. Une chambre où vous serez seule, autant que possible. Faites fermer les volets *(shutters)* et les rideaux pour que la lumière ne vous gêne pas. Défendez qu'on vous parle. Aucune alimentation solide pendant une semaine. Un verre d'eau de Vichy toutes les deux heures, et, à la rigueur, une moitié de biscuit, matin et soir, trempée dans un doigt de lait. Mais j'aimerais autant que vous vous passiez de biscuit. Vous ne direz pas que je vous ordonne des remèdes coûteux ! À la fin de la semaine, nous verrons comment vous vous sentez. *strictly*

JULES ROMAINS, *Knock*, acte I, scène unique, Gallimard.

13 _Un mal, trois remèdes._

CECI EST UN MÉDICAMENT

Un médicament n'est pas un produit comme les autres.
Il vous concerne, vous et votre santé.

Le médicament est un produit actif.
Une longue recherche a permis de découvrir son activité, mais son absorption n'est pas toujours sans danger.

Ne le laissez pas à portée de main des enfants.
Il ne faut jamais abuser des médicaments.
Il ne faut utiliser les médicaments qu'à bon escient.

Utilisez les médicaments prescrits comme vous le dit votre médecin.
Il sait quels sont les médicaments dont vous avez besoin.
Exécutez exactement les prescriptions de son ordonnance ; suivez le traitement prescrit, ne l'interrompez pas, ne le reprenez pas de votre seule initiative.

Votre pharmacien connaît les médicaments :
Suivez ses conseils.

**Il ne s'agit pas pour vous de prendre beaucoup de médicaments.
Il s'agit pour vous de prendre les médicaments dont vous aurez besoin.**

Aubepine.
Fleurs et fruits en tisane.
Une cuillerée à soupe par tasse, trois tasses par jour.

Valériane.
100 grammes de racines dans un litre d'eau tiède.
Laisser macérer douze heures.
Boire trois tasses par jour, entre les repas.

14 _Quelle médecine préférez-vous ? Et votre voisin ? Interrogez-le. Connaissez-vous un bon exercice de gymnastique ? Expliquez-le par écrit._

L'insomnie : bien se détendre

Écoutez votre respiration,
déplissez votre front,
desserrez vos mâchoires,
laissez votre langue immobile dans votre bouche,
faites rouler doucement votre tête de droite à gauche puis de gauche à droite,
laissez venir soupirs et bâillements.

15 _Quels conseils donneriez-vous à un ami français_

qui veut :

– **bien dormir ?**

– **arrêter de fumer ?**

– **arrêter de boire ?**

qui a :

– **la grippe ?**

– **des migraines ?**

LEÇON 19

■ *Faire des projets.*
■ *Exprimer ses préférences.*
■ *Exprimer son désaccord.*

▶ *Le futur des verbes
visiter, finir, attendre,
boire, être, avoir, aller,
venir et faire.*
▶ *Le pronom en.*
▶ *Verbe + verbe à
l'infinitif.*
▶ *Les sons* [ə], [œ] / [ɛ̃], [ɔ̃].

● *Temps libre.*

APPRENEZ

par cœur

le futur des verbes **être, avoir,
aller** *et* **faire.**

Pour l'exercice 1, relisez la
page 134.
Pour l'exercice 4, relisez les deux tableaux de la page 137.

---

expressions et mots nouveaux

Amener, *v.*
Athlétisme, *n. m.*
Attendre, *v.*
Billet, *n. m.*
De bonne heure, *loc.
adv.*
Décider, *v.*
Échecs, *n. m. plur.*
Essayer, *v.*
Fauteuil, *n. m.*
Fermer, *v.*
Fête, *n. f.*

Fleur, *n. f.*
Foot (ball), *n. m.*
Gymnastique, *n. f.*
Herbe, *n. f.*
Euh, *interj.*
Lecture, *n. f.*
Marche, *n. f.*
Moment, *n. m.*
Nature, *n. f.*
Patin à roulettes, *n. m.*
Pendant, *prép.*

Pique-niquer, *v.*
Pratiquer, *v.*
Reprendre, *v.*
Rugby, *n. m.*
Sandwich, *n. m.*
Ski, *n. m.*
Sportif(ve), *adj.*
Tourisme, *n. m.*
Tricot, *n. m.*
Tricoter, *v.*
Volley, *n. m.*

---

1   Quelle est la question ?

a. – ... ?   – Mais vous êtes trop jeunes !
b. – ... ?   – Je ne pense pas : il va faire beau.
c. – ... ?   – Tu sais... j'aime mieux pique-niquer...
d. – ... ?   – Non... je préfère sortir avec toi.
e. – ... ?   – Oui, c'est vrai... tu fais beaucoup de ski.

2   Transformez les phrases.

Exemple : Est-ce que Thérèse **viendra** *? (être à la gare)
→ Est-ce que Thérèse sera à la gare ?*

pique-niquer avec nous – faire des sandwiches – acheter
du jambon – prendre des photos – amener son chien.

Exemple : Vous allez **faire du ski** *? Nous, nous en ferons aussi !
(faire de la planche à voile) → Vous allez faire de la planche à
voile ? Nous, nous en ferons aussi !*

manger de la bouillabaisse – boire du rosé de Provence –
acheter des chaussures marron – faire du tennis.

3   Trouvez les questions.

a. – ... ?   – Nous irons à la montagne par le train.
b. – ... ?   – Nous prendrons nos repas au restaurant.
c. – ... ?   – Dimanche, nous irons à la campagne.
d. – ... ?   – Nous resterons une dizaine de jours.

4   Mettez les phrases au futur proche, puis au futur.

Demain, on pique-nique. – Ce soir, on regarde le match de
foot à la télé. – Qu'est-ce qu'on fait ? On joue aux cartes ?
– Cette année, on part en vacances ! – Dimanche, on reste
à la maison.

Remplacez on **par** nous **et refaites l'exercice.**

**5   Faites des phrases (attention à la construction des
verbes).**

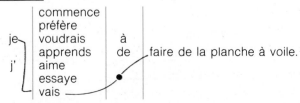

LEÇON 20

expressions et mots nouveaux

Administration, *n. j.*
Air, *n. m.*
Angine, *n. f.*
Antibiotiques, *n. m. pl.*
Arrivée, *n. f.*
Aspirine, *n. f.*
Attraper, *v.*
Bagage, *n. m.*
Bien portant(e), *adj.*
Bouton, *n. m.*
Certificat, *n. m.*
Chaud(e), *adj.*
Confiance, *n. f.*
Corps, *n. m.*
Coucher (se), *v.*
Couper, *v.*
Croiser, *v.*
Départ, *n. m.*
Devoir, *v.*
Dizaine, *n f.*
Droit(e), *adj.*

Employé, *n. m.*
Estomac, *n. m.*
Excuse, *n. f.*
Fièvre, *n. f.*
Forme (en), *loc.*
Froid, *n. m.*
Genou, *n. m.*
Gorge, *n. f.*
Grave, *adj.*
Grippe, *n. f.*
Huitaine, *n. f.*
Inquiet(ète), *adj.*
Inquiéter (s'), *v.*
Jambe, *n. f.*
Justement, *adv.*
Malade, *adj.*
Maladie, *n. f.*
Médecin, *n. m.*
Médecine, *n. f.*
Médical(e), *adj.*
Médicament, *n. m.*

Mettre, *v.*
Montagne, *n. f.*
Nécessaire, *adj.*
Ouvrir, *v.*
Patience, *n. f.*
Plein(e), *adj.*
Poitrine, *n. f.*
Poumon, *n. m.*
Pouvoir, *v.*
Rassuré(e), *adj.*
Résistant(e), *adj.*
Respirer, *v.*
Santé, *n. f.*
Sérieux(se), *adj.*
Sûrement, *adv.*
Surtout, *adv.*
Tant mieux, *loc. adv.*
Température, *n. f.*
Tête, *n. f.*
Vacciné(e), *adj.*
Ventre, *n. m.*

- ■ *Demander des nouvelles de quelqu'un.*
- ■ *Donner des nouvelles de quelqu'un.*
- ■ *Rassurer.*
- ■ *Conseiller.*

- ▶ *Le verbe devoir et l'obligation.*
- ▶ *Le verbe pouvoir et la possibilité.*
- ▶ *Le verbe vouloir et la volonté.*
- ▶ *Le son -e muet* [ə].

- ● *Malade ou bien portant ?*

1 Trouvez une question.

a. – ... ? – Monsieur Michel.
b. – ... ? – Une bonne grippe !
c. – ... ? – Le docteur Châtaignier.
d. – ... ? – Suzy.

2 Rétablissez le dialogue.

– Ouvrez la bouche ; faites A-a-a-a...
– Où avez-vous mal ?
– Oui, ce matin ; je n'ai pas beaucoup de fièvre... trente-sept huit seulement...
– C'est grave, docteur ?
– J'ai mal à la tête et à la gorge...
– Non, ne soyez pas inquiet, dans une huitaine de jours, vous serez en forme. Vous commencez une angine.
– A-a-a-a...
– Vous avez pris votre température ?

3 Complétez avec les verbes *devoir, pouvoir* et *vouloir* au présent, au passé composé ou au futur.

Hier soir, Suzy est rentrée de l'école avec un gros mal de tête. Elle (devoir) se coucher, elle (ne pas vouloir) manger. Demain, elle (ne pas pouvoir) aller en classe. Madame Vessier, sa maman, (devoir) appeler le docteur Châtaignier. Suzy (pouvoir) sûrement aller à l'école dans une semaine.

4 Transformez les phrases.

Exemple : Tu inviteras quelqu'un *? Non, je* ne *peux inviter* personne. *(appeler)* → *Tu appelleras* quelqu'un *? Non, je* ne *peux appeler* personne.

oublier – parler à – téléphoner à – écrire à.

Exemple : Tu veux quelque chose *? Non, je* ne *veux* rien *!* *(comprendre)* → *Tu comprends* quelque chose *? Non, je* ne *comprends* rien *!*

devoir – pouvoir – faire – avoir – mettre.

APPRENEZ

par cœur

le présent, le passé composé et le futur des verbes devoir, pouvoir *et* vouloir.

▶ *Pour l'exercice 1, relisez les trois tableaux* Je demande... *de la page 38. Pour l'exercice 3, relisez le dialogue de la page 140 et les tableaux des pages 142 et 143.*

21

Devine qui ? *guess who*

Monsieur et madame Michel.

M. MICHEL : J'ai rencontré quelqu'un ce matin, sur le quai de la gare. Devine qui ?

MME MICHEL : Je ne sais pas, moi... Je le connais ?

M. MICHEL : Oui, tu le connais... Enfin, tu l'as très bien connu... Bréal ! Jérôme Bréal !

MME MICHEL : Jérôme ! Notre copain du lycée Pasteur ? Le petit gros aux cheveux frisés ? *curly*

M. MICHEL : Oui, lui. Et devine qui il a épousé ?... Ton ancienne copine de classe, Josette... la jolie brune aux yeux bleus...

MME MICHEL : Ça alors !... Jérôme et Josette !... Je n'en reviens pas ! Vingt ans déjà ! Comme le temps passe... Et que font-ils ? Ils ont des enfants ?

M. MICHEL : Oui. Deux... Lui, Bréal, est maintenant chef du personnel dans une firme d'import-export... une multinationale. Mais avant ça, il a fait un peu de tout : il a travaillé dans une compagnie d'assurances, dans une agence de publicité, et je crois même pour une chaîne hôtelière... Il a été aussi en poste à l'étranger : au Brésil, en Égypte, à New York...
Les voici de retour en France... et il a l'air content.

MME MICHEL : Il a toujours eu le sens des affaires et des relations humaines...

M. MICHEL : Et aussi le don des langues !

MME MICHEL : Et ses enfants, qu'est-ce qu'ils font ?

M. MICHEL : Son fils n'a pas fait de longues études, mais il parle trois ou quatre langues étrangères. Il est entré dans une agence de voyages, et ça marche très bien pour lui.

MME MICHEL : Et leur fille ?

M. MICHEL : Elle a fait une école de coiffure. Elle est adroite... Elle a du goût. Elle a trouvé un premier emploi dans un salon chic de leur quartier.

MME MICHEL : Quel dynamisme, nos copains ! Tu as pris leur adresse ?

M. MICHEL : Oui, et leur numéro de téléphone... Tiens ! voici leur carte...

MME MICHEL : Invitons-les.

1 Jérôme a fait un peu de tout... Il a toujours eu le sens des affaires, des relations humaines et le don des langues.

Associez un emploi à une ou plusieurs qualités.

agent d'assurances ●   ● sens des relations humaines

professeur de français en Italie ●

employé dans une agence de voyages ●   ● goût, don des langues

agent de publicité ●

interprète à l'O.N.U. ●   ● adresse

coiffeur ●

chef du personnel ●   ● sens des affaires

2 *Relisez le dialogue et retrouvez la question.*

a. – ... ? – Un fils et une fille.
b. – ... ? – Oui, tu le connais.
c. – ... ? – Son fils travaille dans une agence de voyages et sa fille dans un salon de coiffure.
d. – ... ? – Oui, et leur numéro de téléphone.
e. – ... ? – Je ne sais pas.
f. – ... ? – Elle a fait une école de coiffure.
g. – ... ? – Oui, Jérôme.

as well comme.

3 *Transformez en phrases exclamatives.*

Exemple : Ces Bréal sont dynamiques. → *Ils sont dynamiques, ces Bréal !* ou *Comme ils sont dynamiques, ces Bréal !* ou *Ce qu'ils sont dynamiques, ces Bréal !*

a. Cette jeune femme est élégante. → e. Suzy est malade. →
b. Ton copain est gros. → f. Philippe est paresseux. →
c. Cette coiffeuse est adroite. → g. Les Michel sont sympathiques. →
d. Elle a de beaux yeux. → h. Ce quartier est agréable. →

4 *Écrivez un texte avec les mots du dialogue.*

Exemple : M. Michel / M. Bréal / ce matin / rencontrer /
   → *Ce matin, M. Michel a rencontré M. Bréal.*

a. Ils / faire / études / ensemble / lycée Pasteur /
b. Les Bréal / avoir / garçon / fille /
c. Fille / être / coiffeuse / fils / agence de voyages / travailler /
d. Les Michel / bientôt / inviter / les Bréal /
e. Ils / parler de / voyages / enfants / travail /

5 *Lecture ou dictée.*

 Ce matin, sur le quai de la gare, monsieur Michel a rencontré Jérôme Bréal. Madame Michel le connaît bien : c'est l'ancien copain de lycée de son mari ! Il est maintenant chef du personnel dans une firme d'import-export. Jérôme a épousé une vieille amie de madame Michel : Josette. Ils ont deux grands enfants. Comme il est loin le temps du lycée ! Les Michel vont inviter les Bréal. Ils vont beaucoup parler...

POUR PRATIQUER LA GRAMMAIRE

Le verbe connaître

Indicatif présent

S	1	Je **connais** Bréal.	Nous **connaissons** bien Josette.	1	
I N G	2	Tu **connais** mon mari ?	Vous **connaissez** l'Égypte ?	2	P L U
U L I E R	3	On Il **connaît** mon adresse. Elle	Ils **connaissent** mes cousines. Elles	3	R I E L

Remarques : 1. Attention à l'accent écrit dans « il connaît ».
2. *Reconnaître* se conjugue comme *connaître*.

Passé composé : J'ai connu, tu as connu, etc.   **Futur :** Je connaîtrai, tu connaîtras, etc.

6   *Qui connaît Bréal ? Répondez.*

Exemple : moi, oui → Oui, moi, je connais Bréal.

toi, oui – les enfants, non – M. Michel, non – la voisine, oui – nous, oui – vous, non – les Rivot, oui – le directeur de l'agence de voyages, non.

Il est...

il est, elle est	+ nom au singulier	→ Il est médecin.
ils sont, elles sont	+ nom au pluriel	→ Elles sont sœurs.

C'est un...

c'est + le, la, un, mon...	+ nom au singulier	→ C'est le médecin, une voiture...
ce sont + les, des...	+ nom au pluriel	→ Ce sont des copains, des livres...

Remarque : Après *il(elle) est, ils(elles) sont,* on a toujours des noms d'êtres animés.

7   *Complétez les phrases.*

... un homme agréable. – ... une camarade de classe. – ... la cousine d'Antonio. – ... dactylo. – Lui, ... banquier ; ... même directeur d'agence ! – ... chef du personnel. – ... un chef du personnel agréable. – ... des copains de lycée ; ... les frères Dumont. – ... ma voiture ; ... une voiture rapide.

Le, la, les : pronoms personnels

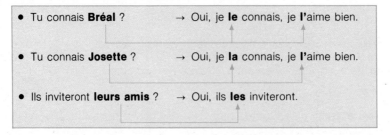

● Tu connais **Bréal** ?   → Oui, je **le** connais, je **l'**aime bien.

● Tu connais **Josette** ?   → Oui, je **la** connais, je **l'**aime bien.

● Ils inviteront **leurs amis** ?   → Oui, ils **les** inviteront.

Remarques : 1. *Bréal :* masculin, singulier, complément d'objet direct   → **le** ou **l'**.
2. *Josette :* féminin, singulier, complément d'objet direct   → **la** ou **l'**.
3. *Leurs amis :* masculin, pluriel, complément d'objet direct   → **les**.
4. *Leurs amies :* féminin, pluriel, complément d'objet direct   → **les**.

Le, la, les : place

a. avant le verbe	
• verbe au présent →	Les Lucet, je **les** connais.
	Les Mazières, je ne **les** connais pas.
• verbe au passé composé →	Bréal, je **l'**ai reconnu.
	Je ne **l'**ai pas reconnu.
• verbe + verbe à l'infinitif →	Les Mazières, je **les** entends arriver.
	Les Lucet, je ne **les** entends pas arriver.
b. avant *voici, voilà* →	Les Bréal ? **Les** voici.
c. après le verbe, à l'impératif →	– Bréal ? Invite-**le**.
	– Et sa femme ?
	– Invite-**la** aussi, bien sûr.

<u>Remarque :</u> Le participe passé s'accorde avec le pronom placé **avant** le verbe.

   Exemple : **La chemise,** *je **l'**ai achet**ée** et je **l'**ai mis**e**.*

8 ***Bréal, tu le connais ? Faites l'exercice à deux.***

Exemple : *Bréal, oui →* *Bréal, tu le connais ? – Oui, je le connais bien.*

   la femme de Bréal, non – la fille et le fils de Bréal, oui – mes cousines, oui – leur numéro de téléphone, oui – leur adresse à Venise, non – son amie italienne, oui.

9 ***Faites l'exercice à deux.***

Exemple : *Mme Michel, appeler le docteur →* *– Le docteur ? Mme Michel l'a appelé.*
   – Mais non, elle ne l'a pas appelé.

   Mme Rivot, reconnaître Bréal – Philippe, rater le bac – les enfants, perdre le livre – les Rivot, inviter Bréal – son fils, préparer le repas – mes parents, vendre leur appartement – toi, prendre ton pull-over.

10 ***Faites l'exercice à deux, puis écrivez les formes du verbe.***

Exemple : *la dictée →* *Est-ce que tu as fait la dictée ? – Oui, je l'ai faite. ou – Non, ...*

   les exercices – la cuisine – le café – le chèque – la vaisselle – ta valise.

POUR BIEN PRONONCER

Les sons [ʃ] / [ʒ]

Sur la plage, Serge fait de la planche, puis il va manger chez Micheline.

11 ***Écoutez ; répétez.***

   a. Ma chère Micheline, aimez-vous les chats ? – Pas de chance ! Il a échoué au bac ! – Chocolat noir ou chocolat au lait ? Vous avez le choix. – Il a acheté trois tranches de viande chez le boucher. – Les vaches sont dans les champs.

   b. Serge est tout rouge ; il a beaucoup joué sur la plage. – Il voyage souvent à l'étranger. – Il ne mange jamais de jambon. – Jean joue devant la boulangerie.

   c. On n'achète pas le gigot à la boulangerie, mais à la boucherie. – Ma chère Gisèle, Serge et Micheline sont à la plage, ils font de la planche à voile. – Quelle chance ! J'arrive juste pour déjeuner. – François n'a jamais eu de chance, il a toujours échoué.

Écoutez une deuxième fois et écrivez.

12 *Choisissez une petite annonce et interrogez votre voisin, votre voisine.*

– Qu'est-ce qu'on recherche ?
– Qui est-ce qui recherche un ..., une ..., des ... ?
– Quel âge, quelles qualifications, quelle expérience faut-il avoir ?
– Il faut envoyer quelque chose ?
– C'est tout ?
...

Pour vous aider :

B.E.P.	:	Brevet d'Études Professionnelles
C.A.P.	:	Certificat d'Aptitude Professionnelle
C.V.	:	Curriculum Vitae
expér.	:	expérience
impte	:	importante
jr	:	jour
min.	:	minimum
O.S.	:	ouvrier spécialisé
pr	:	pour
qual.	:	qualifié(e)
rech.	:	recherche
réf.	:	références
R.-V.	:	rendez-vous
Sté	:	société
souh.	:	souhaitée
urgt.	:	urgent

Connaissez-vous d'autres métiers, d'autres professions ?

Cherchez dans votre dictionnaire leur correspondant français.

Quelle est votre profession ?
La profession de votre voisin(e) ?

Présentez votre métier, votre profession à un correspondant français.

13 *Où classez-vous ?*

chef de rayon ?
maçon ?
infirmier ?   COMMERCE
plombier ?
fleuriste ?   MÉDICAL
menuisier ?
                     BÂTIMENT

CADRES DIRECTION ET GESTION

location de véhicules secteur Paris et banlieues Nord, Est et Ouest recherche CHEFS D'AGENCE VOUS AVEZ :
– 35 ans environ
– des aptitudes au commandement
– des notions comptables et commerciales
Et votre permis de conduire poids lourds.
Env. CV détaillé avec photo en précisant sur votre enveloppe la réf. 26

COMMERCIAUX TECHNICO-COMMERCIAUX

STÉ TRAVAIL TEMPORAIRE rech. pour suivi de clientèle et prospection sur Paris et région parisienne COLLABORATRICES COMMERCIALES
– 35 ans minimum.
– Bonne culture générale.
– Excellente présentation.
– Dynamisme et sens commercial.
FORMATION ASSURÉE
Env. C.V. et photo au Service du Personnel

GARAGES

Impte Sté de services rech. pour PARIS et BANLIEUE MÉCANICIENS DÉPANNEURS AUTOS possédant outillage, permis conduire P.L. et références.
SALAIRES MOTIVANTS
Tél. pr R.-V.
43.36.00.00

CAISSIERS CAISSIÈRES

CAISSIÈRE QUAL. BOUCHERIE, 30 ans min., repos dim., lundi, proche Vanves.

HOTESSES STANDARD.

STANDARDISTE Anglais indispensable allemand ou italien apprécié Env. lettre manuscrite avec photo et prétentions.

SECRÉTAIRES DE DIRECTION

Centre Média à Neuilly-sur-Seine recherche SECRÉTAIRE-STÉNODACTYLO rapide, efficace, disponible, pour intégrer équipe dynamique.
Envoyer C.V. et prétentions.

INDUSTRIE

Mission longue durée 15 O.S. MACHINE avec C.A.P. BEP industrie ou expér.
AJUSTEURS P1 TOURNEURS-FRAISEURS P1 PONTOISE, 35, rue de Gisors
Tél. 30.73.00.00

COMMERCE

HYPERMARCHÉ A CHAMPIGNY-SUR-MARNE recherche pour remplissage de rayons EMPLOYÉS LIBRE-SERVICE temps partiel 30 h (uniquement le matin du lundi au samedi) ÉTUDIANTS les vendredi et samedi entre 12 h et 16 h

CONFECTION PRÊT-A-PORTER TEXTILE

Rech. COUPEUR TRÈS QUAL. PRÊT-A-PORTER FÉMININ
Tél. : 40.24.00.00

14 *Lecture.*

Son travail était complexe, mais bien défini : voyager de ville en ville, faire la liaison entre les diverses succursales de l'affaire, envoyer régulièrement des rapports et, à la rigueur, des suggestions.
Pendant un an, le délégué accomplit son travail. Coordonnant, organisant, rapportant, voyageant...

JACQUES STERNBERG, *Le Délégué,* extrait de « Entre deux mondes incertains », Denoël.

subsidiary

15 *Curriculum Vitae.*

Relisez les petites annonces « offres d'emploi ». Dans lesquelles demande-t-on un C.V. ?

Dans un C.V. vous indiquez vos études et formation.

Nom
Prénom(s)
Âge
Nationalité
Domicile
Situation de famille

Expériences professionnelles
Stages
Expériences diverses
(langues, violon d'Ingres...)

Rédigez votre Curriculum Vitae.

16 *Quelle image avez-vous de ces professions ? Travaillez en groupe.*

Les Français font-ils confiance aux	plutôt	plutôt pas	sans opinion
avocats ?	37 %	41 %	22 %
chefs d'entreprise ?	56 %	25 %	19 %
instituteurs ?	80 %	13 %	7 %
gendarmes ?	80 %	14 %	. 6 %
prêtres ?	58 %	25 %	17 %
fonctionnaires ?	61 %	25 %	14 %
médecins ?	90 %	6 %	4 %
officiers ?	54 %	22 %	24 %
journalistes ?	43 %	42 %	15 %
magistrats ?	50 %	29 %	21 %
architectes ?	59 %	21 %	20 %
policiers ?	73 %	19 %	8 %
professeurs de l'enseignement secondaire ?	73 %	14 %	13 %
pompiers ?	96 %	1 %	3 %
commerçants ?	65 %	24 %	11 %
notaires ?	47 %	38 %	15 %

Le Nouvel Observateur,
TF1-Sofres, décembre 1985.

17 *Lecture.*

 Tous les matins, elle prenait le train. Elle descendait à Saint-Lazare et trottinait sans regarder les vitrines jusqu'au salon de coiffure. Elle enfilait sa blouse rose.
... Pomme ne savait ni friser, ni couper, ni teindre. On l'employait surtout à ramasser les serviettes. Elle nettoyait les instruments. Elle balayait les cheveux par terre. Elle remettait en pile les *Jours de France* éparpillés... Elle faisait aussi les shampooings...

PASCAL LAINÉ, *La Dentellière,* Gallimard.

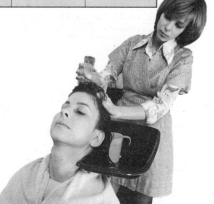

22

Rose ou noir ?

M. Antoine Chauchat, la cinquantaine, chef d'atelier dans une petite usine de fabrication d'appareils ménagers.
M. Gérard Jégou, trente ans, programmeur en informatique dans une société multinationale.
M. Antoine Chauchat est le beau-père de Gérard.

GÉRARD : Du travail, il n'en manque pas !

ANTOINE : Pour toi, peut-être... Mais, hélas, il n'y en a pas pour tout le monde... Tu le sais bien... Pour les jeunes sans diplômes, ce n'est déjà pas facile de trouver du travail, mais pour les « vieux » comme moi, lorsqu'ils perdent leur place, ils n'ont plus aucune chance de retrouver un employeur...

GÉRARD : Bof !... Tu prendras ta retraite... Aujourd'hui, on travaille moins longtemps, on a plus de loisirs, tu seras plus heureux comme ça.

ANTOINE : Tu rêves. Peu ou pas de travail, c'est peu ou pas d'argent... c'est moins de liberté, c'est moins d'indépendance. Tu sais, l'avenir n'est pas rose !

GÉRARD : Attends un peu... Tu vois tout en noir ! La situation va changer avec la technique, avec l'informatique, avec le progrès quoi ! Regarde ! De plus en plus, le robot fait le travail de l'homme, et c'est souvent le travail le plus dur.

ANTOINE : Eh bien ! moi, je ne peux pas vivre sans rien faire.

GÉRARD : Là, tu exagères un peu ! Moi, certes, j'aime bien travailler, mais je veux avoir aussi des loisirs. C'est mon droit. Tiens ! pose la question aux gens : « Qu'est-ce que vous préférez ? Plus d'argent ou plus de temps libre ? », la majorité te répondra : « Plus de temps libre. » C'est ça la civilisation des loisirs...

ANTOINE : Civilisation des loisirs, civilisation des loisirs... Moi, mon meilleur ami, c'est encore le travail !

essimiste ?) *Cochez la bonne case.*

	rose	noir

est pas facile !

que pas !

e !

ucune chance de retrouver un emploi !

loi.

s de loisirs.

; ne trouvent pas facilement du travail.

uvent pas facilement.

perdent leur place, ne retrouvent plus de travail.

b. Aujourd'hui, on a moins de travail.
   Du travail, ...
c. Quand on n'a pas de travail, on n'a pas d'argent.
   De l'argent, ...
d. Quand on a peu de travail, on a peu d'argent.
   De l'argent, ...

3 *Complétez avec* plus *,* le plus *,* plus de *,* de plus en plus *, ou* moins *,* le moins *,* moins de *,* de moins en moins*.*

Le robot fait souvent le travail ... difficile. Mais il y a ... de robots et ... d'emplois. Pour les jeunes sans diplômes, c'est difficile de trouver du travail, mais pour les vieux qui perdent leur place, c'est encore ... difficile. Aujourd'hui, on travaille ... longtemps et on a ... loisirs. Mais quand on a ... travail, on a ... argent, ... liberté et ... indépendance. Beaucoup de gens préfèrent gagner ... argent et avoir ... temps libre. Et vous, qu'est-ce que vous préférez ?

4 *Écrivez un texte avec les mots du dialogue.*

Antoine / pessimiste / ne pas vouloir / prendre sa retraite / préférer / travailler / France / pouvoir / prendre sa retraite / soixante ans /
mais / Antoine / travail / meilleur ami /
avenir / Gérard / rose / : / avoir / bon emploi /

5 *Lecture ou dictée.*

Gérard et son beau-père parlent de leur travail et de l'avenir. Monsieur Chauchat est pessimiste. Il travaille dans une petite usine qui fabrique des appareils ménagers, il a plus de cinquante ans et il a peur de perdre son emploi. Son gendre est plus optimiste. Pour lui, c'est facile : il a seulement trente ans et il travaille dans l'informatique, un métier d'avenir.

POUR PRATIQUER LA GRAMMAIRE

Le verbe savoir

Indicatif présent

SI**N**G**U**L**I**E**R**	1	Je	**sais** une chanson.	Nous **savons** l'heure du train.	1	**P**L**U**R**I**E**L**	
	2	Tu	**sais** faire la cuisine ?	Vous **savez** parler français ?	2		
	3	On Il Elle	**sait** beaucoup de choses.	Ils Elles **savent** taper à la machine.	3		

Passé composé : J'ai su, tu as su, etc.   **Futur :** Je saurai, tu sauras, etc.

6 *Savez-vous ? Faites l'exercice à trois.*

Exemple : parler italien → – Savez-vous parler italien ? – Oui, je sais parler italien. ou Non, ...

taper à la machine – faire les exercices – choisir le vin – répondre à cette lettre – programmer un ordinateur – faire la cuisine – téléphoner à l'étranger.

Refaites l'exercice au futur.

Les pronoms me, te, nous, vous, compléments d'objet direct

Il regarde **qui** ?   Il **me** regarde.

Remarques :
1. On peut avoir : il **te**, il **nous**, il **vous** regarde.
2. **Qui**, **me**, **te**, **nous**, **vous** sont compléments d'objet direct.

7 *Faites l'exercice à trois. C'est une fille qui doit poser les questions.*

Exemple : attendre → – Tu m'as attendue ? – Oui, je t'ai attendue. ou Non, ...

oublier – reconnaître – écouter – inviter – comprendre.

Écrivez les réponses.

Les pronoms lui, leur

- Il parle **à Josette** ?   Oui, il **lui** parle.
- Il parle **à Pierre** ?   Oui, il **lui** parle.
- Il parle **à Pierre et à Josette** ?   Oui, il **leur** parle.

Remarques :
1. **Lui** et **leur** remplacent un complément d'objet indirect.
2. **Lui** et **leur** remplacent toujours des noms d'êtres animés.

8 *À qui parlez-vous ? Faites l'exercice à deux.*

Exemple : votre voisine → – Parlez-vous souvent à votre voisine ?
– Oui, nous lui parlons souvent. ou Non, ...

la secrétaire du patron – la jolie brune du troisième – les copains de Philippe – le docteur Châtaignier – le professeur de ton fils – la maîtresse de ta fille.

Les pronoms me, te, nous, vous, compléments d'objet indirect

À qui parle-t-il ? Il **me** parle.

Remarques :
1. On peut avoir : il **te** parle, il **nous** parle, il **vous** parle...
2. **À qui** est complément d'objet indirect, **me, te, nous, vous** aussi. Dans ce cas, pas d'accord du participe passé. → Josette dit : « Il m'a parl**é**. »

9 *Faites l'exercice à trois.*

Exemple : parler → – Tu m'as parlé ? – Oui, je t'ai parlé. ou Non, ...

écrire – téléphoner – répondre – répéter la phrase – descendre la valise.

Les pronoms : place et ordre

1	2	3		
je, tu	me, m', te, t' nous, vous	le, la, les en	verbe	Je te le donne.
on, il, elle nous, vous ils, elles	le, la, les lui, leur m', t', nous, vous	lui, leur, en en		Il le lui donne. Nous vous en donnons. Ils m'en donnent.

Remarque : Attention ! À l'impératif :
  a. Donne-le-**moi**, *mais* Ne **me** le donne pas.
  b. Donne-le-lui, *mais* Ne le lui donne pas.
  c. Donne-lui-en, *mais* Ne lui en donne pas.

Donnez la leur.

10 *Donne-le-lui... Faites l'exercice à deux.*

a. *Exemple : Il veut le livre. → – Donne-le-lui ! – Bon, je le lui donne.*
    ou   – Ne le lui donne pas. – Bon, je ne le lui donne pas.

Elle veut la chemise. – Ils veulent la planche à voile. – Il veut du dessert. – Ils veulent de la tarte. – Ils veulent le vélo.

b. *Exemple : C'est mon livre. → Tu me le donnes ? – Oui, je te le donne. ou Non, ...*

C'est ma chemise. – C'est mon sac. – C'est son appareil photo. – Ce sont leurs photos. – Ce sont nos vélos.

Je ne vous le donne pas.

POUR BIEN PRONONCER

Les sons [k] / [g]

Il a fait les courses pour le pique-nique et il a acheté un gros gigot !

11 *Écoutez ; répétez.*

J'achète des baguettes et un gros gâteau au chocolat. – Les enfants crient dans l'escalier. – Il regrette son école de campagne. – Qui est-ce qui a le gros crayon de Caroline ? – Les légumes sont trop gros pour aller avec le gigot. – Mon ami portugais est élégant. – Le ski, est-ce que c'est agréable ? – Irons-nous pique-niquer à la campagne avec Katia, ta grande amie de Grenoble ?

Écoutez une deuxième fois et écrivez.

à l'avenir.

Préparer l'avenir

12 *Carrières et emplois.*

B. Demandeurs âgés de 25 à 49 ans ;
En milliers

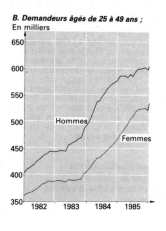

Hommes
Femmes

A. Demandeurs de moins de 25 ans
En milliers

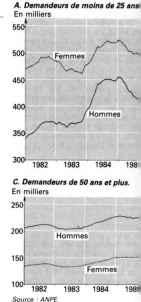

Femmes
Hommes

C. Demandeurs de 50 ans et plus.
En milliers

Hommes
Femmes

Source : ANPE.

Et chez vous ?

13 *Choisissez une petite annonce puis interrogez votre voisin, votre voisine.*

– Qu'est-ce qu'on cherche comme emploi ?
– Qui est-ce qui cherche un emploi ?
– Quel âge a-t-il ? (quel âge a-t-elle ?).
– Il (elle) est qualifié(e) ?
– ... ?

Cadres

URGENT
CADRE
COMMERCIAL
ch. place CHEF DE
VENTE ou DIREC-
TION RÉGIONALE
av. exp. sur l'Aisne
ou Picardie.
Tél. (16) 23.79.00.00

Emplois
adminis.
et de bureau

JF CAP sténo-dac-
tylo, ch. empl. secré-
taire, employée bur.
Tél. 48.49.00.00

Secrétaires
de direction

JF 26 a., 7 a. exp.,
dynam. motiv. ch.
poste secrétaire-
comptable ou com-
merciale.
Tél. 30.91.00.00

Dame 45 a. SECRÉ-
TAIRE-Sténodactylo,
20 a. exp., ch. pl.
stab. Paris, banlieue
ouest.
Chauvin Micheline, 6,
av. Marcel-Doret,
75016 Paris.

Industrie

J.H. 25 a., CAP tour-
neur + CAP mécan.
agricole, ch. pl. Étud.
ttes prop.
Tél. 45.85.00.00

Hôtellerie
Restauration

J.H. 23 ans cherche
place stable
SERVEUR
Petite expérience
Tél. à partir de 14 h
au 48.91.00.00

Ch. emploi fme de
chambre, aide cuisi-
nière ou finisseuse.
Tél. 40.09.00.00

Manutention

JH libéré O.M., per-
mis VL, ch. empl.
hme entretien ou ma-
nutentionnaire. Libre
de suite.
Tél. 60.09.00.00

Commerce

JNE PATISSIER CAP
cherche place stable
sur Paris ou banl.
proche.
Tél. 42.40.00.00

Confection
Prêt-à-porter
Textile

Coupeur, 15 ans ex-
périence, ch. emploi,
cse licenc. économ.
Tél. 46.07.00.00

Garages

Polonais exp. MÉCA-
NICIEN, ch. tt trav.
Tél. 43.39.00.00

Pour vous aider :

cse : cause
étud. : étudiera
gde : garde
licenc. économ. :
licenciement économique
motiv. : motivé(e)
O.M. : obligations militaires
pl. : place
st./stab. : stable
tt trav. : tout travail
ttes prop./propos. :
toutes propositions
V.L. : voiture légère

Complétez les abréviations.

a., av., bac., banl., bur., ch./rech., dynam., empl., exp., Fme/fme, hme, Jne, JF, JH/Jne
hme, lib., mai., mécan., réf., secrét., sér., souh.

14 *Lecture.*

Il commençait par le réverbère du coin de notre
rue. Du bout de sa canne, il soulevait une petite
plaque de verre puis un levier qui commandait
l'arrivée du gaz. Il appuyait sur la poire de caout-
chouc fixée à sa canne. Un éclair jaillissait, le
réverbère était allumé. Le levier déclenché reve-
nait tout doucement à sa position première et le
réverbère s'éteignait de lui-même aux premières
lueurs du jour.

EDOUARD BLED avec la collaboration d'ODETTE BLED,
J'avais un an en 1900, Fayard.

L'ÉCLAIRAGE AU GAZ

15 *Préparez votre avenir.*

705 3001

INFORMATIQUE
Des salaires élevés,
des débouchés assurés.

ÉLECTRONIQUE
Des métiers de précision
et d'avenir.

**SECRÉTARIAT
BUREAUTIQUE**
Des métiers nouveaux,
des qualifications
recherchées.

**ROBOTIQUE
AUTOMATISMES**
Des métiers d'avenir
dans un secteur en plein
développement.

Y a-t-il, dans votre classe, des étudiants qui travaillent dans l'informatique, l'électronique,
la bureautique ou la robotique ?

Qu'est-ce qu'ils font ? Peuvent-ils l'expliquer en français ?

Avez-vous peur de l'informatique ? Pourquoi ? Discutez.

**Connaissez-vous un métier qui a disparu ou un métier qui est en train de dispa-
raître ? Écrivez un petit texte pour le présenter.**

16 *Lecture.*

On décida de lui faire gravir peu à peu les échelons de la
hiérarchie. C'est ainsi que, pour commencer, on le relégua
au sous-sol, au rayon de l'expédition. En une seule heure, le
robot liquida dix jours de retard, tout le travail de la journée et celui qui était préparé pour le lendemain. On l'en-
voya au rez-de-chaussée, car on jugea que cet exemple était
néfaste pour les manutentionnaires.
D'emballeur, le robot devint secrétaire. Après une demi-
heure de travail, il avait terminé le travail de toutes les
dactylos, après quoi il se mit à répondre, anticipant avec
génie, à des lettres qui n'étaient pas encore arrivées, bâclant
sans bavure le courrier des jours à venir.

JACQUES STERNBERG, *Le Délégué,*
extrait de « Entre deux mondes incertains », Denoël.

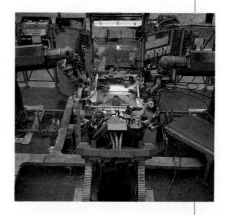

Pour travailler à la maison

LEÇON 21

■ *Raconter.*
■ *Se souvenir.*
■ *Exprimer sa surprise.*
▶ *Le verbe connaître au présent, au passé composé et au futur.*
▶ *Il est... / c'est un...*
▶ *Les pronoms personnels le, la, les et leur place.*
▶ *Les sons* [ʃ] / [ʒ].
● *Carrières et emplois.*

---

expressions et mots nouveaux

Adroit(e), *adj.*
Agent, *n. m.*
Air (avoir l'), *loc.*
Ancien(ne), *adj.*
Aptitude, *n. f.*
Assurance, *n. f.*
Banquier, *n. m*
Botte, *n. f.*
Camarade, *n.*
Carrière, *n. f.*
Chef, *n. m.*
Cheveux, *n. m. pl.*
Chic, *adj.*
Coiffeur, *n. m.*
Coiffure, *n. f.*
Connaître, *v.*

Curriculum vitae, *n. m.*
Deviner, *v.*
Directeur, *n. m.*
Don, *n. m.*
Dynamisme, *n. m.*
Épouser, *v.*
Expérience, *n. f.*
Export, *n. m.*
Firme, *n. f.*
Formation, *n. f.*
Frisé(e), *adj.*
Hôtelier(ère), *adj.*
Humain(e), *adj.*
Import, *n. m.*
Long(ue), *adj.*
Même, *adv.*
Métier, *n. m.*

Monter, *v.*
Multinationale, *n. f.*
Personnel, *n. m.*
Poste, *n. m.*
Prier, *v.*
Profession, *n. f.*
Publicité, *n. f.*
Quai, *n. m.*
Qualification, *n. f.*
Reconnaître, *v.*
Références, *n. f. pl.*
Relation, *n. f.*
Salon, *n. m.*
Sens, *n. m.*
Yeux, *n. m. pl.*

APPRENEZ

par cœur

le présent, le passé composé et le futur du verbe connaître.

Pour l'exercice 3, relisez le dialogue page 148.
Pour l'exercice 4, relisez le tableau Le, la, les : place, *page 151.*

1 Transformez les phrases.

Exemple : Est-ce que tu connais Bréal ? (vous)
→ Est-ce que vous connaissez Bréal ?

M. Michel – les Vessier – nous – Thérèse – on.

Exemple : Est-ce que tu as mis ton imperméable ? Non, je ne l'a pas mis. (tes bottes) → Est-ce que tu as mis tes bottes ? Non, je ne les ai pas mises.

ton costume – ta veste – ta cravate – ton blazer – tes chaussures – ta jupe.

2 Faites une phrase au présent ou au passé composé.

Exemple : Je / rencontrer → J'ai rencontré Jérôme.

Josette / épouser →   leur fille / travailler →
Jérôme / être →   leur fils / parler →
Jérôme / être en poste →   leur fils / ne pas faire →

3 Complétez avec il est, ou elle est, ou c'est.

Le docteur Châtaignier ? ... un bon médecin ! – Bréal ? ... chef de service dans une firme d'import-export. Et sa fille ... coiffeuse. – Josette ? ... une jolie brune aux yeux bleus Tiens ! ... une photo de Josette. – ... un étudiant pares seux : il ne fait rien. – Silvio ? l'ami de Sylvie ? ... étudian à Venise. – Qui est-ce ? ... la jeune portugaise du troi sième.

4 Complétez avec le pronom.

Bréal va arriver, attendons-... . – Voici le numéro du doc teur Châtaignier. Appelez-... ce soir. – Ma fille a été ma lade, excusez-... , je vous prie. – Quelle belle chanson Écoutez-... . – Vous avez fait des photos ? Montrez-...-moi – C'est votre femme ? Présentez-...-moi. – Tu as la list des courses ? Ne ... perds pas ! – Et le gâteau au choco lat ? Ne ... oublie pas !

LEÇON 22

*Pour travailler
à la maison*

expressions et mots nouveaux

Atelier, *n. m.*
Aucun(e), *pron. indéf.*
Beau-père, *n. m.*
Bon !, *interj.*
Bureautique, *n. f.*
Certes, *adv.*
Changer, *v.*
Cinquantaine, *n. f.*
Civilisation, *n. f.*
Dur(e), *adj.*
Électronique, *n. f.*
Employeur, *n. m.*
Fabrication, *n. f.*
Gendre, *n. m.*
Indépendance, *n. f.*
Informatique, *n. f.*

Liberté, *n. f.*
Longtemps, *adj.*
Maître(esse), *n.*
Majorité, *n. f.*
Manquer, *v.*
Meilleur(e), *adj.*
Ménager(ère), *adj.*
Moins (le), *loc.*
Moins (de moins en
   moins), *loc.*
Ordinateur, *n. m.*
Pessimiste, *adj.*
Plus (le), *loc.*
Plus (de plus en plus),
   loc.

Poser, *v.*
Programmer, *v.*
Programmeur, *n. m.*
Progrès, *n. m.*
Retraite, *n. f.*
Retrouver, *v.*
Rêver, *v.*
Robot, *n. m.*
Robotique, *n. f.*
Sac, *n. m.*
Secrétaire, *n.*
Situation, *n. f.*
Taper, *v.*
Technique, *n. f.*
Usine, *n. f.*
Vivre, *v.*

■ *Donner son opinion.*
■ *Argumenter.*
▶ *Le verbe savoir au
  présent, au passé composé
  et au futur.*
▶ *Les pronoms me, te, nous,
  vous, compléments d'objet
  direct et compléments
  d'objet indirect.*
▶ *Les pronoms lui et leur.*
▶ *Les pronoms : place et
  ordre.*
▶ *Les sons* [k] / [g].
● *Préparer l'avenir.*

1 Formez des noms.

Exemple 1 : cinquante → cinquantaine.

douze – trente – quarante – cent.

Exemple 2 : programmer → programmeur.

acheter – manger – voyager – professer.

Trouvez a. les nombres et b. les verbes.

a. une huitaine →	b. employeur →
une dizaine →	promeneur →
une quinzaine →	vendeur →
une vingtaine →	buveur →

2 Complétez.

Il n'y a hélas pas de ... pour tout le monde. Les jeunes sans ... et les vieux quand ils ... leur ... ont peu de ... de ... un ... . Avant soixante ans, on peut ... sa ... . On a plus de ... et on est plus ... . Plus ... ? Je ne peux pas vivre sans ... . Moi, mon meilleur ami, c'est encore le ... !

3 *Lui* ou *leur* ? Transformez les phrases.

*Exemple : Voici le patron, posez-**lui** la question ! (le directeur) →
Voici le directeur, posez-**lui** la question !*

la secrétaire – les employés – Josette – les enfants – le chef du personnel – le professeur.

Transformez les phrases.

*Exemple : Je connais les Bréal, mais je ne sais pas où ils habitent.
(les Michel) → Les Michel **connaissent** les Bréal, mais **ils ne savent** pas où ils habitent.*

cette étudiante – Jean – tu – mes sœurs – vous – Jacques et moi.

4 Complétez avec *pas, plus* ou *rien.*

L'avenir n'est ... rose : les jeunes qui n'ont ... de diplômes ne trouvent ... de travail, et les vieux qui perdent leur place ne trouvent ... d'employeur. Antoine n'aime ... ne ... faire. Il ne peut ... vivre sans travailler.

APPRENEZ

par cœur

**le présent, le passé composé
et le futur du verbe savoir** et
revoyez le verbe connaître *aux
mêmes temps.*

*Pour l'exercice 2, relisez le dialogue
de la page 154.
Pour l'exercice 3, relisez le troisième
tableau de la page 157.*

23 Comme tous les jours...

Une porte claque... Nadine se réveille et ouvre un œil... Son voisin, monsieur Tardieu, part au travail... Et comme tous les jours, Nadine entend maintenant les cris du bébé de ses voisins de gauche.

« Allons, levons-nous... Sept heures et demie... déjà ! Plus que quinze minutes pour me préparer. Si je veux prendre un café et manger quelque chose avant de partir...

Je ne peux pas « rater » l'autobus de huit heures vingt et arriver, une fois de plus, en retard au bureau... Le patron... Voyons ! Où est ma robe de chambre ? Ah ! la voilà... »

Nadine se lève, ouvre la fenêtre, regarde le ciel... Avant de passer dans la salle de bains, elle met en marche la cafetière électrique...

Un quart d'heure plus tard, Nadine revient dans sa chambre, referme la fenêtre, refait le lit... Elle s'habille rapidement. « Le ciel est gris : je vais mettre mes bottes... Vite ! le café est sûrement prêt. »

Elle déjeune en quelques minutes : deux biscottes seulement. Boh ! Elle reprendra un bon café et un croissant, dans la matinée.

À son tour elle fait claquer la porte... « L'heure tourne, il faut se dépêcher. » L'ascenseur est long, long... Elle s'impatiente et descend quatre à quatre les escaliers.

Elle jette un coup d'œil dans la boîte aux lettres. Du courrier ? Oui ! Une lettre par avion... du Cameroun... C'est Jean-Paul !

1 *Quarante-cinq minutes de la vie de Nadine.*

Relisez le texte « Comme tous les jours » et complétez.

● **sept heures et demie :**
→ Nadine se réveille et ouvre un œil.
→ ...
→ ... et ...
→ ...
→ ...

● **un quart d'heure plus tard :**
→ Nadine revient dans sa chambre.
→ ...
→ ...
→ ... puis ...

● **huit heures et quart :**
→ À son tour, elle fait claquer la porte.

● **huit heures vingt :**
→ ...

2 *Observez.*

Plus que quinze minutes *pour* me préparer !
Seulement quinze minutes *pour* me préparer !
Je n'ai que quinze minutes *pour* me préparer !

Transformez les phrases et employez plus que..., seulement..., je n'ai que... .

a. Seulement dix minutes pour prendre mon petit déjeuner !
b. Je n'ai que cinq minutes pour m'habiller !
c. Plus que quelques secondes pour boire mon café et pour manger mes biscottes !

3 *Complétez les phrases.*

a. Une porte claque... .
b. Si je veux prendre un café et manger quelque chose avant de partir... .
c. Le patron... .
d. Nadine se lève, ouvre la fenêtre, regarde le ciel... .
e. Elle met en marche la cafetière électrique... .
f. À son tour elle fait claquer la porte... .
g. L'ascenseur est long... long... .

4 *Cherchez dans le dictionnaire les différents sens du verbe mettre et se mettre.*

mettre ses bottes – **mettre** la cafetière en route – **mettre** quinze minutes pour...
– **mettre** une lettre dans la boîte – ne rien avoir à **se mettre** – **se mettre** d'accord...

Réemployez ces expressions dans des phrases et remplacez, si possible, le verbe mettre par un autre verbe.

5 *Complétez.*

Le matin, je ... le premier, à sept heures. Je ... et je ... dans la salle de bains pour ... ma toilette. Puis je ... le café. À huit heures et demie, je ... au bureau. Le soir, à six heures, je ... prendre ma femme à la sortie de son travail. Nous ... à pied tous les deux. Une fois par semaine, nous ... au cinéma à la séance de neuf heures. Nous n'... pas la télévision. La politique ne nous ... pas, et nous ... voir les films sur un grand écran.

Les pronoms personnels compléments : rappel

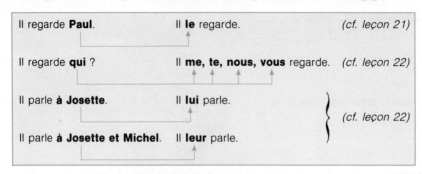

Il regarde **Paul**.	Il **le** regarde.	*(cf. leçon 21)*
Il regarde **qui** ?	Il **me, te, nous, vous** regarde.	*(cf. leçon 22)*
Il parle **à Josette**.	Il **lui** parle.	
Il parle **à Josette et Michel**.	Il **leur** parle.	*(cf. leçon 22)*

Remarque :
Sujet ≠ Objet

6 Quelles sont les phrases qui vont ensemble ?

Exemple : a. Il offre le livre à ses parents. 5. → Il le leur offre.

a. Il offre le livre à ses parents.
b. Il offre le livre à sa mère.
c. Il offre les photos à ses parents.
d. Il offre des photos à ses parents.
e. Il offre la photo à ses parents.
f. Il offre les cigarettes à son père.
g. Il offre la photo à sa mère.
h. Il offre des cigarettes à son père.

1. Il les lui offre.
2. Il les leur offre.
3. Il le lui offre.
4. Il lui en offre.
5. Il le leur offre.
6. Il la leur offre.
7. Il la lui offre.
8. Il leur en offre.

Les verbes pronominaux

a.

> Je **me** lave.   Je **me** regarde dans la glace.   Je **m'**achèterai un croissant.

Remarque : Sujet = Objet
Je lave « moi ». Je regarde « moi ». J'achèterai un croissant « pour moi ».
Les deux pronoms sont de la même personne.

b. Cas de la troisième personne

> Il **se** lave.   Il **se** regarde dans la glace.   Il **s'**achètera un croissant.

Remarque : Le pronom **se** s'emploie avec les verbes pronominaux ; la forme tonique est **soi**.
*Exemple : On est bien chez **soi**.*

7 Ils se rencontrent... Faites des phrases.

Exemple : Nadine et Jean-Paul, se rencontrer tous les dimanches → Ils se rencontrent tous les dimanches.

Josette et Mme Rivot, se téléphoner souvent – vous et vos amis, s'aimer bien –
les voisins du troisième, s'inviter souvent – Philippe et son copain, se comprendre
bien – moi et ma copine de bureau, se parler tout le temps.

8 Racontez le début de la journée.

Exemple : Jean-Paul et Nadine se réveillent, etc.

Jean-Paul et Nadine, se réveiller – ils, se lever – Nadine, se coiffer – Nadine, se
maquiller – Jean-Paul, se raser – Jean-Paul, se doucher – Jean-Paul et Nadine,
s'habiller.

Se lever, se promener, s'appeler

1. *(se) lever, (se) promener* se conjuguent comme *(s') acheter*.
2. (s') appeler : j' (je m') appelle [ɛ], nous (nous) appelons [ə].

9 *Cécile s'achètera... Faites des phrases.*

Exemple : Cécile, un croissant → Cécile s'achètera un croissant.

> moi, un costume – Jean-Paul, un vélo – Anne, un appareil photo – mes voisins, une voiture – ma sœur, une machine à écrire – la fille de Bréal, un salon de coiffure.

Le verbe ouvrir

Indicatif présent

S I N G U L I E R	1	J'	**ouvre** la porte.	Nous **ouvrons** la boutique demain.	1	P L U R I F L
	2	Tu	**ouvres** la fenêtre ?	Vous **ouvrez** la boîte aux lettres ?	2	
	3	On Il Elle	**ouvre** un restaurant.	Ils Elles **ouvrent** à dix heures.	3	

Remarque :
couvrir et *offrir* se conjuguent comme *ouvrir.*

Passé composé : J'ai ouvert, tu as ouvert, etc.   **Futur :** J'ouvrirai, tu ouvriras, etc.

10 *Faites des phrases avec* ouvrir *et* offrir.
Employez des temps différents et des pronoms.

Exemple : pull-over → Je lui offrirai un pull-over.

> bouteille de vin – boîte de cassoulet – livre – chemise.

POUR BIEN PRONONCER

Les sons [t] / [d]

Dès sept heures, on entend Nadine et Jean-Paul se disputer ; ils ne perdent pas de temps !

11 *Écoutez ; répétez.*

 Nadine entre par la porte de droite. – Je dois prendre le train à huit heures. – Nous déjeunerons tous les deux avant de partir. – Elle se dépêche de descendre pour regarder dans la boîte aux lettres. – Il a travaillé toute sa vie dans l'informatique et maintenant il doit prendre sa retraite. – Dans deux minutes, je regarderai le journal télévisé. – Demandez-lui d'attendre son tour devant la porte. – Il a été en retard toute la matinée, et maintenant il se dépêche de déjeuner ; jamais un instant de liberté !

Écoutez une deuxième fois et écrivez.

Actives, inactives

12 *Interrogez votre voisine. Qu'a-t-elle fait hier (aujourd'hui) ? Qu'est-ce qu'elle fera demain ?*

D'après un sondage *Figaro/Sofres* (janvier 1984), 10 % de Françaises pensent que pour le bonheur d'une femme, travailler est quelque chose d'indispensable, 49 % pensent que c'est souhaitable, 29 % pensent que ce n'est pas vraiment nécessaire, 8 % pensent que ce n'est pas souhaitable.

Et vous, qu'en pensez-vous ?

Dans votre pays, beaucoup de femmes travaillent-elles ? Dans quel secteur d'activité ?

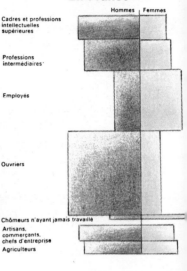

En France

Hommes | Femmes

Cadres et professions intellectuelles supérieures

Professions intermédiaires

Employés

Ouvriers

Chômeurs n'ayant jamais travaillé
Artisans, commerçants, chefs d'entreprise
Agriculteurs

13 *Elle aime (elle n'aime) pas son travail.*

Racontez sa journée.

14 *Écoutez.*

Six heures et quart, le réveil sonne
Et dehors il fait noir.
Faut se lever, et toi tu donnerais tout
Pour rester couchée.
Les enfants dorment encore
Dans la salle à manger sur le vieux canapé.
Tu fais réchauffer le café
Et tu prépares le déjeuner
T'auras pas le temps de te maquiller.

Dans l'escalier la radio swingue
Les infos de la matinée
À sept heures dix, tu abandonnes
Le plus petit chez la nourrice
Tu lâches le grand devant la porte du lycée
Vite fait dans la foulée.
Il dit salut, mais toi, tu n'entends rien
Tu cours déjà après ton train.
T'es en retard comme chaque matin.

IMAGO, *Six heures et quart le réveil sonne*, Sibécar.

15 *Temps libre* (par jour, en minutes).

	mère travaillant	mère au foyer
télévision	55	210
sorties	30	30
conversation	25	30
lecture	20	15

Dominique Frémy, *Quid*, Éd. Robert Laffont, 1987.

Et vous, de quel temps libre disposez-vous ?

16 *Lisez ces petites annonces.*

À qui s'adressent-elles surtout ?
Lesquelles offrent (demandent) un emploi à mi-temps ?
Lesquelles offrent (demandent) un emploi à temps partiel ?
Qu'est-ce qu'un mi-temps ?
Qu'est-ce qu'un temps partiel ?

Le travail à mi-temps ou à temps partiel est-il possible chez vous ?

Une femme doit-elle travailler ?

Doit-elle rester à la maison ?

Prenez position !

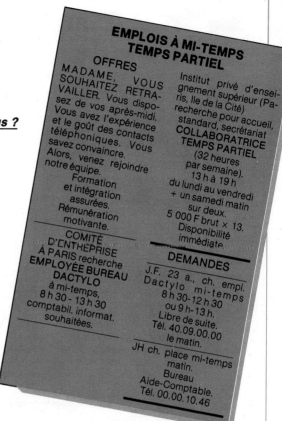

EMPLOIS À MI-TEMPS TEMPS PARTIEL

OFFRES

MADAME, VOUS SOUHAITEZ RETRA-VAILLER. Vous dispo-sez de vos après-midi. Vous avez l'expérience et le goût des contacts téléphoniques. Vous savez convaincre. Alors, venez rejoindre notre équipe.
Formation et intégration assurées. Rémunération motivante.

COMITÉ D'ENTREPRISE À PARIS recherche EMPLOYÉE BUREAU DACTYLO à mi-temps, 8 h 30 - 13 h 30 comptabil. informat. souhaitées.

Institut privé d'ensei-gnement supérieur (Pa-ris, Île de la Cité) recherche pour accueil, standard, secrétariat COLLABORATRICE TEMPS PARTIEL (32 heures par semaine). 13 h à 19 h du lundi au vendredi + un samedi matin sur deux. 5 000 F brut x 13. Disponibilité immédiate.

DEMANDES

J.F. 23 a., ch. empl. Dactylo mi-temps 8 h 30-12 h 30 ou 9 h-13 h. Libre de suite. Tél. 40.09.00.00 le matin.

JH ch. place mi-temps matin. Bureau Aide-Comptable. Tél. 00.00.10.46.

17 *Une journée extraordinaire. Imaginez...*

La journée commence comme d'habitude. Et tout à coup...

18 *Lecture.*

L'été, je me levais à cinq heures du matin et l'hiver, peut-être à cinq heures et demie. J'allais d'abord traire les vaches. [...]
Après c'était le déjeuner des gosses, leur café au lait et la vaisselle. [...]
Avec mes trois filles, 'Phraïm, mon père, mon frère Marius, quatre ou cinq compagnons, on arrivait à être une douzaine à table. [...]
En ce temps-là, comme on dînait à onze heures et on soupait à huit heures, les hommes mangeaient dans l'après-midi. Je préparais leur goûter à quatre heures. [...]
J'ai toujours fait la lessive de la famille et tous les draps, y compris ceux des compagnons. Je prenais trois matins : un pour mettre tremper, un pour faire bouillir, et le surlendemain j'emmenais mon linge sur une brouette pour le rincer au lavoir. Le dimanche après-midi, je repassais. [...]
Dans les beaux jours, j'aidais aux champs. [...] Ni dans la journée, ni dans la semaine, je rêvais de m'asseoir ou d'aller chez les voisines. Henriette Pommeret venait chercher son lait, et Justine aussi, l'autre voisine. Elles me causaient un peu pendant que je trayais les vaches, mais j'avais guère le temps de m'arrêter pour bavarder.

EPHRAÏM GRENADOU, ALAIN PRÉVOST, *Grenadou paysan français*, Le Seuil.

24

D'amour et d'eau fraîche

Jean-Paul ? C'est l'ami de Nadine, vous l'avez deviné. Ils se sont connus l'année dernière... Où ? Au Cameroun... Comment ? Eh bien ! Jean-Paul est comptable dans l'agence d'une banque française, à Douala. Nadine était en vacances chez sa sœur... Un jour, chez ses amis Duval, Jean-Paul a rencontré Nadine... et comme le hasard fait bien les choses... Nadine est la sœur de madame Duval.

Nadine et Jean-Paul se sont plu tout de suite. Pendant le mois de vacances de Nadine, ils sont souvent sortis ensemble. Ils ont beaucoup parlé... de leur travail, de leur avenir... Ils s'entendent bien : ils ont les mêmes goûts, les mêmes opinions sur les choses et les gens...

Aujourd'hui, bien sûr, ils veulent se retrouver et se marier.

Oui, mais on ne vit pas d'amour et d'eau fraîche, ni à Paris ni à Douala ! Ces jeunes gens ont besoin de gagner leur vie. Les vacances finies, Nadine a dû quitter le Cameroun... et Jean-Paul. Elle travaille à Paris, comme secrétaire dans une société d'import-export. Jean-Paul aime bien son travail à Douala. Nadine, elle, n'aime pas le sien : elle est assez mal payée, son bureau est loin de chez elle... et son chef de service est désagréable...

Alors, il faut trouver, à Douala, un emploi pour Nadine ! Oui, mais voilà, ce n'est pas facile. Jean-Paul et les Duval ont bien cherché... mais ils n'ont pas encore trouvé...

Dans l'autobus, Nadine ouvre la lettre de Jean-Paul. « Nadine chérie, enfin une bonne nouvelle ! À la fin du mois prochain, ma banque aura besoin d'une employée et... »

1   *Relisez le texte « D'amour et d'eau fraîche » et répondez ou commentez.*

      a. Nadine est déjà à Douala ?
      b. Mme Duval est la sœur de Jean-Paul ?
      c. Jean-Paul est le mari de Nadine ?
      d. Pour bien s'entendre... il faut avoir les mêmes goûts ?
      e. Trouver un emploi à Douala, c'est facile ?
      f. L'amour remplace l'argent !
      g. Ce matin, Nadine voit la vie en rose.

2   <u>Alors</u> *: la conséquence. Observez.*

      Nadine n'aime pas son travail à Paris, **alors** *il faut lui trouver un emploi à Douala.*

Faites des phrases avec <u>alors</u>.

      a. ... (ne plus aimer sa femme) alors il a demandé le divorce.
      b. Il a rencontré une jolie brune alors (quitter Nadine).
      c. Ils se plaisent alors (sortir souvent ensemble).
      d. Une porte claque très fort alors (se réveiller).
      e.   alors (rater son bac).
      f. ... alors (rester au lit).

3   *Nadine et Jean-Paul se sont mariés. Les relations familiales.*

les **parents** de Nadine
(les beaux-parents de Jean-Paul)

les **parents** de Jean-Paul
(les beaux-parents de Nadine)

M. ET Mme CAMY

M. ET Mme GIRARD

COLETTE

NADINE ET JEAN-PAUL

THIERRY

Colette
la sœur de Nadine
la belle-sœur de Jean-Paul

la belle-fille
de M. et Mme Girard

le gendre
de M. et Mme Camy

le frère de Jean-Paul
le beau-frère de Nadine

4   *Je vous demande... . Complétez oralement.*

Exemple : Qui est Jean-Paul ? → Je vous demande **qui** *est Jean-Paul.*

      a. Ils se sont connus à Douala. → Je vous demande ... .
      b. Ils se sont rencontrés pendant les vacances. → Je vous demande ... .
      c. Ils sont sortis souvent ensemble. → (si) Je vous demande ... .
      d. Elle travaille dans une société d'import-export. → Je vous demande ... .
      e. Elle va au bureau en autobus. → Je vous demande ... .
      f. Jean-Paul aime bien son travail. → (si) Je vous demande ... .
      g. Il faut trouver un emploi pour Nadine. → (si) Je vous demande ... .

Les verbes pronominaux à l'infinitif

> **Il** va **se** marier avec Nadine.　　**Nous** allons **nous** voir bientôt.　　**Tu** aimes **te** promener avec elle ?

Remarques :　1. Le pronom réfléchi est **avant** le verbe à l'infinitif.
　　　　　　　　2. Place de la négation : _Il **ne** va **pas** se marier avec Nadine._

5 **_Faites des phrases avec aller, vouloir, aimer, pouvoir + infinitif, à la forme affirmative ou négative._**

se marier avec Nadine – se retrouver bientôt – se promener au Luxembourg – se lever tard – se lever tôt.

Les verbes pronominaux à l'impératif

> Présente-**toi** demain !　　　　　　　Ne **te** présente pas ce soir !
> Marions-**nous** à Douala !　　　　　　Ne **nous** marions pas à Paris !
> Occupez-**vous** de votre travail !　　Ne **vous** occupez pas de moi !

Remarques :　1. Forme affirmative : le pronom est **après** le verbe ;
　　　　　　　　　formes toniques : _toi, nous, vous._
　　　　　　　　　Forme négative : le pronom est **avant** le verbe.
　　　　　　　　2. Attention au trait d'union : Occupez**-**vous...
　　　　　　　　3. Tu te présente**s**, _mais_ présente**-**toi, ne te présent**e** pas...

6 **_Donnez des ordres : a. à la forme affirmative ; b. à la forme négative._**

se réveiller – se lever – s'habiller – se laver – se doucher – se coiffer.

se raser – se maquiller – se reposer – s'impatienter.

Les verbes pronominaux au passé composé ; accord du participe passé

> Je me suis lavé(e).　　　　　　　→　Je me suis lavé les mains.
> Tu t'es lavé(e) ?　　　　　　　　→　Tu t'es lavé les pieds ?
> Il (on) s'est lavé.　　　　　　　　→　Il s'est lavé le visage.
> Elle s'est lavée.　　　　　　　　→　Elle s'est lavé le visage.
> Nous nous sommes lavé(e)s.　　→　Nous nous sommes lavé les dents.
> Vous vous êtes lavé(e)s ?　　　→　Vous vous êtes lavé les cheveux ?
> Ils se sont lavés.　　　　　　　　→　Ils se sont lavé la figure.
> Elles se sont lavées.　　　　　　→　Elles se sont lavé la figure.

Remarques :　1. Les verbes pronominaux utilisent l'auxiliaire _être_.
　　　　　　　　2. Quand le complément d'objet direct est **avant** le verbe, il y a accord du participe passé.
　　　　　　　　　Exemple : Elle **s'**est lav**ée**.
　　　　　　　　3. Quand le complément d'objet direct est placé **après** le verbe, il n'y a pas d'accord du participe passé.
　　　　　　　　　Exemple : Elle s'est lav**é les mains.**
　　　　　　　　4. Ils se sont plu, ils se sont parlé : il n'y a pas d'accord.
　　　　　　　　　(= l'un a plu à l'autre, l'un a parlé à l'autre.)

7 *Cécile s'est promenée dans la ville ; et Jean-Paul ? Répondez.*

Exemple : Et Jean-Paul ? → Non, il ne s'est pas promené dans la ville.

Et tes parents ? (oui) – Et ta sœur ? (non) – Et vous, Philippe ? (non) – Et tes cousins ? (oui) – Et les deux jolies Portugaises ? (oui) – Et toi, Nadine ? (non)

8 *Une histoire d'amour. Écrivez-la, mettez les verbes au passé composé.*
Attention à l'accord du participe passé.

Jean-Paul et Nadine (se rencontrer). – Tout de suite, ils (se plaire) et (bien s'entendre). – Ils (se téléphoner) et (se donner) rendez-vous. – Ils (se promener) souvent ensemble. – Puis ils (se fiancer) et (se marier).

Les adjectifs et les pronoms possessifs

		SINGULIER			PLURIEL	
		masculin	féminin		masculin	féminin
	à moi	**mon** fils	**ma** fille		**mes** fils	**mes** filles
		le mien	la mienne		les miens	les miennes
	à toi	**ton** fils	**ta** fille		**tes** fils	**tes** filles
		le tien	la tienne		les tiens	les tiennes
	à lui	**son** fils	**sa** fille		**ses** fils	**ses** filles
C'est	à elle	le sien	la sienne	Ce sont	les siens	les siennes
	à nous	**notre** fils	**notre** fille		**nos** fils	**nos** filles
		le nôtre	la nôtre		les nôtres	
	à vous	**votre** fils	**votre** fille		**vos** fils	**vos** filles
		le vôtre	la vôtre		les vôtres	
	à eux	**leur** fils	**leur** fille		**leurs** fils	**leurs** filles
	à elles	le leur	la leur		les leurs	

Remarque : le, la n**ô**tre ; ie, la v**ô**tre ; les n**ô**tres ; les v**ô**tres [o].

9 *Complétez avec un pronom possessif.*

*Exemple : Je prendrai mon manteau et toi, tu prendras **le tien**.*

Nous avons fini nos exercices ; est-ce qu'ils ont fini ... ? – J'ai fait ma valise ; est-ce que tu as fait ... ? – Nos enfants s'entendent très bien avec ... – J'ai invité ma petite amie ; est-ce que tu as invité... ? – Nous avons pris nos vacances ; quand prendrez-vous ... ? – Ne prenez pas votre voiture ; nous prendrons ... – Mon école est très moderne ; comment est ... ? – Mes amis se sont retrouvés avec ... .

POUR BIEN PRONONCER

Les sons [o] / [ɔ]

As-tu le numéro de téléphone de notre copain Jérôme ?

10 *Écoutez ; répétez.*

Pour aller au bureau, il faut prendre l'autobus. – Jérôme travaille dans l'informatique, et Jean-Paul dans l'import-export. – Je n'ai pas d'opinion sur ce problème. – L'avenir n'est pas rose pour les chômeurs sans diplôme. – Nos copains Jérôme et Josette étaient à l'école avec nous. – Ce sont vos copains ? Ce sont aussi les nôtres. – Josette sort par la porte de gauche. – Comment ? Le numéro de téléphone de l'hôtel de Claude ? Pas de problème. – Que dit la météo ? Il ne fera pas beau ? Je mets des bottes chaudes.

Écoutez une deuxième fois et écrivez.

Un peu, beaucoup, plus du tout...

11 *Ouvrons le dictionnaire. Amour : masculin ou féminin ?*

AMOUR n. m. (lat. *amor*). Élan physique ou sentimental qui porte un être humain vers un autre. ‖ Dévotion envers une personne, une divinité, etc. : *amour de Dieu, du prochain.* ‖ Passion, goût vif pour qqch : *amour des arts.* ‖ *Faire l'amour,* accomplir l'acte sexuel. ‖ *Mon amour,* interpellation à la personne aimée. ‖ *Un amour de* (suivi du nom), qqch de très beau.

– *Amour* est fém. au pl. dans la langue litt.

AMOURACHER (S') v. pr. [de]. Avoir pour qqn une passion soudaine et passagère.
AMOURETTE n. f. Amour passager, caprice.
AMOUREUSEMENT adv. Avec amour.
AMOUREUX, EUSE adj. et n. Qui éprouve de l'amour, de la passion pour qqn, qqch : *tomber amoureux ; amoureux de la belle musique ; un amoureux transi.* ‖ Relatif à l'amour : *regards amoureux ; vie amoureuse.*

Dictionnaire du français contemporain, Larousse.

12 *Dites-le avec des fleurs.*

l'azalée	amour timide
la capucine	flamme d'amour
le chrysanthème	amour
la clématite	attachement
la corbeille d'argent	indifférence
l'héliotrope	amour fou
l'hortensia	froideur
le houblon	méchanceté
le lilas	amour naissant

Classez ces sentiments par ordre croissant (du moins fort au plus fort).

13 *D'accord ? Pas d'accord ? Réagissez spontanément.*

- Le grand amour existe.
- C'est de la littérature.
- Le grand amour dure des semaines.
- Le grand amour dure toute la vie.
- Le mariage tue l'amour.

Pour vous aider :

Je pense que oui.
Je le pense.
Je crois que oui.
C'est sûr (c'est certain).
Bien sûr ! (certainement !).

Je pense que non.
Je ne le pense pas.
Je crois que non.
C'est probable (j'en doute).
Bien sûr que non ! (certainement pas !).

Ça dépend... Si on veut...
Je ne sais pas.

14 *Les étudiants de votre classe pensent-ils la même chose que les étudiantes ?*

Selon une enquête de *Figaro Madame* (septembre 1982), le grand amour existe sûrement pour 67 % des Français et 70 % des Françaises. C'est de la littérature pour 10 % des Français et 12 % des Françaises. 5 % des Français et 4 % des Françaises pensent qu'il dure des semaines ; 38 % des Français et 53 % des Françaises toute la vie. 25 % des Français et 22 % des Françaises estiment que le mariage est néfaste au grand amour.

15 *Comment est (comment imaginez-vous) l'homme ou la femme de votre vie ?*
Remplissez ce questionnaire puis interrogez votre voisin, votre voisine, sur la femme, l'homme de sa vie.

Son âge : entre ... et ... ans.
Sa situation de famille : célibataire ☐   veuf (veuve) ☐
divorcé(e) ☐   avec des enfants ☐   sans enfant ☐
Son allure : moderne ☐   décontractée ☐   classique ☐   distinguée ☐
simple ☐   sportive ☐
Son instruction : primaire ☐   secondaire ☐   universitaire ☐
Sa profession : ouvrier ☐   employé ☐   agriculteur ☐   commerçant ☐
cadre ☐   artisan ☐   chef d'entreprise ☐   fonctionnaire ☐
Ses qualités : ...
Ses goûts : sport ☐   voyages ☐   sorties ☐   spectacle ☐   nature ☐
musique ☐   bricolage ☐   animaux ☐   arts ☐
Pour vous, la vie à deux, c'est :
la tolérance ☐   la compréhension ☐   la tendresse ☐   la sécurité ☐
l'affection ☐   l'échange intellectuel ☐   la complicité ☐
l'intimité ☐   la joie de vivre ☐

16 *La main tendue. Vous pouvez l'aider. Répondez à Nathalie.*

Voici mon problème : j'ai dix-neuf ans et je suis au chômage depuis un an. Comme je n'ai pas de ressources, je vis chez mes parents et je m'occupe de mes frères et sœurs âgés de cinq et deux ans car mon père et ma mère travaillent la nuit. J'ai rencontré un garçon de vingt-cinq ans. Malheureusement, il habite à 150 km de chez moi. On ne peut donc presque jamais se voir, seulement s'écrire ou se téléphoner.

Et cela fait un an que ça dure comme ça. Mais on ne peut pas s'aimer éternellement par correspondance. Je me sens partagée entre mon amour pour mon ami et ma famille et je commence à perdre espoir. Aidez-moi ! Dites-moi ce que vous pensez de ma situation et, si vous le pouvez, conseillez-moi ! Merci pour vos lettres que j'espère nombreuses.
                                        Nathalie.
Femme Actuelle, 12-18 oct. 1987.

17 *Lisez.*

Bien sûr nous eûmes des orages
Vingt ans d'amour d'un amour fort
Mille fois tu pris ton bagage
Mille fois je pris mon envol
Et chaque meuble se souvient
Dans cette chambre sans berceau
Des éclats des vieilles tempêtes
Plus rien ne ressemblait à rien
Tu avais perdu le goût de l'eau
Et moi celui de la conquête.

Oh mon amour !
Mon doux, mon tendre, mon merveilleux amour !
De l'aube claire jusqu'à la fin du jour
Je t'aime encore, tu sais, je t'aime !

JACQUES BREL, GÉRARD JOUANNEST, *La chanson des vieux amants,*
Édition Fouchenel, Bruxelles.

Pour travailler à la maison

- ■ *Raconter au présent.*
- ■ *Monologuer.*
- ▶ *Les pronoms personnels compléments : rappel.*
- ▶ *Les verbes pronominaux.*
- ▶ *Se lever, se promener, s'appeler.*
- ▶ *Le verbe ouvrir au présent, au passé composé et au futur.*
- ▶ *Les sons* [t] / [d]*.*
- ● *Actives, inactives.*

APPRENEZ

par cœur

le présent, le passé composé et le futur du verbe mettre, *du* verbe ouvrir *et des verbes* se laver, se lever, se promener *et* s'appeler.

Revoyez les pronoms personnels compléments, pages 150, 156, 157 et 164.

---

expressions et mots nouveaux

Actif(ve), *adj.*
Anniversaire, *n. m.*
Avant de, *loc. prép.*
Bébé, *n. m.*
Biscotte, *n. f.*
Cafetière, *n. f.*
Ciel, *n. m.*
Cigarette, *n. f.*
Claquer, *v.*
Coiffer (se), *v.*
Coup (d'œil), *n. m.*
Courrier, *n. m.*
Cri, *n. m.*
Dépêcher (se), *v.*
Doucher (se), *v.*
Écran, *n. m.*
Électrique, *adj.*

Gauche (de), *loc.*
Glace, *n. f.*
Impatienter (s'), *v.*
Inactif(ve), *adj.*
Jeter, *v.*
Laver (se), *v.*
Lever (se), *v.*
Maquiller (se), *v.*
Marche (en), *loc.*
Matinée, *n. f.*
Mi-temps (à), *loc.*
Œil, *n. m.*
Partiel(le), *adj.*
Plus (de), *loc. adv.*
Politique, *n. f.*

Porte, *n. f.*
Prêt(e), *adj.*
Quatre à quatre, *loc. adv.*
Quelque, *adj. indéf.*
Rapidement, *adv.*
Raser (se), *v.*
Refaire, *v.*
Refermer, *v.*
Réveiller (se), *v.*
Robe de chambre, *n. f.*
Salle de bains, *n. f.*
Séance, *n. f.*
Sortie, *n. f.*
Tard (plus), *loc. adv.*
Tour (à mon), *loc.*

---

1   *Transformez les phrases.*

*Exemple : Est-ce que **vous** avez ouvert la fenêtre ? (ils)*
*→ Est-ce qu'**ils ont ouvert** la fenêtre ?*

l'employé – Nadine – tu – la secrétaire.

Exemple : Qu'est-ce que Jean-Paul offrira à Nadine pour son anniversaire ? (vous)
*→ Qu'est-ce que **vous offrirez** à Nadine pour son anniversaire ?*

Josette – les enfants – tu – nous.

2   *Posez des questions au présent avec ces pronoms personnels et ces verbes pronominaux.*

elle, s'appeler – vous, se réveiller – il, se promener – nous, s'acheter – on, se rencontrer – tu, s'impatienter.

3   *Répondez. Utilisez des pronoms personnels compléments.*

- – Tu connais mon mari ? – Non, ...
- – Ils inviteront les Bréal ? – Oui, ...
- – Elle a pris ses bottes ? – Non, ...
- – Et son pull-over ? – Oui, ...
- – Vous avez parlé à Jean-Paul ? – Non, ...
- – Ils ont téléphoné à Jérôme et à Josette ? – Oui, ...
- – Vous avez ouvert la bouteille ? – Non, ...
- – Il a offert ce chemisier à Françoise ? – Oui, ...

4   *Mettez les verbes au temps qui convient.*

Ce matin, je me suis réveillée à sept heures et demie. Je (se lever), je (ouvrir la fenêtre), je (regarder le ciel). Je (mettre en marche la cafetière électrique), je (passer dans la salle de bains), je (revenir dans sa chambre), je (refermer la fenêtre), je (refaire son lit), je (s'habiller).

Demain sera comme aujourd'hui.
Nadine se réveillera à sept heures et demie. Elle (se lever), elle (ouvrir la fenêtre), elle (regarder le ciel). Elle (mettre en marche la cafetière électrique), elle (passer dans la salle de bains), elle (revenir dans sa chambre), elle (refermer la fenêtre), elle (refaire son lit), elle (s'habiller).

LEÇON 24

---

expressions et mots nouveaux

Amour, *n. m.*
Beaux-parents, *n. m. pl.*
Belle-fille, *n. f.*
Belle-sœur, *n. f.*
Cassette, *n. f.*
Chômeur, *n. m.*
Comptable, *n.*
Dent, *n. f.*
Désagréable, *adj.*
Divorcer, *v.*

Entendre (s'), *v.*
Époux, *n. m.*
Fiancer (se), *v.*
Fin, *n. f.*
Figure, *n. f.*
Fort(e), *adj.*
Hasard, *n. m.*
Histoire, *n. f.*
Marier (se), *v.*
Occuper (s') (de), *v.*

Opinion, *n. f.*
Quitter, *v.*
Remplacer, *v.*
Rendez-vous, *n. m.*
Reposer (se), *v.*
Sentiment, *n. m.*
Tôt, *adv.*
Tout de suite, *loc. adv.*
Transistor, *n. m.*
Visage, *n. m.*

- ■ **Raconter au passé et au présent.**
- ▶ **Les verbes pronominaux à l'infinitif, à l'impératif et au passé composé.**
- ▶ **Les adjectifs et les pronoms possessifs.**
- ▶ **Les sons [o] / [ɔ].**

- ● **Un peu, beaucoup, plus du tout...**

---

1 **_Transformez les phrases._**

*Exemple : Quand est-ce que **Nadine** va se marier ? (vous)*
→ *Quand est-ce que **vous allez vous marier** ?*

Nadine et Jean-Paul – Odile – nous – tu.

Exemple : Ce matin, il ne s'est pas levé tôt ! (ils)
→ *Ce matin, **ils** ne se **sont** pas **levés** tôt !*

ton frère – Nadine – Nadine et Colette – je.

*Exemple : Je prends **mon vélo**. Est-ce que tu prends le tien ? (ma voiture)* → *Je prends ma voiture, est-ce que tu prends **la tienne** ?*

mon billet – mes photos – mes livres.

*Exemple : Nous apporterons **notre guitare**. Est-ce que vous apporterez la vôtre ? (nos disques)* → *Nous apporterons **nos disques**. Est-ce que vous apporterez **les vôtres** ?*

nos cassettes – nos disques – notre transistor.

2 **_Une histoire d'amour. Mettez les verbes au passé composé (attention à l'accord du participe passé)._**

Un jour, Nadine et Jean-Paul (*se rencontrer*, accord). Tout de suite, ils (*se plaire*, pas d'accord) et (*s'entendre bien*, accord). Ils (*se téléphoner*, pas d'accord), (*se donner rendez-vous*, pas d'accord) et ils (*sortir ensemble*, accord) très souvent... Puis ils (*se marier*, accord).

3 **_La lettre de Jean-Paul. Mettez les verbes aux temps indiqués._**

Dans deux mois tu (*être*, futur) secrétaire dans ma banque. Mais avant, nous (*se marier*, futur). J' (*demander*, passé composé) un congé pour venir te retrouver et si tu (*vouloir*, présent), nous (*faire*, futur) le mariage chez tes parents à la campagne. Ta sœur et ton beau-frère de Douala (*être*, futur) là. À Douala, j' (*trouver*, passé composé) un bel appartement. Nous (*devoir*, futur) acheter quelques meubles, mais pour ça, je t' (*attendre*, futur).

4 **_Complétez les phrases avec un verbe pronominal._**

Exemple : Nous avons besoin de ... → *Nous avons besoin de nous rencontrer.*

- ● Dimanche, j'ai besoin de ... →
- ● Vous ne devez pas ... →
- ● Nadine, nous allons ... →
- ● Ils ne peuvent pas ... →
- ● Il doit ... →
- ● Elle peut ... →

Pour les exercices 1, 2 et 3, relisez les tableaux et les remarques de la page 170.
Pour l'exercice 4, relisez la page 168.
Revoyez le passé composé avec avoir, page 122, le futur, page 136, et le passé composé des verbes pronominaux, page 170.

25

Embouteillages...

MA VITESSE MOYENNE ? DU DIX À L'HEURE, PAS DAVANTAGE. ET ÇA NE S'ARRANGE PAS... Y'A PAS D'SOLUTION.

OUI, MADAME FAVARD, NOUS ALLONS QUITTER LE QUARTIER... J'AI TROUVÉ UN EMPLOI DE GARDIEN-NE DANS UNE PETITE RUE TRAN-QUILLE, DU CÔTÉ DU SQUARE LOUIS PASTEUR... VOUS VOYEZ ?

C'EST TOUS LES JOURS PAREIL ?

QUOI ! MAIS VOUS ÊTES LÀ DEPUIS TRENTE ANS AU MOINS ET...

OUI, CHAQUE JOUR, À CETTE HEURE-CI, C'EST LA MÊME CHOSE... Y'A TROP DE GENS QUI VIENNENT TRAVAILLER EN VOITURE...

OUI, MAIS LA VIE EST DEVENUE IMPOSSIBLE... TOUTE LA JOURNÉE : LES EMBOUTEILLAGES, LE BRUIT, LA POLLUTION... LE SOIR, L'INSÉCURI-TÉ DANS LA RUE... ET PUIS, LA SALETÉ PARTOUT : DANS LA RUE, SUR LES TROTTOIRS, SUR LES MURS... AH ! MADAME FAVARD LE QUARTIER A BIEN CHANGÉ...

MAMAN... LE FEU VERT... TRAVERSONS !

ATTENTION PHILIPPE... LES VOITURES NE S'ARRÊTENT PAS ! ET CET AGENT QUI NE VOIT RIEN !

TU SAIS, MÉDOR... TOUT ÇA ME PLAÎT : CE MONDE, CE MOUVEMENT... MÊME CE BRUIT ! C'EST LA VIE. TU NOUS VOIS TOUS LES DEUX TOUT SEULS SUR UNE ROUTE DE CAMPAGNE ?

CE CARREFOUR ? JE L'AIME. LA SOLITUDE ? CE N'EST PAS MON PROBLÈME. MES VIEUX CLIENTS SONT UN PEU MES AMIS : CE SONT DES GENS QUE JE VOIS CHAQUE JOUR ... ET QUI ME SOURIENT...

1 _Aiment-ils la ville ? Oui / Non ? Dites pourquoi._

    a. La marchande de journaux.
    b. La mère de famille.
    c. Le chauffeur de taxi.
    d. La gardienne de l'immeuble.
    e. Le chauffeur d'autobus.
    f. Le propriétaire du chien.

2 _Relisez la page de gauche et observez._

Adjectifs	**Toute** la journée... C'est **tous** les jours pareil ? ... **tous** les deux...	Ce sont des gens que je vois **chaque** jour... Oui, **chaque** jour, à cette heure-ci...	c'est la **même** chose...
Pronoms	... **tout** ça me plaît...		
Adverbes	... **tout** seuls...		... **Même** ce bruit !

3 _Complétez les phrases avec les mots indéfinis._

L'autobus doit s'arrêter à ... les feux rouges. À ... coin de rue, il y a un café. La petite fille traverse ... seule le carrefour. La marchande de journaux voit les ... clients, ... jour. Nadine, elle, prend l'autobus ... les jours. Le propriétaire du chien aime la ville, le monde, le mouvement. ... ça lui plaît, ... le bruit.

4 _Observez._

La marchande **de** journaux – Le chauffeur **d'**autobus – Le café **du** coin...
            1   2   1   2   1   2
Le 1er et le 2e noms sont réunis par une préposition (**de, d', du, de la**) ; le 2e nom est complément du 1er.

Formez des noms composés et employez-les dans des phrases.

Exemple : client, taxi → le client du taxi habite rue Edgar Quinet.

    ● mur, maison →
    ● gardienne, immeuble →
    ● immeuble, coin →
    ● coin, rue →
    ● rue, banque →

    ● chien, client →
    ● client, taxi →
    ● chauffeur, autobus →
    ● autobus, soir →
    ● mouvement, rue →

5 _Lecture ou dictée._

En ville, la vie des gens n'est pas toujours facile. Le travail y est souvent très dur. Les temps de transport sont longs. Il y a trop de voitures dans les rues, et la circulation y est très lente. Tous les quartiers ne sont pas agréables à habiter, et tous les appartements ne sont pas modernes et confortables ! Et pourtant, peu de personnes veulent quitter la ville. Pour elles, le bonheur n'est pas à la campagne, dans la solitude. Il est dans la ville et son mouvement, ses bruits et ses lumières, dans toutes les possibilités qu'elle offre...

Les pronoms relatifs

a. Le pronom qui

> J'ai **des clients**. **Ces clients** sont mes amis. → J'ai **des clients qui** sont mes amis.
>
> J'ai vu **le film**. **Ce film** passe au Rex. → J'ai vu **le film qui** passe au Rex.

Remarques : 1. Les deux phrases deviennent une seule phrase avec :
  – une proposition **principale** *(J'ai des clients)*
  – et une proposition subordonnée **relative** *(qui sont mes amis).*
2. *Des clients, le film* sont les **antécédents** du pronom relatif **qui**.
3. **Qui** est sujet du verbe de la proposition relative ; il a le même genre et le même nombre que l'antécédent.

b. Le pronom que

> J'ai **des clients**. Je vois **ces clients** chaque jour. → J'ai **des clients que** je vois chaque jour.
>
> J'ai vu **le film**. Tu as regardé **ce film** à la télévision. → J'ai vu **le film que** tu as regardé à la télévision.

Remarques : 1. **Que** est complément d'objet direct du verbe de la proposition relative ; il a le même genre et le même nombre que l'antécédent.
2. Le verbe de la proposition relative introduite par **que** est au passé composé : le participe passé s'accorde. *Ex. :* J'ai vu **les films que** tu as regardé**s**.
3. **Que** + voyelle = **qu'**.

6 *Faites une seule phrase avec le pronom relatif* qui.

Nous avons des amis. Ces amis habitent dans cette rue. – Passe chez la marchande de journaux. Cette marchande de journaux est au carrefour. – J'ai rencontré des jeunes filles. Ces jeunes filles habitent au troisième étage. – Mon oncle est un retraité. Il vit à la campagne. – As-tu acheté ces livres ? Ils parlent de l'histoire de la ville. – Je vais prendre l'autobus. Il passe au coin de la rue.

7 *Faites une phrase avec le pronom relatif* que.

Exemple : Douala est une ville, aimer beaucoup → Douala est une ville **que** j'aime beaucoup.

Philippe est un garçon, connaître bien – Nadine est une amie, voir tous les jours – ce sont des voisins, rencontrer souvent – ce sont des amis, inviter dimanche – c'est le dessert, préférer – voici une leçon, devoir apprendre.

8 *Trouvez un antécédent.*

Exemple : J'aime beaucoup ... que vous avez choisi. → J'aime beaucoup le costume ou le pull *que vous avez choisi.*

Voici ... que je porterai au mariage de Nadine. – N'oubliez pas ... que je vous ai donnés. – Jean-Paul regarde ... qui passent à la télévision. – J'attends ... qui viennent dîner. – Prenez ... que le docteur vous a donnés. – Téléphone à ... qui est près de chez toi.

Le pronom y

a. Pensez-vous **à votre travail** ? Oui, j'**y** pense.

Remarques :
1. **Y** remplace le groupe *à* + nom de chose.
2. Attention ! À l'impératif : pense**s**-y, va**s**-y *mais* n'y pense pas, n'y va pas.

b. Elle est **sur la table** ? Oui, elle **y** est.

Tu vas **chez lui** ? Oui, j'**y** vais.

Remarques :
1. Préposition indiquant le lieu : *à, chez, en, dans, sur* + nom ou pronom → **y**.
   Exemple : Je vais **à Paris**. → J'**y** vais.
2. Préposition indiquant le lieu : *de* + nom ou pronom → **en**.
   Exemple : Je viens **de Paris**. → J'**en** viens.

9 *Faites des phrases avec y. Faites l'exercice à trois.*

Exemple : toi, au théâtre → – Est-ce que tu vas souvent au théâtre ? – Oui, j'y vais souvent. ou – Non, je n'y vais pas souvent.

vous, dans les magasins – Nadine, chez ses parents – elle, chez ses amis – Jean-Paul, à la campagne – Sylvie, à Venise – nos voisins, en vacances – Philippe et son copain, à la mer – Henri, en Bretagne.

Recommencez l'exercice au passé composé.

Le verbe voir

Indicatif présent

S	1	Je	**vois** un autobus.	Nous **voyons** le carrefour.	1	P
I						L
N	2	Tu	**vois** le taxi ?	Vous **voyez** le feu rouge ?	2	U
G						R
U		On		Ils		I
L	3	Il	**voit** un agent.	**voient** le chien.	3	E
I		Elle		Elles		L
E						
R						

Remarque :
croire se conjugue comme *voir*.

Passé composé : J'ai vu, tu as vu, etc. **Futur :** Je verrai, tu verras, etc.

10 *Conversation. Remplacez lui par toi, par eux, puis par vous. Faites l'exercice à deux.*

Lui, il voit beaucoup de films ? – Oui, il voit les films nouveaux. – Il les voit tous ? – Eh oui ! Il les voit tous ! – Alors, il en voit vraiment beaucoup !

Reprenez l'exercice au passé composé et au futur.

POUR BIEN PRONONCER

Les sons [f] / [v]

Attention, Philippe ! Les voitures ne voient pas le feu vert de ce carrefour.

11 *Écoutez ; répétez.*

Allô, docteur ? Vous pouvez venir ? Ma fille a de la fièvre. – Je vous invite à venir passer des vacances à la ferme. – Vous lui offrez des fleurs pour sa fête ? – Les enfants ont pris froid pendant les vacances, mais ce n'est pas grave. – Pouvez-vous téléphoner au chef du personnel ? – On l'a vu à la télévision ! Vas-y ! Devine ! Tu sais, il est frisé. – Philippe est en voyage ; il va faire 20 000 kilomètres. – En voiture ? – Non, en avion ! – Quand même, il faut le faire !

Écoutez une deuxième fois et écrivez.

La ville est un carrefour

Une ville c'est fait de croisements.

A CITY IS MADE UP OF CROSSINGS.

RATP

LA VILLE EST SAISISSANTE, SAISISSEZ-LA.

12 D'accord ? Pas d'accord ? Réagissez !

- Le béton, c'est affreux !
- Les gens des villes sont agressifs !
- Il faut réduire la circulation dans le centre des villes !
- Il y a trop de chiens et de chats dans les villes !
- Les usines sont la principale cause de la pollution !
- La police n'est pas assez présente dans les rues !
- Il faut multiplier les transports en commun !

Vous aimez (vous n'aimez pas) la ville. Pourquoi ?
Dialoguez avec vos voisins.

13 Quels mots associez-vous à quelles rubriques ?

Hôtel de Ville
Mairie
Préfecture
Pompiers
Police
Gendarmerie
Centre anti-poisons
M.J.C. (Maison des jeunes et de la culture)
Hôpitaux
Maison des Arts
Ambulances
Centre socio-culturel
Pharmacie
Université inter-âges

ACCUEIL   SPORT

SANTÉ   TRANSPORTS

LISTES   AVIS DE
ÉLECTORALES   RECHERCHE

TOURISME   MUSIQUE

FORMATION   ENFANCE

SPECTACLES   ACTIVITÉS
    CULTURELLES
LOGEMENT

EXPO-VIDÉO   VIE DE
    QUARTIER
ENVIRONNEMENT

14 Choisissez l'une de ces rubriques et en groupe ou individuellement, écrivez un court article sur votre ville ou sur une ville proche, pour une revue locale. Vous traduirez ces articles en français.

15 Imaginez qu'il y a une bourse d'échange dans votre quartier ou votre ville. Qu'est-ce que vous échangez ?

Quels conseils donnez-vous ?

VIE DE QUARTIER

BOURSE AUX PLANTES

Le Comité de quartier des Buttes-le-Halage, l'Association des intérêts communs du Halage, des parents d'élèves et des enseignants de l'école des Buttes organisent, le dimanche 25 octobre, une bourse aux plantes. Elle se déroulera à partir de 13 h 30, dans le square Poivrez (quartier du Halage).

Le système de la bourse aux plantes est simple : chacun échange des plantes, des arbustes, des graines, des conseils et son savoir-planter.
Parallèlement, une exposition aura lieu à partir de 16 heures dans la salle commune de la rue de Bonne. Elle présentera des dessins réalisés par les enfants de l'école des Buttes sur le thème « Créteil, ville fleurie ».

16 Adhérez-vous au Comité de défense de Créteil-Village ? Pourquoi ?

ENVIRONNEMENT

M. GIRAUD : « C'est une priorité régionale que de vouloir améliorer les déplacements de rocade en région d'Ile-de-France. Ce projet de Trans-Val-de-Marne répond parfaitement à cette priorité puisqu'il doit permettre une meilleure circulation des autobus de la R.A.T.P. entre le Sud et le Nord du département du Val-de-Marne, dans une zone urbanisée dense. Vingt-trois lignes d'autobus, en correspondance avec quatre lignes ferroviaires, desserviront la préfecture et l'université ; 100 000 personnes directement concernées, soit 12 millions de voyageurs par an. Ces chiffres donnent une bonne indication de l'intérêt de ce projet. »

Le Républicain, n° 2207, 25 juin 1987.

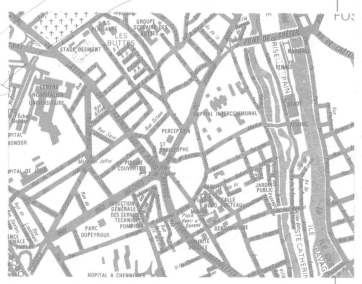

Le TVM traverse la ville depuis le carrefour Pompadour jusqu'au pont de Créteil, en empruntant la partie centrale de la chaussée, route de Choisy, rue des Mèches puis avenue de Verdun.

17 Écrivez au président du Conseil régional.

« Le projet du Trans-Val-de-Marne nous inquiète... »

- Vous habitez le quartier du Colombier et vous ne pouvez pas rejoindre la place de l'église à partir de la rue du château.
- Vous êtes âgé(e) : la traversée de la chaussée sera plus difficile et plus dangereuse à cause du couloir du TVM.
- Vous êtes responsable des parcs et jardins de la ville et le projet menace votre travail.
- Vous êtes chirurgien au Centre hospitalier intercommunal. Vos malades seront gênés par le bruit. Leurs visiteurs ne pourront plus stationner devant le CHIC, Avenue de Verdun.

18 Lecture.

Le visage en feu

J'arrive à un carrefour,
le feu était au rouge.
Il n'y avait pas de voitures,
je passe !
Seulement, il y avait
un agent qui faisait le guet.
Il me siffle.
Il me dit :
– Vous êtes passé au rouge !
– Oui ! Il n'y avait pas de voitures !
– Ce n'est pas une raison !

Je dis :
– Ah si ! Quelquefois, le feu est au vert...
Il y a des voitures et...
je ne peux pas passer !
Stupeur de l'agent !
Il est devenu tout rouge.
Je lui dis :
– Vous avez le visage en feu !
Il est devenu tout vert !
Alors, je suis passé !

R. DEVOS, Sens dessus dessous, Stock.

26

Tous « branchés » !

all connected
plugged in slang.

- 94 % des familles françaises ont un poste de télévision. *set*
- 3 h 30. C'est le temps que le téléspectateur passe chaque jour devant son téléviseur.
- Il y a 50 millions de postes de radio en France (autant de postes que de Français).
- 2 h 45. C'est le temps moyen d'écoute par auditeur et par jour.
- 45 % des Français lisent un journal quotidien. *daily*
- Il y a 88 titres différents de journaux quotidiens et 3 000 titres différents de revues et de magazines hebdomadaires ou mensuels. *Weekly* *Monthly*

— Est-ce que les Français passent toutes ces heures à s'informer et à se cultiver ? Est-ce qu'ils ne cherchent pas surtout à se distraire ? *entertainment* *programmes*
À la télé, par exemple, leurs émissions préférées ne sont pas les émissions d'actualité et les documentaires, ce sont les films et les variétés.
— Oui, sans doute... Pourtant, le matin, à l'heure du petit déjeuner, tous les Français — ou presque — écoutent les nouvelles du jour à la radio. Et le soir, ils se retrouvent tous devant le petit écran pour le « Journal télévisé » de 20 heures... C'est ça, la démocratisation de l'information...
— Oui... Pour nos grands-parents, qui, dans leur jeunesse, n'avaient ni le son ni les images, et qui lisaient très peu, c'est une vraie révolution... *sound*
— Et qui commence seulement ! L'information a déjà fait et fera d'énormes progrès. Demain, les satellites, la télématique et le câble dans les villes...
— Ah là ! Demain, on aura un autre problème... Entre tous ces moyens d'information, comment va-t-on choisir ? *means*

1 *Information.*

Pour quel moyen d'information (télévision, radio ou presse) utilise-t-on ces mots ?

téléspectateur, journaux, quotidien, auditeur, téléviseur, poste, magazines, revues, écoute, hebdomadaires, titres.

2 *Oui / Non ? Réagissez !*

a. Les Français sont des gens très bien informés...
b. Passer chaque jour 3 heures 30 devant son poste de télévision, c'est beaucoup !
c. Moi, quand j'écoute la radio, je fais autre chose en même temps. C'est bien ?
d. Avec la télévision, tout le monde apprend les mêmes nouvelles au même moment... C'est intéressant !
e. Les nouvelles politiques intéressent beaucoup les gens...
f. L'information va faire encore des progrès : est-ce que c'est sûr ? Est-ce bon pour les gens et leur pays ?

3 *Combien de temps... ? Combien de fois... ?*

*Combien de **temps** les Français regardent la télévision ? une heure, deux heures... par jour ? long-temps ? de temps en temps ? tout le temps ?*
→ **temps** indique une durée.

*Combien de **fois** (par semaine) les Français lisent-ils un quotidien ? une fois, deux fois par semaine ? quelquefois ? parfois ?*
→ **fois** indique la répétition, la fréquence.

Utilisez ces expressions dans des questions / réponses. Faites l'exercice à deux.

4 *Tous les..., chaque ..., une fois par...*

Le Monde *est un journal quotidien : il paraît **chaque** jour / il paraît **tous** les jours.*

Complétez.

V.S.D. (Vendredi. Samedi. Dimanche) est un journal hebdomadaire : il paraît ... semaine ; ... les semaines, une fois par semaine.
Le Point est un magazine hebdomadaire : ...
Marie-Claire est un magazine mensuel : ...
Au lycée, le carnet de notes est trimestriel (trois mois) : on le donne...
À l'école, il y a une fête annuelle (an) : elle a lieu...

5 *On ou Ont ?*

*94 % des familles françaises **ont** un poste de télévision.*
*Demain, **on** aura un autre problème.*

Ont peut être remplacé par le verbe *avoir* à un autre temps : avaient, auront... etc.
On peut être remplacé par un nom ou un pronom : les Français, les gens, Paul, nous...

Complétez.

Les Français ... de la chance : ils sont bien informés ! Vous croyez ? Ils ... la possibilité d'être bien informés. Mais le sont-ils vraiment ? ... peut en douter. ... cherche à se distraire ; ... regarde surtout les films et les émissions de variétés. Les gens ... tort : il faut mieux choisir ses programmes.

L'imparfait de l'indicatif : formation

L'imparfait de l'indicatif se forme avec le radical de la première personne du présent de l'indicatif et les terminaisons **-ais, -ais, -ait, -ions, -iez, -aient.**

Infinitif		aimer	finir	faire	avoir
Présent	nous	aim-ons	finiss-ons	fais-ons	av-ons
Imparfait	je, j'	aim-ais	finiss-ais	fais-ais	av-ais
	tu	aim-ais	finiss-ais	fais-ais	av-ais
	il, elle, on	aim-ait	finiss-ait	fais-ait	av-ait
	nous	aim-ions	finiss-ions	fais-ions	av-ions
	vous	aim-iez	finiss-iez	fais-iez	av-iez
	ils, elles	aim-aient	finiss-aient	fais-aient	av-aient

Remarque : Le verbe *être* est une exception : nous sommes, **mais** j'étais, tu étais, il était, etc.

6 *Quand tu étais jeune... Faites l'exercice à trois.*

Exemple : toi, jouer au tennis → — *Quand tu étais jeune, est-ce que tu jouais au tennis ?*
— *Oui, je jouais au tennis.* — *Non, je ne jouais pas...*

vous, avoir la télévision — ils, lire le français — toi, écouter la radio — les enfants, acheter des revues — elles, aller en vacances — vous, sortir le soir.

L'imparfait de l'indicatif : emploi

L'imparfait place une action dans le passé ; il n'indique ni le début ni la fin de cette action.

Autrefois, on ne **regardait** pas la télé. Avant, on n'**allait** pas en vacances.

Remarques : 1.

| PASSÉ | PRÉSENT | FUTUR |

Imparfait

2. L'imparfait peut indiquer l'habitude, la répétition.

7 *Autrefois... Vous aviez dix ans... Faites l'exercice à deux : un étudiant pose les questions, un autre répond.*

Où habitiez-vous ? — À quelle école alliez-vous ? — Est-ce que vous travailliez bien ? — Aimiez-vous les dessins animés ? — Est-ce qu'on vous donnait de l'argent ? — Lisiez-vous un journal pour enfants ? — Faisiez-vous du sport ?

L'imparfait et le passé composé : emploi

Le passé composé place une action dans le passé ; il indique une action terminée.

La semaine dernière, il **est allé** voir le film qui passait au Rex.

| PASSÉ | PRÉSENT | FUTUR |

Imparfait

Passé composé

8 *Qu'est-ce que vous avez vu ? Faites des phrases.*

Exemple : moi, des gens se promènent → Moi, j'ai vu des gens qui se promenaient.

nous, des touristes prennent des photos – toi, Édith et sa cousine pique-niquent – mon oncle, un enfant traverse la rue – vous, une auto s'arrête devant la maison – les enfants, le docteur va chez le voisin – moi, une émission m'intéresse.

Les verbes lire et écrire

Indicatif présent

S I N G U L I E R						
	1	Je **lis** le journal.	Nous **lisons** une lettre.	1		P L U R I E L
	2	Tu **lis** cette revue ?	Vous **lisez** ce roman.	2		
	3	On Il **lit** un livre. Elle	Ils **lisent** un magazine. Elles	3		

S I N G U L I E R						
	1	J' **écris** à Cécile.	Nous **écrivons** un roman.	1		P L U R I E L
	2	Tu **écris** à Jean-Paul ?	Vous **écrivez** à votre tante ?	2		
	3	On Il **écrit** une lettre. Elle	Ils **écrivent** à leurs cousins. Elles	3		

Passé composé : J'ai lu, tu as lu, etc. J'ai écrit, tu as écrit, etc.

Imparfait : Je lisais, tu lisais, etc. J'écrivais, tu écrivais, etc.

Futur : Je lirai, tu liras, etc. J'écrirai, tu écriras, etc.

9 *Lire et écrire... Faites l'exercice à deux.*

Est-ce que vous lisez beaucoup ? – Est-ce que vous lisez un journal quotidien ? – Quelles pages lisez-vous : informations politiques, spectacles ? – Y a-t-il des revues et des livres français à la bibliothèque de votre école ? Les lisez-vous ? Aimez-vous écrire ? À qui écrivez-vous ? Quand écrivez-vous ?

POUR BIEN PRONONCER

Les sons [e] / [ø] / [o]

Je ne veux pas regarder la télé, je veux écouter la radio !

10 *Écoutez ; répétez.*

À la télé, mes deux émissions préférées sont le journal télévisé et les variétés du jeudi. – Un peu de silence ! Je veux écouter la météo à la télé ! – Ils se sont mariés, ils sont heureux et ils ont beaucoup d'enfants. – Les Rivot ont retrouvé deux vieux amis ; ils ont leur numéro de téléphone. – C'est un drôle de numéro, avec beaucoup de deux. Quelque chose comme 22-32-22-42.

Écoutez une deuxième fois et écrivez.

Lire, écouter, voir

11 *Quel journal lisez-vous ? Comparez sa « une » à celle d'Ouest-France. Quelle surface occupent ses différentes rubriques ?*

Les journaux les plus lus en France.

Les quotidiens	
Ouest-France	721 000
Le Figaro	432 000
Le Monde	370 000
Le Parisien Libéré	358 000
France-Soir	335 000

Les chiffres indiquent les tirages.

Les hebdomadaires	
Paris-Match	5 166 000
L'Express	2 369 000
VSD	2 273 000
Le Point	2 119 000
Le Nouvel Observateur	1 951 000

Les chiffres indiquent le nombre de lecteurs.

Explorer le journal, Profil formation.

	Le Figaro	Le Monde	Le Parisien	France-Soir
Faits divers	10,0 %	3,0 %	27,0 %	25,7 %
Actualité internationale	10,0 %	12,8 %	0 %	1,2 %
Politique intérieure	8,8 %	6,4 %	2,4 %	3,0 %
Économie	9,5 %	12,9 %	1,7 %	2,9 %
Sports	8,2 %	1,8 %	17,1 %	14,8 %
Radio -TV	8,2 %	2,8 %	16,4 %	9,4 %

12 *Comparez la place des différentes rubriques de ces journaux.*

13 Qu'est-ce qu'on regarde ce soir ?

Voici les programmes de cinq chaînes françaises. Choisissez d'abord individuelle-
ment, puis en groupe, votre programme pour la soirée.

Il n'y a qu'un poste pour toute la classe...

Essayez de vous mettre tous d'accord !

Mercredi

TF1	
20.30	VARIÉTÉS

SACRÉE SOIRÉE

Proposé et présenté par Jean-Pierre Foucault. Invités vedettes : Michel Bou- jenah et Patrick Juvet. Avec Loop the Loop, Jairo et Sapho.

22.15	MAGAZINE

DESTINS

Proposé et présenté par Frédéric Mitter- rand et Patrick Jeudy. Ce soir : « Élisa- beth d'Angleterre ».

A2	
20.30	TÉLÉFILM

DANS DES GRIFFES DE SOIE

De Jerrold Freedman. Avec Mel Ferrer, Cybill Sheperd, Gregory Harrison.

FR3		
20.35	★★	OPÉRA

DON GIOVANNI

Opéra bouffe en deux actes de Mozart, dirigé par Herbert von Karajan. Avec Samuel Ramey, Anna Tomowa Sintow.

CANAL +	
17.40	SPORTS

FOOTBALL

Matches en direct (sous réserves) : Bor- deaux/Lillestroem ● 20.10 : Bayer Le- verkussen/Toulouse ● 22.25 Porto/Real Madrid.

LA CINQ	
20.30	VARIÉTÉS

COLLARICOCOSHOW

Avec Annie Cordy, Indochine, Blues Trottoir, Jean Shulteis, le professeur Choron et Los Carayos.

Pour vous aider :

- les variétés
- les hits-parades
- les dessins animés
- les jeux
- les débats
- les magazines
- les films, les téléfilms
- les événements sportifs
- les feuilletons
  et les séries
- les émissions politiques
- les documentaires
- les informations

14 Lisez-vous beaucoup ? Qu'est-ce que vous aimez lire ? Interrogez vos voisins sur leurs lectures.

Nous avons beaucoup aimé...

Pour vous aider :

- les romans, les poèmes
- les récits historiques
- les mémoires
- les romans policiers, de science-fiction
- les livres sur la santé
- les documents, les livres politiques
- les bandes dessinées
- les essais, les livres de philosophie,
  de sciences humaines
- les livres scientifiques ou techniques
- les livres d'art, les livres religieux
- les encyclopédies

LA NUIT SACRÉE
Tahar Ben Jelloun
Prix Goncourt, 1987

L'histoire : la suite allégorique de la vie de la fillette que son père, à sa naissance, avait déclarée fils, tant il était déshonorant pour lui de n'avoir engendré que des filles. Emmurée dans ce mensonge, elle était de- venue Ahmed, l'« enfant de sable », dans un récit inoubliable.

Ce qu'il faut en dire : que cette suite à un roman peut se lire sans connaître ce qui a précédé. Ben Jel- loun l'a écrite comme une longue mélopée brûlante, un poème d'amour exorciste. Un récit plein de sauva- gerie et de beauté à l'état brut (ô combien contrôlées et travaillées !), sans jamais aucun maniérisme ni au- cun folklore. Le vent des mots s'enfle et se gonfle, et, lourd de malédictions, d'amour pourtant, il vous étreint, vous crie l'indicible de cette femme interdite d'amour.

Avec l'aimable autorisation du journal *Le Figaro*, © *Le Figaro*, 1987.

AU REVOIR LES ENFANTS
de Louis Malle

À partir de souvenirs du ci- néaste, une merveilleuse histoire d'amitié enfantine dans un col- lège religieux pendant la dernière guerre. Ce chef-d'œuvre d'émo- tion et de sensibilité, servi par de jeunes comédiens stupéfiants de naturel, a obtenu le lion d'or du festival de Venise.

15 À votre tour, critiquez un roman ou un film.

Pour travailler à la maison

■ *Exprimer ses sentiments.*
■ *Donner son opinion, la justifier.*

▶ *Les pronoms relatifs qui et que.*
▶ *Le pronom y.*
▶ *Le verbe voir au présent, au passé composé et au futur.*
▶ *Les sons* [f] / [v].

● *La ville est un carrefour.*

APPRENEZ

par cœur

le verbe voir au présent, au passé composé et au futur.

Pour l'exercice 3, relisez le dialogue de la page 176.

---

expressions et mots nouveaux

Arranger (s'), *v.*
Arrêter (s'), *v.*
Bruit, *n. m.*
Carrefour, *n. m.*
Centre ville, *n. m.*
Cet(te) ...ci, *adj. dém.*
Chaque, *adj. indéf.*
Chauffeur, *n. m.*
Circulation, *n. f.*
Client, *n. m.*
Commerçant, *n. m.*
Davantage, *adv.*
Devenir, *v.*
Embouteillage, *n. m.*
Ensemble, *n. m.*
Environnement, *n. m.*

Feu, *n. m.*
Gardien, *n. m.*
Habitant, *n. m.*
Insécurité, *n. f.*
Installer (s'), *v.*
Journal, *n. m.*
Lent(e), *adj.*
Lumière, *n. f.*
Mariage, *n. m.*
Mouvement, *n. m.*
Moyen, *n. m.*
Mur, *n. m.*
Neuf(ve), *adj.*
Pareil(le), *adj.*
Plaisant(e), *adj.*
Pollué(e), *adj.*

Pollution, *n. f.*
Possibilité, *n. f.*
Propre, *adj.*
Propriétaire, *n. m.*
Retraité(e), *n.*
Route, *n. f.*
Sale, *adj.*
Saleté, *n. f.*
Solitude, *n. f.*
Solution, *n. f.*
Sourire, *v.*
Square, *n. m.*
Traverser, *v.*
Trottoir, *n. m.*
Vitesse, *n. f.*
Y, *pron. pers. et adv.*

---

1 *Exercice de substitution. Refaites des phrases.*

Exemple : **Je** vois *quelqu'un mais* **je** *ne* **sais** *pas qui c'est. (vous)*
→ **Vous voyez** *quelqu'un mais* **vous** *ne* **savez** *pas qui c'est.*

Henri – nous – la vieille dame – elles.

Exemple : Moi, je vais à la bibliothèque. Et **toi**, *est-ce que tu* **v**as ? (vous)*
→ *Moi, je vais à la bibliothèque. Et* **vous**, *est-ce que* **vous** allez ?*

eux – tes amis – Nadine – ton camarade.

2 *Observez puis faites des phrases sur ce modèle.*

Toutes *les Françaises sont rousses ? Non !* **Quelques-unes** *seule*ment !*

les vins français, bons →   les exercices, faits →
les rues, sales →   les gens, optimistes →
les villes, polluées →   les appartements, confortables →

3 *Remplacez les mots soulignés par leur contraire e*
écrivez le texte.

J'habite dans une <u>petite</u> ville <u>tranquille</u>. La vie y est <u>agréa</u>ble. Les rues, les trottoirs, les maisons... tout est <u>propre</u>
Je connais <u>tout le monde</u> et <u>tout le monde</u> me connaît. L<u>a</u>
solitude, <u>ce n'est pas</u> mon problème.

4 *La ville que vous habitez. Répondez par écrit.*

a. Est-ce une grande ville, une petite ville ?
b. Habitez-vous dans un grand ensemble, un grand immeu
ble, une maison ancienne, moderne ? dans un quartie
neuf ? au centre ville ? en banlieue ?
c. Votre ville est-elle agréable à habiter ? Pourquoi ?
d. N'y a-t-il pas trop de circulation, de bruit, de pollution ?
e. Connaissez-vous vos voisins ?
f. Que faut-il faire, selon vous, pour rendre votre ville plus
plaisante ?
g. Peut-on aller à la campagne facilement ?
h. Si vous déménagez un jour, où irez-vous vous installer ?

LEÇON 26

---

expressions et mots nouveaux

Actualité, *n. f.*
Annuel(le), *adj.*
Auditeur, *n. m.*
Autrefois, *adv.*
Bête, *adj.*
« Branché(e) », *adj.*
Câble, *n. m.*
Chaîne, *n. f.*
Cultiver (se), *v.*
Démocratisation, *n. f.*
Dessin animé, *n. m.*
Distraire (se), *v.*
Documentaire, *n. m.*
Douter, *v.*
Écoute, *n. f.*
Émission, *n. f.*

Énorme, *adj.*
Hebdomadaire, *adj.*
Image, *n. f.*
Information, *n. f.*
Informer, *v.*
Jeunesse, *n. f.*
Lecteur, *n. m.*
Magazine, *n. m.*
Mensuel(le), *adj.*
Météo(rologie), *n. f.*
Mieux, *adv.*
Moyen(ne), *adj.*
Ni, *adv. nég.*
Oiseau, *n. m.*
Page, *n. f.*
Parfois, *adv.*
Presse, *n. f.*

Quelquefois, *adv.*
Quotidien(ne), *adj.*
Revue, *n. f.*
Révolution, *n. f.*
Roman, *n. m.*
Rubrique, *n. f.*
Satellite, *n. m.*
Silence, *n. m.*
Son, *n. m.*
Télématique, *n. f.*
Téléspectateur, *n. m.*
Télévisé(e), *adj.*
Titre, *n. m.*
Trimestriel(le), *adj.*
Variétés, *n. f. pl.*
Véritable, *adj.*

■ *Interpréter des chiffres.*
■ *Évoquer le passé.*
■ *Anticiper.*

▶ *L'imparfait : formation et emploi.*
▶ *L'imparfait et le passé composé : emploi.*
▶ *Les verbes lire et écrire au présent, au passé composé, à l'imparfait et au futur.*
▶ *Les sons* [e] / [ø] / [o].

● *Lire, écouter, voir.*

---

1 *Exercice de substitution. Refaites des phrases.*

Exemple : Quand j'étais jeune, je n'avais pas mal aux jambes ! (tu)
→ *Quand tu étais jeune, tu n'avais pas mal aux jambes !*

Nadine – mes parents – vous – mon oncle – nous.

Exemple : Avant, elle aimait lire et elle lisait souvent ! (écouter la radio)
→ *Avant, elle aimait écouter la radio et elle l'écoutait souvent !*

faire du ski – écrire à Jean-Paul – tricoter des chaussettes – se promener – inviter des amis – aller au cinéma.

2 *Exercice de substitution. Refaites des phrases.*

Exemple : Ils n'avaient pas le son, ils n'avaient pas les images non plus. → *Ils n'avaient ni le son ni les images.*

Elle n'a pas la radio, elle n'a pas la télévision non plus. →
Il ne prend pas le métro, il ne prend pas sa voiture non plus. →
Je ne suis pas grande, je ne suis pas petite non plus. →

3 *Trouvez la phrase qui manque (question, réponse ou commentaire).*

● Tu regardes trop souvent la télévision !
● ....

● ....
● Mais... moi, je suis un vrai sportif !

● Vos grands-parents sont heureux d'avoir la télévision ?
● ....

● ....
● Vous savez... les gens sont bêtes !

4 *Mettez les verbes à l'imparfait ou au passé composé.*

Autrefois, nos grands-parents (ne pas avoir) ni le son, ni les images. Ils (lire) très peu. La télévision (être) pour eux une véritable révolution.
Monsieur Michel (inviter) Jérôme Bréal qu'il (rencontrer) sur le quai de la gare. Jérôme Bréal est son ancien copain de lycée. Madame Michel (le connaître bien) : c'(être) son copain du lycée Louis Pasteur.

APPRENEZ
par cœur

l'imparfait du verbe être, le présent, le passé composé, l'imparfait et le futur des verbes lire et écrire.

 Pour l'exercice 4, relisez les pages 148 et 182 et l'emploi de l'imparfait et du passé composé, pages 184 et 185.

---

27 L'accueil à la ferme

... Depuis deux siècles, les Doucet vivent à Cadalen, un petit bourg entre Albi et Toulouse...

Autrefois, ils étaient de riches paysans. Avec ses quatre fils, Pierre Doucet, l'arrière-grand-père d'Hélène, cultivait plus de cinquante hectares de bonne terre... Vergers et vignes donnaient des fruits et du vin. Dans les écuries, les étables, les bergeries, on comptait les animaux par centaines...

Et puis la guerre, l'inflation, les mauvaises affaires étaient venues pour la famille Doucet... L'un après l'autre, fils et petit-fils avaient dû quitter la ferme et partir pour la ville : la terre ne suffisait plus à faire vivre tout le monde...

Aujourd'hui, seuls restent à la ferme l'oncle et la tante d'Hélène et leurs deux enfants. François Doucet est un agriculteur moderne. Il travaille sa terre avec des machines agricoles perfectionnées. De nos jours, il faut produire beaucoup et à bon marché. La concurrence est très dure...

Aussi, pour augmenter un peu leurs revenus, les Doucet ont fait transformer en habitation deux vieilles granges qui ne servaient plus. L'été, pendant deux mois, ils louent ces logements à des familles...

C'est un grand succès... Du 14 juillet au 31 août, tout est loué d'avance ! À des touristes « verts », comme on dit, qui préfèrent passer leurs vacances à la ferme, pour retrouver, dans la vraie Nature, la qualité de la vie...

1 **_Posez les questions. François Doucet vous répond._**

a. *Depuis combre* — Depuis deux siècles environ.
b. *Où est situé* — Entre Albi et Toulouse.
c. *Combien d'ha* — Plus de cinquante hectares...
d. *Où sont allés* — En ville, à Toulouse et à Paris.
e. .... — Dans deux vieilles granges qui ne servaient plus.
f. *Quand louez-vous* — Du 14 juillet au 31 août...
g. *Pour qui* — À des touristes « verts ».
    À qui

2 **_Où sont situés Cadalen ? Toulouse ? Albi ?_**

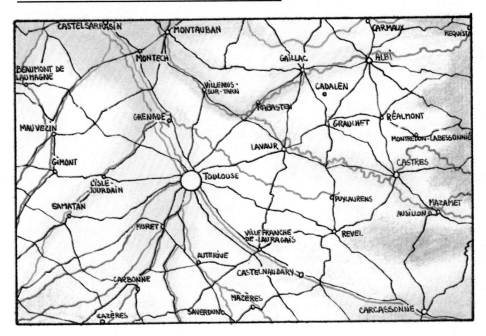

3 *Depuis..., il y a... que..., ça fait... que...* **Observez.**

> *Depuis deux siècles, les Doucet **vivent** à Cadalen.*
> *Il y a deux siècles **que** les Doucet **vivent** à Cadalen.*
> *Ça fait deux siècles **que** les Doucet **vivent** à Cadalen.*

Transformez les phrases.

a. Il y a dix jours qu'Hélène est à la ferme.
b. Ça fait longtemps qu'Hélène n'est pas venue à la ferme.
c. Depuis deux ans, ils passent leurs vacances à la ferme.
d. Ça fait dix ans que François Doucet a un tracteur.
e. Il y a vingt ans qu'ils sont partis pour la ville.

4 **_Relisez le texte « L'accueil à la ferme ». Réagissez à ces affirmations._**

a. L'arrière-grand-père d'Hélène vivait au début du XXe siècle.
b. Aujourd'hui, la terre fait vivre plus de monde qu'autrefois...
c. Les agriculteurs modernes sont les « industriels » de la terre...
d. Moi, je préfère passer mes vacances à la ferme. Et vous ?
e. La qualité de la vie se trouve seulement dans la nature...
f. En juillet et en août, les agriculteurs sont en vacances...

Le plus-que-parfait : formation

Le plus-que-parfait se forme avec l'imparfait de l'auxiliaire (avoir ou être) et le participe passé du verbe conjugué.

> Les fils **avaient quitté** la ferme.   Les fils **étaient partis** pour la ville.

5 *Avant de partir, j'avais demandé le chemin.*

a. Remplacez *demander le chemin* **par :**

faire les valises – préparer le pique-nique – acheter des fruits – aller à la banque.

b. Remplacez *je* **par :**

Hélène – nous – mes parents – vous – les touristes.

Le plus-que-parfait et l'imparfait : emploi

Le plus-que-parfait place une action dans le passé, avant ou en même temps que l'imparfait ; il indique une action terminée.

> Hélène **avait** faim, car elle n'**avait** pas **pris** de petit déjeuner.

Remarques : 1.

             PASSÉ   PRÉSENT   FUTUR

Plus-que-parfait   Imparfait

             PASSÉ   PRÉSENT   FUTUR

             Imparfait

2.

Plus-que-parfait

Exemple : La terre ne suffisait plus ; les enfants avaient dû quitter la ferme.

6 *Pourquoi n'étaient-ils pas allés se promener ? Répondez.*

Exemple : Édith, fatiguée → *Édith n'était pas allée se promener, car elle était fatiguée.*

mes petits cousins, trop jeunes – mes parents, malades – Sylvie, pas le temps – mon grand-père, se reposer – elles, faire trop chaud – Jean-Paul, ne pas pouvoir marcher.

Le plus-que-parfait et le passé composé : emploi

Le plus-que-parfait place une action dans le passé avant le passé composé ; les deux actions sont terminées.

> J'**ai promené** le petit Daniel qui **avait commencé** à marcher une semaine avant.

Remarque :

             PASSÉ   PRÉSENT   FUTUR

Plus-que-parfait   Passé composé

7 _Un jour ... avant ... Faites des phrases._

Exemple : Édith, se promener dans le jardin → Un jour, Édith s'est promenée dans le jardin ; avant, elle ne s'y était jamais promenée.

Hélène, visiter ce château – Jean-Paul, écrire à Nadine – nous, parler de ce musée – Nadine et Jean-Paul, se disputer – vos amis et les miens, se rencontrer – toi, sortir avec elle – moi, donner de mes nouvelles – eux, utiliser des machines – François et sa femme, louer un appartement.

8 _Anna a été malade. À votre avis, pourquoi ?_

Exemple : manger, trop → À mon avis, elle avait trop mangé.

Hier, Jacques a été malade. (boire, trop) – Hier, Françoise a été fatiguée. (marcher, beaucoup) – Toute la journée, Nadine a été gaie. (recevoir, lettre de Jean-Paul) – Ce soir, John et Pam ont été tristes. (se disputer)

Le verbe dire

Indicatif présent

S	1	Je **dis** la vérité.	Nous **disons** à Édith d'écrire.	1	P
I					L
N	2	Tu **dis** bonjour ?	Vous **dites** à Sylvie de venir ?	2	U
G					R
U		On	Ils		I
L	3	Il ne **dit** rien.	**disent** à Hélène de manger.	3	E
E		Elle	Elles		L
R					

Futur : Je dirai, tu diras, etc.	**Imparfait :** Je disais, tu disais, etc.
Passé composé : J'ai dit, tu as dit, etc.	**Plus-que-parfait :** J'avais dit, tu avais dit, etc.

Remarque : A noter : _dire à quelqu'un de_ + verbe à l'infinitif.

9 _Conversation. Remplacez je par tu, puis par vous. Faites l'exercice à deux._

Je dis toujours bonjour. – Mais tu le dis tout bas ! – Je dis quelquefois au revoir... – Ça, non, tu ne le dis jamais !

POUR BIEN PRONONCER

Les sons [ɥ] / [w]

François a sa nouvelle voiture depuis huit jours.

10 _Écoutez ; répétez._

Son voisin a loué le studio pour un mois. – Depuis le mois de juin, Louis produit beaucoup de fruits. – Il y a trop de bruit près du square Louis-Pasteur, surtout la nuit ; j'irai voir ailleurs. – Mon voisin de droite fait sa toilette ; il doit être huit heures. – Dans la boîte aux lettres, il y a une lettre de Douala. – Voici la situation du temps pour cette nuit. – Au mois de juillet, l'actualité est calme. – J'attends ma voiture depuis trois mois ; maintenant, je la veux tout de suite.

**Écoutez une deuxième fois et écrivez.**

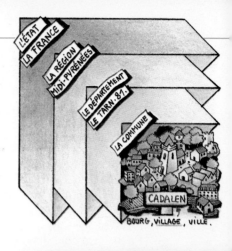

Ma région

11 *Regardez le dessin et la carte.*

Où se trouve Cadalen ? Situez-le avec le plus de précision possible.
Pouvez-vous situer aussi précisément un autre village ou une ville française que vous connaissez ?

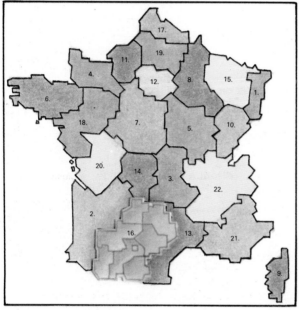

Chaîne de montage de l'Airbus à Toulouse.

MIDI-PYRÉNÉES	
Superficie	45 348 km²
Population (1982)	2 326 000 hab.
Densité	51 hab./km²
Population active	40,0 %
secteur primaire	15,9 %
secteur secondaire	30,0 %
secteur tertiaire	54,1 %
Taux de chômage (1985)	9,5 %

1 Alsace ● 2 Aquitaine ● 3 Auvergne ● 4 Basse-Normandie ● 5 Bourgogne ● 6 Bretagne ● 7 Centre ● 8 Champagne-Ardenne ● 9 Corse ● 10 Franche-Comté ● 11 Haute-Normandie ● 12 Ile-de-France ● 13 Languedoc-Roussillon ● 14 Limousin ● 15 Lorraine ● 16 Midi-Pyrénées ● 17 Nord-Pas-de-Calais ● 18 Pays de la Loire ● 19 Picardie ● 20 Poitou-Charentes ● 21 Provence-Alpes-Côte d'Azur ● 22 Rhône-Alpes

12 *Il y a huit départements dans la région Midi-Pyrénées. Combien y a-t-il de départements en France ?*

Lesquels connaissez-vous ? Avec l'aide des étudiants de votre classe, pouvez-vous en dresser la liste complète ?
Cherchez dans le dictionnaire les sens du mot « région ». Sont-ils les mêmes que chez vous ?

Production	maïs (1982)	tabac (1982)	bois (1981)	électricité (1982)	gaz naturel (1982)
France	10 400 000 t	52 000 t	28 500 000 m³	266 milliards de kWh	7,7 milliards m³
Midi-Pyrénées	13,5 %	15 %	6 %	4,4 %	0,5 %

13 *En groupe, présentez la région Midi-Pyrénées. Par écrit, faites-en la description.*

14 *Votre région est-elle « naturelle » ? (déterminée par le climat ou le relief ?)*
Est-elle historique ? Est-elle administrative ? Est-elle culturelle ?
Présentez-la par écrit.

15 ## LE CAMPING À LA FERME

Vous installez votre tente ou votre caravane à proximité d'une ferme. Le terrain est aménagé pour l'accueil de 20 personnes (6 installations) et dispose d'un bloc sanitaire complet.

Le Comminges

GENOS (Alt. 500 m) *Carte B6*
Barbazan : 10 km – Toulouse : 104 km
6 emplacements. Situés sur une exploitation d'élevage d'ovins. Réfrigérateur, balançoires, aire de jeux, 6 branchements électriques, 1 WC, 1 douche, 2 lavabos, 1 bac à laver. Sur place, vente de produits fermiers.
LOISIRS : Promenades. À 2 km : tennis, plan d'eau, voile (St-Pé-d'Ardet). À 10 km : thermes (Barbazan). À 15 km : piscine (Montréjeau). À 25 km : station de ski au Mourtis.
M. et Mme BON A. Génos 31510 Barbazan.
Tél. 61 79 00 83.

Répondez à l'une de ces deux annonces.
Vous écrivez ou vous téléphonez.

16 *Lecture.*

Dans la ferme de mon père, à quelque chose près, on récoltait huit hectares en blé, huit en avoine, huit en fourrage et en betteraves. Il fallait un petit champ d'orge pour les deux ou trois cochons qu'on élevait par an. [...]
J'occupais deux chevaux à labourer. Avec le troisième, mon père allait à l'herbe ; il binait les betteraves, curait l'étable. Ma mère trayait les six ou sept vaches, s'occupait de la cuisine et de la lingerie. [...]
Nous voilà aujourd'hui.
J'ai soixante-neuf ans et je cultive cent soixante-dix hectares.
Tous les matins, je me lève à six heures. Mes compagnons viennent manger et je fais chauffer le café. La patronne se lève après, tout doucement. Pendant que mes ouvriers déjeunent, je prends seulement du café et on cause du boulot de la veille, d'où on en est, de ce qu'on va faire. Quand ils savent leur travail de la journée, je vais curer mes deux vaches.
Si j'ai encore deux vaches, c'est parce que je veux pas être cultivateur et aller au lait chez le voisin. Je peux pas lui dire : « J'ai plus de vache parce que ça me rapporte pas. » Pourquoi est-ce qu'il me vendrait du lait, alors ?

EPHRAÏM GRENADOU, ALAIN PRÉVOST, *Grenadou, paysan français*, Le Seuil.

LE GÎTE RURAL

Le plus souvent aménagé dans une demeure traditionnelle, le GÎTE RURAL est une maison ou un logement indépendant situé près d'une ferme ou d'un village. Vous pouvez le louer pour une ou plusieurs semaines ou pour un week-end. À votre arrivée, vous serez accueillis par les propriétaires.

Canton de Villefranche-de-Lauragais

MONTGAILLARD-LAURAGAIS « Château de Laffont »
(Alt. 250 m). *Carte 14*
Villefranche-de-Lauragais : 5 km – Toulouse : 34 km.
Château comportant 3 gîtes. Cour fermée et grand parc communs, situé à 400 m du village.
294 – 3 épis – 4 personnes – Animaux non admis.
Aménagé au R.-de-C. : salle à manger avec cheminée, cuisine, salon (2 × 90), WC indép., S.d.B., 1 chambre (1 × 140). Salon de jardin, lave-linge et barbecue communs. Chauffage mazout et électr.
Possibilité 2 chambres suppl. à 300 F la chambre.
LOISIRS : promenades, sentiers. À 3,5 km : piscine, tennis, équitation, pêche (Villefranche). À 8 km : planche à voile, plan d'eau (Nailloux).
Mme DAVID-COURTOUT A. « Montgay »
31560 Nailloux. Tél. 61 81 31 62.

VAC. SCO. 925	B. SAISON 790	JUIN 925	JUILLET 1 455
AOÛT 1 455	SEPT. 925	1 W.-E. –	4 W.-E. –

17 ## LE GÎTE D'ENFANTS

Pendant les vacances scolaires, vos enfants sont accueillis au sein d'une famille agréée « Gîtes de France ». Ils partageront avec d'autres enfants la vie à la campagne et profiteront de loisirs au grand air. S'il y a plus de 6 enfants, la famille d'accueil est aidée par un animateur ; le nombre d'enfants est limité à 11.

LA CHAMBRE (ET LA TABLE) d'HÔTES

Pour une ou plusieurs nuits, vous êtes accueillis par une famille qui vous propose dans un cadre reposant le coucher, le petit déjeuner et parfois le repas à la TABLE D'HÔTES. Les CHAMBRES D'HÔTES, toujours accueillantes, sont équipées au minimum d'un lavabo et parfois de douches et wc particuliers. Elles sont limitées à 5 chambres par famille d'accueil.

Vous pouvez accueillir des enfants français ou une famille française pour une ou plusieurs nuits. Qu'est-ce que vous proposez ? Rédigez deux annonces.

28

Parfaites !

- Après quarante ans de mariage, elle me trouve toujours beau et intelligent...
- Et elle rit encore à mes plaisanteries.
- Elle invite quelquefois à dîner mes vieux amis d'enfance, Pierre et Henri.
- Nous regardons ensemble les matchs de football et de rugby à la télévision.
- Elle ne parle pas trop souvent de la nouvelle voiture de nos bons amis Vallier.
- Elle se souvient de la date de mon anniversaire... et ne m'offre pas tous les ans la même cravate bleu marine.
- Elle est élégante, s'habille avec goût et ne répète pas chaque jour : « Vraiment, je n'ai plus rien à me mettre ! »
- Elle ne prend pas de trop grosses valises quand nous allons passer deux jours chez ma mère à la campagne.
- Elle est ponctuelle : elle n'est jamais plus d'une demi-heure en retard...
- ...

- Elle ne manquait jamais son autobus.
- Ses enfants n'étaient jamais malades, et son vieil oncle n'est mort qu'une seule fois.
- Elle téléphonait rarement du bureau à son mari.
- Elle aimait beaucoup le café... mais en buvait seulement trois tasses dans la matinée...
- Elle corrigeait mes fautes d'orthographe... et sans dictionnaire !
- Elle ne parlait à personne des petits problèmes quotidiens de mon service...
- Quand j'étais de mauvaise humeur, elle trouvait toujours un bon mot à dire ou une histoire drôle.
- Elle aimait bien mon chien et était gentille avec lui...
- À la fin du mois, elle ne parlait devant moi, ni d'inflation, ni de vie chère, ni d'augmentation de salaire.
- Elle ne m'a jamais parlé de Clark Gable...
- ...

1 *Relisez les textes de la page de gauche. Dans le premier texte, de qui parle-t-on ? Et dans le deuxième texte ?*

2 *Voici des noms de qualités et les adjectifs féminins qui correspondent à ces noms...*

À qui donnez-vous ces qualités ? À la femme du premier texte ? du deuxième texte ? aux deux ?

- l'honnêteté (honnête)
- l'élégance (élégante)
- la ponctualité (ponctuelle)
- la compréhension (compréhensive)
- le sérieux (sérieuse)
- la bonté (bonne)

- la discrétion (discrète)
- la patience (patiente)
- la gentillesse (gentille)
- la gaieté (gaie)
- l'intelligence (intelligente)
- la compétence (compétente)

3 *Ajoutez mal, in, im ou ir devant ces adjectifs pour avoir leur contraire.*

direct – poli – variable – régulier – heureux – possible – connu – réel – adroit – prudent – certain – propre.

Employez ces contraires dans des phrases.

4 *Relisez les textes de la page de gauche. Quelles phrases sont drôles (humoristiques) ? Pourquoi ?*

Quelles phrases sont ironiques ? (Pour plaisanter, on dit le contraire de ce qu'on veut exprimer.)

Exemples : Elle corrigeait mes fautes d'orthographe... et sans dictionnaire ! (phrase humoristique).
Après quarante ans de mariage, elle me trouve toujours beau et intelligent (phrase ironique).

5 *Quels défauts ont les deux hommes ?*

POUR PRATIQUER LA GRAMMAIRE

L'accord de l'adjectif : rappel et synthèse

L'adjectif s'accorde en genre et en nombre avec le ou les noms qu'il complète.

un homme élégant / une femme élégante – des hommes élégants / des femmes élégantes

Le féminin de l'adjectif qualificatif

RÈGLE GÉNÉRALE : un **-e** apparaît à l'écrit, à la fin de l'adjectif (voir p. 66).

a. pas de changement dans l'écriture ni dans la prononciation   agréable – riche

b. pas de changement dans la prononciation

joli / jolie – dur / dure – frisé / frisée – cher / chère – mensuel / mensuelle

Remarque : Quand on entend [ɛ] dans la dernière syllabe, au masculin, on met un accent : cher / chère, ou une consonne double : mensuel / mensuelle.

c. changement dans la prononciation

● la consonne finale muette se prononce ; l'orthographe de la consonne ne change pas :

petit / petite – grand / grande

● la consonne finale muette se prononce ; l'orthographe de la consonne change :

gros / grosse – gentil / gentille – long / longue – frais / fraîche – doux / douce
blanc / blanche – heureux / heureuse – discret / discrète – violet / violette

Remarques : 1. On a souvent une consonne double : gro**ss**e, genti**ll**e.
2. Dernière syllabe avec [ɛ] ; on a un accent : discr**è**te ou une consonne double : vio-le**tt**e.

● la consonne finale se prononce différemment :   sportif / sportive

● la voyelle de la dernière syllabe change :   étranger / étrangère – travailleur / travailleuse

● la dernière consonne écrite est un *-n* :

américain / américaine – brun / brune – ancien / ancienne – bon / bonne

Le pluriel de l'adjectif qualificatif

L'adjectif est au masculin	règle générale	→ **-s**	vert / vert**s**
	terminaison *-s* ou *-x*	→ pas de changement	gri**s**
	terminaison en *-al*	→ **aux**	général / génér**aux**
L'adjectif est au féminin	règle générale	→ **-s**	bonne / bonne**s**

6 *Mettez l'adjectif au féminin et prononcez-le.*

blond – vert – content – différent – étranger – excellent – grand – lent – long.

7 *Votre collègue de bureau... Comment la trouvez-vous ?*

Exemple : *élégant* → *Je la trouve très élégante.* ou *Je ne la trouve pas assez élégante.*

intelligent – optimiste – triste – beau – travailleur – gros – amusant – intéressant – gentil – dynamique – lent – vieux.

Refaites cet exercice au pluriel (vos collègues de bureau...) et écrivez les adjectifs.

8 *Des gens et des personnes... Mettez les adjectifs au féminin. Faites l'exercice à trois.*

Exemple : *– Aimez-vous les gens ponctuels ? – Oui, j'aime les personnes ponctuelles. – Non, je n'aime pas les personnes ponctuelles.*

(les gens) drôles – discrets – originaux – organisés – agressifs – actifs – méthodiques – égoïstes – sérieux – sentimentaux – malhonnêtes – curieux.

9 *Qualités et défauts. Complétez avec le bon adjectif.*

Cécile s'habille avec beaucoup de goût ; elle est ... . – Elle ne parle pas des problèmes de son service ; elle est ... . – « Tout va très bien », dit Sylvie ; elle est ... . – Josette fait du tennis et de la natation ; elle est ... . – La petite fille attend le feu vert pour traverser ; elle est ... . – Françoise regarde partout ; elle est ... .

Les adverbes de manière en -ment

Il parle d'une manière calme.   → Il parle **calmement.**
Il parle d'une manière sérieuse. → Il parle **sérieusement.**

Remarques : 1. Le féminin de l'adjectif qualificatif + **-ment** donne l'adverbe de manière.
2. L'adjectif en *-ent* donne **-emment :** patient → patiemment.
    L'adjectif en *-ant* donne **-amment :** élégant → élégamment.
3. Vrai → vraiment ; gentil → gentiment.

10 *Quand on est gai... Faites des phrases.*

Exemple : *Quand on est vraiment gai, on fait tout gaiement.*

triste – calme – énergique – intelligent – propre – ponctuel – gentil – patient.

POUR BIEN PRONONCER

Les sons [i] / [j]

En juillet, une de mes vieilles clientes est partie voir sa fille à Albi.

11 *Écoutez ; répétez.*

Ma famille vit et travaille depuis des siècles à Albi. – Nous regardions les émissions de variétés à la télévision. – Mon mari me parle des petits problèmes de son service. – Télévision, télématique, satellites, est-ce la démocratisation de l'information ? – La vie en ville est difficile ; ma fille y travaille depuis juillet ; elle n'aime ni le bruit ni les embouteillages. – La vitesse moyenne est de huit à dix kilomètres à l'heure ; quelle situation ! – Nous n'avions pas de dictionnaire ; j'en ai acheté un ; il y a beaucoup d'informations. – Nous ne pouvions pas aller au mariage avec le chien !

Écoutez une deuxième fois et écrivez.

Femme, épouse et secrétaire

Il y a mariage...

12 *__Et chez vous ? Racontez.__*

Les cadeaux...

13 *__Faites la liste détaillée des cadeaux de mariage que vous souhaiteriez recevoir.__*

DES IDÉES PAR MILLIERS

Imaginez : tout ce dont vous rêvez. À la Boutique Mariage, vous pourrez choisir vos cadeaux parmi tous les rayons Samaritaine. Orfèvrerie, vaisselle, verrerie, linge de table et de maison, ameublement, cadeaux utiles et agréables... tout ce qui vous tente. Des hôtesses sont là pour vous accueillir, vous conseiller, vous guider dans votre choix et pour suivre votre liste.

... et mariage

14 *__Choisissez une annonce et interrogez vos voisins.__*
__Qui écrit ? Quel âge a-t-il ? Quelle est sa profession ?__

Médecin, 40 ans, bel homme, brun, yeux bleus, calme, élégant, très sportif, amateur d'art, souh. mar. avec femme-femme, sachant et aimant recevoir.

Rédacteur en chef, 36 ans, bien physiquement, allure sportive, sensuel et sensible, souh. fonder vrai foyer avec femme douce, tendre et intelligente.

Agriculteur, divorcé, 52 ans, cherche dame, veuve ou célibataire, vue mariage, yeux bleus, femme au foyer, aimant campagne.

Chef d'entreprise, 47 a, brun, racé, aimant la vie, sportif (voile, tennis) souh. vie à deux avec fme volontaire, sensible, intelligente.

Commerçant, 44 a, grand, mince, trè distingué, sens du dialogue, aim voyager, souh. rencontrer fme douc rieuse, raffinée.

Fonctionnaire, 40 a, célib. désire ren JF mince, aimant la nature et les an maux, sensuelle, sens de l'humour.

Quelles qualités ces Français cherchent-ils chez une femme ?
Et vous, quelles qualités appréciez-vous chez une femme ? (chez un homme ?) Chez votre femme ? (chez votre mari ?).

15 *Choisissez une annonce et interrogez vos voisins.*

Pour ces patrons français, quelles sont les premières qualités des secrétaires et des dactylos ?

- Vous êtes patron. Quelles qualités attendez-vous d'une secrétaire ?
- Vous êtes secrétaire. Quelles sont vos plus grandes qualités ? Quelles qualités appréciez-vous chez vos collègues ? Chez votre patron ?

Dactylos

Sté SEMIE
implantée sur Bagneux
recherche
J. DACTYLO
très bonne
en orthographe
Libre de suite.
Tél. 46.57.00.00, p. 101

Secrétaires Sténo-dactylos

SECRÉTAIRE
TRAITEMENT TEXTE
Sténos française et anglaise parfaites. Poste stable, bon sal., moins 35 ans.

Import. assoc. Paris-13e
SECRÉTAIRE
DACTYLO
(trait. de texte, saisie)
Poste à pourvoir
immédiat.
Envoyer lettre
+ C.V. + prétent.

Cabinet d'expertise
comptable
recherche
SECRÉTAIRE
Notions comptables
Envoyer C.V.
et prétentions

SECRÉTAIRE-
COMPT.
min. 25 ans,
avec expér. garage

POSTE FIXE
SECRÉTAIRE TTX
Juridique. Expérimentée
ALPHA E.T.T.
45.26.00.00

Association
de formation
rech. pr contrat d'un an
libres rapidement
DACTYLO
TEMPS PARTIEL
Expérience traitement
texte
organisée et rigoureuse
CHARGÉ
DE MISSION
H / F
BAC + 2, promotion
de la formation
en alternance,
sens contacts.
Prospection
haut niveau.
Connaissances
entreprise
droit social apprécié.
Déplacem. fréquents
92, 78.
Véhicule indispensable.

SECRÉTAIRES
TOUS NIVEAUX
+ TOUTES
QUALIFICATIONS
43.38.00.00 ETT

SECRÉTAIRE
connais. import.,
notions anglais
ATOM E.T.T.
47.88.00.00

---

16 *Lecture.*

 – Allô, c'est toi ? C'est Lolotte. Tu sais, avec Patrice ça va pas du tout.
– Qu'est-ce que tu lui as encore fait ?
– Mais rien. Absolument rien. [...]

– Allô, papa ?
– Qui est là ?
– Moi, voyons, papa... Lolotte. Qui veux-tu que ce soit ?
– Pourquoi m'appelles-tu ?
– Mais, mon chéri, pour rien, pour te dire bonjour, pour... [...]

– Allô, JJ ! C'est moi, c'est Lolotte.
– Oui, qu'est-ce qu'il y a ?
– Écoute, je regrette pour tout à l'heure. J'aime pas qu'on se parle mal, qu'on se quitte mal, qu'on soit brouillés. [...]

– Allô ! Roger ? C'est Lolotte. Micheline est là ? Il paraît qu'il faut que je la rappelle.
– Je te la passe. Ça va ? Patrice aussi ? [...]

Claude SARRAUTE, *Allô Lolotte, c'est Coco*, Flammarion.

Pour travailler à la maison

- ■ Raconter au passé et au présent.
- ■ Comparer deux époques.
- ▶ Le plus-que-parfait : formation.
- ▶ Le plus-que-parfait et l'imparfait : emploi.
- ▶ Le plus-que-parfait et le passé composé : emploi.
- ▶ Le verbe dire.
- ▶ Les sons [ɥ] / [w].

- ● Ma région.

APPRENEZ

par cœur

le présent, le futur, l'imparfait, le passé composé et le plus-que-parfait des verbes dire et vivre.

Pour les exercices 3 et 4, relisez les pages 192 et 193.

--- expressions et mots nouveaux ---

Accueil, n. m.
Accueillant(e), adj.
Agriculteur, n. m.
Aménager, v. *(fit out)*
Animal, n. m. *(Tree)*
Arbre, n. m.
Arrière-grand-père, n. m.
Au revoir, loc.
Avance (d'), loc. adv.
Bas, adv.
Bergerie, n. f.
Bourg, n. m. *(Town)*
Centaine, n. f.
Château, n. m.
Chemin, n. m.
Concurrence, n. f.
Cultiver, v.

De nos jours, loc. adv.
Département, n. m.
Disputer (se), v.
Écurie, n. f. *(stable)*
Élever, v.
Étable, n. f.
Grange, n. f.
Guerre, n. f.
Habitation, n. f.
Hectare, n. m.
Industriel, n. m.
Inflation, n. f.
Itinéraire, n. m.
Machine, n. f.
Paysan, n. m.
Perfectionné(e), adj.
Petit-fils, n. m.

Produire, v.
Région, n. f.
Retourner, v.
Revenu, n. m.
Riche, adj.
Servir, v.
Siècle, n. m.
Succès, n. m.
Suffir, v. *(suffice)*
Terre, n. f.
Touriste, n.
Tout à coup, loc. adv.
Tracteur, n. m.
Transformer, v.
Utiliser, v.
Verger, n. m.
Vérité, n. f.
Vigne, n. f.
Village, n. m.

1 *Exercice de substitution. Refaites des phrases.*

> Exemple : *Avant de partir,* **nous** *avions choisi l'itinéraire. (Nadine)*
> → *Avant de partir, Nadine* **avait choisi** *l'itinéraire.*

je – les touristes – vous – il.

> Exemple : **Elle** *s'était perdue parce qu'**elle** ne connaissait pas la route. (Philippe)* → **Philippe s'était perdu** *parce qu'il ne connaissait pas la route.*

le chauffeur de taxi – tu – nous – vous.

> Exemple : *Quand* **nous** *sommes arrivés,* **Nadine** *se reposait. (tu / je)* → *Quand* **tu es arrivé(e),** *je me reposais.*

vous / les enfants – Jean-Paul / ses cousines – nous / les Doucet – le car / les touristes.

2 *Complétez.*

... trois ans, nous passons nos vacances chez les Doucet, à Cadalen. François Doucet a fait aménager deux vieilles granges qui ne servaient plus. ..., il loue ces logements à des familles. Les Doucet sont ... des amis. Ils nous invitent ... et nous passons avec eux d'agréables ... . François parle du ... (les Doucet vivent à Cadalen ... deux siècles) mais aussi de l'... .

3 *Plus-que-parfait et passé composé. Qu'avez-vous fait hier ? avant-hier ? dimanche dernier ?*
Faites des phrases sur le modèle suivant :

Hier, j'ai écouté la cassette que Paul avait enregistrée pour moi.

4 *Imparfait et plus-que-parfait. Terminez les phrases.*

Il m'embrassait, et quand il m'avait embrassé, je l'embrassais aussi.
a. Il souriait, et quand ...
b. Il me téléphonait, et quand ...
c. Elle m'écrivait, et quand ...
d. Ils m'invitaient, et quand ...
e. Je jouais du piano, et quand ...

Construisez d'autres phrases.

LEÇON 28

expressions et mots nouveaux

Agressif(ve), *adj.*
Bleu marine, *adj. inv.*
Bon mot, *n. m.*
Calme, *adj.*
Collègue, *n.*
Compétent(e), *adj.*
Compréhensif(ve), *adj.*
Connu(e), *adj.*
Corriger, *v.*
Curieux(se), *adj.*
Dictionnaire, *n. m.*
Direct(e), *adj.*
Discret(ète), *adj.*
Doux(ce), *adj.*
Drôle, *adj.*
Dynamique, *adj.*
Égoïste, *adj.*
Énergique, *adj.*

Enfance, *n. f.*
Excellent(e), *adj.*
Faute, *n. f.*
Frais (fraîche), *adj.*
Général(e), *adj.*
Honnête, *adj.*
Humeur, *n. f.*
Humoristique, *adj.*
Ironique, *adj.*
Malhonnête, *adj.*
Méthodique, *adj.*
Organisé(e), *adj.*
Original(e), *adj.*
Orthographe, *n. f.*
Parfait(e), *adj.*
Patient(e), *adj.*
Plaisanterie, *n. f.*

Poli(e), *adj.*
Ponctuel(le), *adj.*
Possible, *adj.*
Prudent(e), *adj.*
Rarement, *adv.*
Réel(le), *adj.*
Régulier(ère), *adj.*
Réservé(e), *adj.*
Rire, *v.*
Salaire, *n. m.*
Sentimental(e), *adj.*
Soigner, *v.*
Souvenir (se) (de), *v.*
Suffisant(e), *adj.*
Tasse, *n. f.*
Variable, *adj.*

---

1 Exercice de substitution. Refaites des phrases.

Exemple : **Elle** est sérieuse et compétente. (ma secrétaire)
→ **Ma secrétaire** est sérieuse et compétente.

Jean-Paul – les employés – vous – Nadine et Jean-Paul –
tu – nous.

Exemple : **Josette** n'est pas sportive : elle est trop paresseuse !
(Philippe) → **Philippe** n'est pas sportif : il est trop paresseux !

mes filles – je – mon fils – tu.

Exemple : Quand on est **gai**, on fait tout **gaiement** ! *(patient)*
→ Quand on est **patient**, on fait tout **patiemment** !

sérieux – intelligent – honnête – discret.

2 Adjectif ou adverbe ? Complétez.

(*rapide* ou *rapidement* ?) Dans ce restaurant, le service est
très ... . Les deux copains déjeuneront ... avant d'aller à la
gare.
(*facile* ou *facilement* ?) Les maths étaient ... ? Irène travaille bien : elle aura son bac... !
(*sûr* ou *sûrement* ?) Cette année, nous irons ... en vacances à la mer. Ce quartier n'est pas très ... la nuit.
(*sérieux* ou *sérieusement* ?) C'est ..., Docteur ? Non, mais il
faut vous soigner ... !
(*suffisant* ou *suffisamment* ?) Mon salaire n'est pas ... pour
vivre. Je ne gagne pas ... .

3 Qualités et défauts. Complétez les phrases avec des adjectifs.

Thérèse travaille bien à l'I.U.T., elle ne dépense pas d'argent, elle n'a pas de copains. Elle est ..., ... et ... . Elle
n'est pas comme son frère Serge ! Papa n'est pas très ... :
dix jours de ski par an, c'est tout ! Sylvie voit la vie en
rose, elle est ... ! Les Bréal font beaucoup de choses, ils
sont très ... . Cette secrétaire ne parle à personne des
problèmes du service. Elle est ... . Nadine s'habille avec
beaucoup de goût, elle est ... .

■ *Parler d'une personne au présent et au passé.*
■ *Parler d'une personne avec humour et ironie.*
▶ *L'accord de l'adjectif : rappel et synthèse.*
▶ *Le féminin de l'adjectif qualificatif.*
▶ *Le pluriel de l'adjectif qualificatif.*
▶ *Les adverbes de manière en -ment.*
▶ *Les sons* [i] / [j].
● *Femme, épouse et secrétaire.*

APPRENEZ

par cœur

le verbe rire au présent, au passé composé, à l'imparfait, au futur.

*Pour les exercices 1, 2 et 3, relisez les pages 196 et 197.
Pour l'exercice 3, relisez les pages 198 et 199.*

29 Le monde au féminin

MONSIEUR LÉON : Alors, c'est décidé Nadine ? Vous vous mariez ? Adieu la liberté...

NADINE : Pourquoi ? À Douala, je travaillerai et je gagnerai ma vie aussi bien que Jean-Paul... Nous partagerons tout et je serai aussi indépendante que lui.

MONSIEUR LÉON : Et les travaux ménagers : les courses, la cuisine, la vaisselle... Vous les partagerez aussi ?

NADINE : Bien sûr ! D'ailleurs, Jean-Paul est le plus gentil des hommes : il acceptera de m'aider... La règle des trois M : « Maison, Mère, Mari »... Le père, chef de famille, et la mère au foyer... Ça, c'est fini et bien fini !

MONSIEUR LÉON : Vous en êtes bien sûre ? Et qu'est-ce que vous ferez quand vous aurez des enfants ?

NADINE : Pardon ! Vous voulez dire qu'est-ce que **nous** ferons, Jean-Paul et moi. Eh bien ! Je resterai sans doute à la maison... un an ou deux... mais pas davantage. Vous savez, aujourd'hui, les jeunes pères se débrouillent mieux qu'autrefois. Ils sont très heureux de changer Bébé et très fiers de l'emmener prendre l'air au jardin public. À la maison, Jean-Paul travaillera autant que moi. Comme ça, je pourrai garder des responsabilités professionnelles.

MONSIEUR LÉON : Oh ! le travail des femmes...

NADINE : Je sais, je sais... sur ce point-là, ce n'est pas encore tout à fait l'égalité entre les femmes et les hommes !
Mais nous avons fait des progrès... et nous avons maintenant presque autant de possibilités que les hommes d'être ministre, ingénieur, chef d'entreprise... ou même chef d'État ! Le « sexe fort », monsieur Léon, demain...

MONSIEUR LÉON : Alors quoi ? Tous du même sexe... pour le meilleur des mondes ?

NADINE : Attendez un peu ! Nous demandons l'égalité avec les hommes, mais nous voulons aussi rester femmes...

MONSIEUR LÉON : Ah bon !... J'aime mieux ça !

1 *Jean-Paul est le plus gentil des hommes ! Faites des phrases.*

Exemple : Jean-Paul (gentil) → Jean-Paul est gentil, il est plus gentil que monsieur Léon, c'est le plus gentil des hommes !

femme (discrète) – secrétaire (bonne) – Serge (paresseux) – Jérôme (dynamique) – Nadine (jolie).

2 *Dans votre classe, ils (elles) ont tous (toutes) des qualités.*

Qui est le (la) plus travailleur(euse) ?
→ C'est ... qui est le (la) plus travailleur(euse).

À vous. Faites l'exercice à deux.

ponctuel – drôle – patient – optimiste – inquiet – timide – élégant – sérieux.

3 *La comparaison. Autant ... que.*

*À la maison, Jean-Paul travaillera **autant** que moi.*

Faites des phrases comparatives en employant *autant ... que*.

a. Il gagne bien sa vie, mais moi aussi j'ai un bon salaire ! Je ...
b. J'aime les enfants, mais Jean-Paul ne les déteste pas ! Jean-Paul ...
c. Les hommes ont des possibilités, mais les femmes en ont aussi. Les femmes ...
d. Comme l'année dernière, cette année, nous aurons trois semaines de vacances. Cette année ...

4 *Relisez le dialogue de la page de gauche et la lecture de l'exercice 5. Travaillez en groupe et réemployez ces expressions.*

c'est bien décidé – ça, c'est fini et bien fini – se débrouiller – faire des progrès – prendre l'air – garder des responsabilités professionnelles.

5 *Lecture ou dictée.*

 C'est bien décidé, Nadine va épouser Jean-Paul. Pour monsieur Léon, Nadine va perdre son indépendance et sa liberté. Pour lui, la femme doit rester à la maison et s'occuper du ménage, du mari et des enfants. Aujourd'hui, répond Nadine, les jeunes maris prennent part aux travaux ménagers, ils savent s'occuper des enfants. Ils sont plus débrouillards qu'autrefois ! Les femmes peuvent garder des responsabilités professionnelles. D'un monde fait pour les hommes, on passe peu à peu à un monde ouvert aux femmes. Oh ! il y a encore des progrès à faire... Il y a plus de femmes que d'hommes au chômage, et, à travail égal avec les hommes, les femmes sont souvent moins bien payées. Mais demain...

POUR PRATIQUER LA GRAMMAIRE

Le comparatif

a. avec les adjectifs et les adverbes

+	plus			Pierre est **plus jeune que** Paul ; il lit **plus rapidement que** lui.
=	aussi	adjectif adverbe	que	Pierre est **aussi jeune que** Paul ; il lit **aussi rapidement que** lui.
−	moins			Pierre est **moins jeune que** Paul ; il lit **moins rapidement que** lui.

Remarques : 1. Après *que* (ou *qu'*), on emploie le pronom tonique : plus fort que **toi,** plus vite qu'**elle.**

2. Attention ! On ne dit pas ~~plus bon~~ mais **meilleur ;** on ne dit pas ~~plus bien~~ mais **mieux.**

b. avec les noms

+	plus de (d')			Nadine gagne **plus d'argent que** Claire.
=	autant de (d')	nom	que	Nadine gagne **autant d'argent que** Claire.
−	moins de (d')			Nadine gagne **moins d'argent que** Claire.

c. avec les verbes

+		plus		Il **mange plus que** moi.
=	verbe	autant	que	Il **mange autant que** moi.
		moins		Il **mange moins que** moi.

6 *Comparez.*

> *Exemple :* le français, l'anglais, facile → *Le français est plus facile que l'anglais.* ou *L'anglais est plus facile que le français.*
>
> les filles, les garçons, travailleurs – l'avion, le train, rapide – la santé, l'argent, important – le chien, le chat, gentil.

7 *Aujourd'hui et autrefois... Comparez.*

> *Exemple :* les gens, heureux → *Aujourd'hui, les gens sont plus* ou *aussi* ou *moins heureux qu'autrefois.*
>
> le travail, dur – les salaires, élevés – les femmes, indépendantes – les transports, pratiques – les maisons, confortables – les voyages, faciles – les jeunes filles, libres – les hommes, égoïstes – la nourriture, bonne – les villes, sales – les gens, malades – la vie, agréable.

8 *C'est vrai ? C'est faux ? Répondez.*

> *Exemple :* Les femmes ont moins d'indépendance qu'autrefois. → *C'est faux ! Elles en ont plus !*
>
> Les filles font autant de sport que les garçons. – Les enfants ont moins d'argent. – Il y a autant d'insécurité. – Les jeunes ont plus de liberté. – Il y a moins de crimes.

9 *Ils gagnent autant. Comparez.*

> *Exemple :* Paul gagne 12 000 F ; Nadine gagne 8 000 F. → *Paul gagne plus que Nadine.* ou *Nadine gagne moins que Paul.*
>
> André boit deux verres de vin ; François boit un verre de vin. – Jean mange le plat du jour ; Jacques mange le plat du jour et un dessert. – Nadine dort huit heures ; Françoise dort huit heures.

Le superlatif relatif

a. avec les adjectifs

+	le la	plus	adjectif	(de, des)	C'est **le plus jeune de la** famille.
−	les	moins			C'est **la moins jeune de la** famille. Ce sont **les plus jeunes de la** famille.

Remarques : 1. Avec *bon,* on a : **le meilleur,** la meilleur**e,** les meilleur**(e)s.**
2. Le plus jeune **d'entre nous, vous, eux, elles.**

b. avec les adverbes

+	le	plus	adverbe	C'est lui qui parle **le plus doucement.**
−		moins		C'est lui qui parle **le moins rapidement.**

Remarque : Avec *bien* : on a **le mieux.**

c. avec les noms

+	le	plus de	nom	C'est lui qui a **le plus de livres.**
−		moins de		C'est elle qui a **le moins de bagages.**

d. avec les verbes

+	verbe	le plus	C'est lui qui **mange le plus.**
−		le moins	C'est lui qui **mange le moins.**

10 *Le moins cher ? Posez les questions.*

Exemple : restaurant, (−) cher → *Quel est le restaurant le moins cher ?*

hôtel, (+) confortable – voiture, (+) économique – vin, (+) bon – journaux, (+) intéressants – gens, (−) sympathiques – garçon, (+) sportif – fruits, (−) chers.

11 *Pour moi... Complétez.*

Exemple : le cours, intéressant → *Pour moi, le cours le plus intéressant est le cours de français.*

vin, bon – ville, sale – film, drôle – voiture, rapide – journal, bien informé – chose, difficile – profession, bonne – monument, beau – chef d'État, énergique.

Le superlatif absolu

Anna Scotto est **très** belle.

Remarque : On peut utiliser d'autres adverbes :
• *fort, tout, assez, trop, peu* avec les adjectifs et les adverbes ;
• *peu, pas mal, beaucoup, bien, assez, trop* avec les verbes.

POUR BIEN PRONONCER

Les sons [m] / [n] / [ɲ]

Nadine gagne autant d'argent que son mari.

12 *Écoutez ; répétez.*

Nadine s'est mariée avec un ingénieur. – Ma fille est malade ; le docteur Châtaignier va venir. – Les ingénieurs ont fait des machines perfectionnées pour cultiver les vignes. – Jérôme travaille dans une multinationale. Une chaîne hôtelière ? Non, une compagnie d'import-export. – L'autre jour, nous déjeunions avec un ingénieur de la Compagnie Générale ; nous avions les mêmes opinions.

Écoutez une deuxième fois et écrivez.

Masculin-féminin

13 *Dans les petites annonces des pages 152, 158 et 167, relevez les métiers féminins et les métiers masculins. Y a-t-il toujours un correspondant féminin aux métiers masculins ? Pourquoi ?*

14 *Dans votre pays, y a-t-il une femme reine ou chef d'État ?*
des femmes ministres ? diplomates ? magistrats ? parlementaires ? universitaires ?
directrices de syndicat ?
Par écrit, faites leur portrait.

Elles ont été les premières...
1980 *1er* arbitre de rugby, Arlette Bouvier. *1er* capitaine des sapeurs-pompiers, Micheline Colin, médecin. *1re* élue à l'Acad. fr., Marguerite Yourcenar. **1981** *1er* procureur général près d'une cour d'appel, Nicole Pradain. *1er* préfet : Yvette Chassagne (n. 28-3-1922). **1982** *1re* conductrice de métro à Paris : Yvonne Brucker. **1983** *1re* femme officier embarquée sur un bâtiment de guerre de la marine nationale, le porte-hélicoptères « Jeanne d'Arc », Dominique Roux (33 ans). *1re* admission au Prytanée militaire de La Flèche, Sandrine Mathieu (16 ans). 12-12, *1re* femme *1er* président de la Cour de cassation, Simone Rozès (n. 29-3-1920), 2 femmes admises à Saint-Cyr. **1984** *1re* femme admise au Cadre Noir, Florence Labran (30 ans). (1-4) *1re* femme gagnant une course à tiercé, Darie Boutboul. **1985** *1re* femme Pte de section du Conseil d'État, Suzanne Grévisse. *1re* femme pilote de l'armée, Isabelle Boussaert (22 ans), *1re* femme agent de change, Sylvie Girardet de Longevialle (Lyon).

D. Frémy, *Quid*, Éd. Robert Laffont, 1987.

15 *Lecture.*

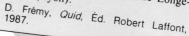 Il pleut Il pleut
Il fait beau
Il fait du soleil
   Il est tôt
Il se fait tard
     Il
     Il
     Il
   toujours Il
toujours Il qui pleut et qui neige
toujours Il qui fait du soleil
   toujours Il
pourquoi pas Elle
   jamais Elle
pourtant Elle aussi
souvent se fait belle !

Jacques PRÉVERT, *Spectacles*, N.R.F., 1951.

16 *Et chez vous, les employeurs font-ils des différences entre les hommes et les femmes pour les rémunérations, la formation, les affectations, les promotions ou les mutations ?*

Fichiers de paies de la fonction publique.

FONCTION PUBLIQUE	Salaire net mensuel évalué en francs de 1985	Salaire homme/ salaire femme en %
Cadres et professions intellectuelles supérieurs	**12 720**	**+ 21,7**
Cadres	13 230	+ 30,3
Professeurs et professions scientifiques et culturelles	12 310	+ 16,7
Professions intermédiaires	**8 090**	**+ 10,5**
Instituteurs, professeurs de collège	7 890	+ 8,5
Santé, travail social, clergé	7 630	+ 3,4
Professions de l'administration, de la police et des prisons	8 180	+ 11,6
Professions techniques	8 990	+ 13,8
Contremaîtres et agents de maîtrise	7 940	+ 12,9
Sous-officiers	8 350	
Employés et ouvriers	**6 140**	**+ 15,4**
Employés et agents de service	5 880	+ 9,9
Personnels de la police et des prisons	8 320	+ 26,1
Militaires hommes du rang	5 170	+ 10,6
Ouvriers	5 990	+ 12,6

Source : INSEE.

17 *Lecture.*

LES NOUVEAUX PÈRES

Le sentiment paternel existe, je l'ai rencontré. Il n'existe pas seulement chez les nouveaux pères du XXᵉ siècle finissant [...]

Mais si on a fait, comme d'un nouveau produit sur le marché, la promotion des nouveaux pères, si on a mis les pleins feux sur papa et son bébé et si certains hommes revendiquent tant la paternité et le sentiment paternel, cela tient à de nombreuses raisons.

Des raisons biologiques : la répartition des rôles biologiques [...] a confié à la femelle le rôle de porteuse et de nourrice. Le mâle peut se sentir exclu, frustré, perdant.

Des raisons psychiques : l'envie d'être mère, de porter un enfant et d'allaiter, serait présente en tout individu et particulièrement chez un homme à tendance homosexuelle.

Des raisons sociologiques : la crise du couple et de la famille, le nombre croissant de divorces favorisent l'émergence d'hommes s'occupant davantage de la maison et des enfants ; ce comportement nouveau chez les pères est une façon de se prémunir contre le divorce autant qu'une façon d'assumer les conséquences d'un divorce ; une manière de s'attacher l'enfant. [...]

Des raisons scientifiques, d'ordre médical : les progrès médicaux ont permis, à la fois, une baisse considérable de la mortalité infantile et la mise au point d'une contraception efficace. [...] Cela a permis aux pères comme aux mères d'investir davantage dans l'enfant (avant et après la naissance) et de mieux s'intéresser à lui, en tant que personne complète. [...]

Des raisons politiques, économiques et morales : la dénatalité des pays d'Europe, la France en particulier, incite à encourager des images rassurantes, belles, autour de la paternité comme de la maternité. [...] Les nouveaux pères sont applaudis s'ils servent eux aussi à maintenir la famille mononucléaire et à donner l'exemple du bonheur lié au couple avec enfants.

D'après JACQUELINE KELEN, *Les nouveaux pères,* Flammarion, 1986.

Denis voulait voir Mathilde faire ses premiers pas.

18 *Dans votre pays, le phénomène des nouveaux pères existe-t-il ? Pensez-vous que l'homme doit s'occuper de son enfant autant que la femme ?*

30 Ah ! Si j'avais des sous...

ENQUÊTE : Question posée à des passants dans la rue : « Si demain vous gagniez une grosse somme au loto, qu'en feriez-vous ? »

1 *Identifiez les personnes. Faites leur portrait physique et psychologique.*

        a. Il (elle) aimerait dépenser son argent pour voyager.
        b. Il (elle) pense que l'argent est fait pour être dépensé.
        c. Il (elle) aimerait faire un placement sûr.
        d. L'argent pour lui (elle) n'a pas grande valeur.
        e. Il (elle) est économe.
        f. Il (elle) aimerait construire quelque chose bien à lui (elle).

2 *S'ils gagnaient une grosse somme d'argent au loto, qu'est-ce qu'ils en feraient ?*

        a. La gardienne de l'immeuble.
        b. La jeune fille.
        c. Le monsieur d'origine vietnamienne.
        d. La retraitée.
        e. Le mécano.
        f. La dame qui porte un chapeau.
        g. Le couple jeune ; le couple plus âgé.

3 *Relisez l'enquête de la page de gauche et terminez les phrases.*

        – J'achèterais une maison, une ferme...
        – Alors ..., cet argent pour lui...
        – Aujourd'hui, avec ma petite retraite...

4 *Des expressions avec* sous. *Reliez l'expression et sa définition.*

    a.   avoir des sous ●   ● être pauvre
    b.   être près de ses sous ●   ● être propre
    c.   être propre comme un sou neuf ●   ● mettre peu à peu de l'argent
    d.   n'avoir pas le sou ●   de côté
    e.   économiser sou par sou ●   ● être avare
                         ● être riche

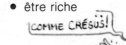

COMME CRÉSUS!

ÊTRE PAUVRE... COMME JOB.

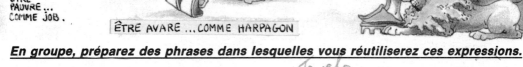

ÊTRE AVARE ... COMME HARPAGON

En groupe, préparez des phrases dans lesquelles vous réutiliserez ces expressions.

5 *Lecture ou dictée.*

Comment bien utiliser son argent ? Sur ce point, les gens ont des avis très différents. S'ils avaient la chance de gagner une grosse somme, les uns penseraient à leur avenir : ils placeraient et économiseraient cet argent. D'autres, au contraire, le dépenseraient très vite et réaliseraient leurs vieux rêves : un grand voyage, de beaux vêtements, des bijoux... Quelques-uns l'utiliseraient pour aider leur famille ou leurs amis. Certains, enfin, continueraient à jouer en Bourse, à la loterie... même s'ils savent que la chance ne leur sourira pas toujours.

POUR PRATIQUER LA GRAMMAIRE

Le conditionnel : formation

● Le **conditionnel présent** se forme avec le radical du futur et les terminaisons de l'imparfait (**-ais, -ais, -ait, -ions, -iez, -aient**).

Exemple : **futur** → *Je garderai mon argent. Il voyagera loin.*
*   **conditionnel** → *Je garderais mon argent. Il voyagerait loin.*

<u>Remarque :</u> Le radical du futur se termine toujours par **-r**.

● Le **conditionnel passé** se forme avec le conditionnel présent de l'auxiliaire et le participe passé.

	Futur	Conditionnel présent	Conditionnel passé
être	Je serai, tu seras, etc.	je serais, tu serais, etc.	j'aurais été, etc.
avoir	j'aurai, tu auras, etc.	j'aurais, tu aurais, etc.	j'aurais eu, etc.
aller	j'irai, tu iras, etc.	j'irais, tu irais, etc.	je serais allé, etc.
venir	je viendrai, etc.	je viendrais, etc.	je serais venu, etc.
devoir	je devrai, etc.	je devrais, etc.	j'aurais dû, etc.
pouvoir	je pourrai, etc.	je pourrais, etc.	j'aurais pu, etc.
faire	je ferai, tu feras, etc.	je ferais, tu ferais, etc.	j'aurais fait, etc.
savoir	je saurai, etc.	je saurais, etc.	j'aurais su, etc.
vouloir	je voudrai, etc.	je voudrais, etc.	j'aurais voulu, etc.
prendre	je prendrai, etc.	je prendrais, etc.	j'aurais pris, etc.

6 *Avec de l'argent, que feriez-vous ? Répondez.*

Exemple : moi, acheter un appartement → *Moi, j'achèterais un appartement.*

elle, s'offrir un diamant – mes parents, faire le tour du monde – vous, jouer au loto – M. Rivot, déménager à la campagne – moi, changer de voiture – ma sœur, mettre son argent à la banque – vous, donner de l'argent à vos copains – lui, s'acheter un garage – eux, prendre leur retraite.

Refaites l'exercice au conditionnel passé.

Le conditionnel : emploi

a. le conditionnel de politesse

J'ai soif. Je **voudrais** boire. **Pourriez**-vous me donner de l'eau ?

<u>Remarque :</u> Le conditionnel passé s'emploie aussi, à la forme affirmative, avec le verbe *vouloir*.
    Exemple : Bonjour Madame, j'aurais voulu un blazer.

7 *Un peu de savoir-vivre. Employez la forme de politesse.*

Exemple : Tu dois venir avec moi. → Tu devrais venir avec moi.

Peux-tu m'aider ? – Veux-tu ouvrir cette bouteille ? – Je veux vous inviter. – Peuvent-ils venir demain ? – Elle doit sortir avec lui. – Pouvez-vous téléphoner ? – Tu dois être plus gentille. – Voulez-vous garder ma place ?

b. le conditionnel : résultat imaginaire

S'il fait beau dimanche, (condition au présent	nous **irons** pique-niquer. → résultat au futur : celui qui parle affirme).
S'il faisait beau dimanche, (condition à l'imparfait	nous **irions** pique-niquer. → résultat au conditionnel ; ce n'est pas sûr, celui qui parle imagine.)

Remarque : _si_ devant _il, ils_ → **s'** (mais pas devant _elle, elles_ : **si elle** vient).

8 _**Le choix d'un métier. Faites des phrases.**_

Exemple : moi, journaliste → _Si j'avais le choix, je serais journaliste._

Paul, médecin – Cécile, secrétaire – mes deux frères, ingénieurs – nous, mécaniciens – moi, architecte – vous, pharmacien – toi, plombier – Philippe, professeur.

9 _**Si j'étais à votre place... Faites des phrases.**_

Exemple : il, ne pas aller à Monte-Carlo → _S'il était à votre place, il n'irait pas à Monte-Carlo._

nous, jouer au Loto – moi, ne pas se mettre en colère – Mme Rivot, changer les meubles du salon – nous, visiter le Japon – elles, placer leur argent – moi, donner de l'argent à mon copain – il, ne pas s'occuper des affaires des autres.

Si + verbe à l'imparfait : souhait ou suggestion

Souhait	(Ah,) Si tu achetais une voiture !
Suggestion	(Et) Si tu achetais une voiture ?

10 _**Exprimez un souhait ou une suggestion.**_

toi, être plus gentil – il, gagner plus d'argent – elle, être moins paresseuse – vous, jouer au bridge – ma secrétaire, être plus discrète – elle, s'habiller avec goût – vous, dépenser moins – le professeur, parler moins vite.

POUR BIEN PRONONCER

Les sons [a] / [ã]

Jean-Paul est très content de changer Bébé et de l'emmener prendre l'air au Luxembourg.

11 _**Écoutez ; répétez.**_

Aujourd'hui, les femmes sont certainement plus indépendantes. – Jean prend une grande tasse de café ; André en prend deux petites. – Jean-Paul emmène souvent Nadine au cinéma. – Mes grands-parents vont rarement au cinéma, une ou deux fois par an ; mais ils y vont toujours ensemble et ils se mettent juste devant l'écran. – Nadine prend ses vacances à la campagne. – Aujourd'hui, beaucoup de gens vivent ensemble sans se marier. – Jean lit rarement ce journal, mais il lit souvent ce magazine indépendant. – La campagne est toujours aussi calme, et cet endroit n'a pas changé.

**Écoutez une deuxième fois et écrivez.**

À vous de jouer !

12 *Organisez un jeu de « Trivial Pursuit » en classe (ou autant de jeux que de groupes de six étudiants).*

Fabriquez • un plateau
• des cartes questions/réponses
• 36 triangles marqueurs
Procurez-vous six pions et un dé.

Sur le plateau, collez des rectangles blancs. Dessinez un dé sur chaque rectangle blanc. Collez également des rectangles de couleur (jaune, vert, marron, orange, bleu, rose). Répétez ces six couleurs sur les cartes. À côté de chaque couleur, inscrivez une question (en français) : de géographie (bleu), de divertissements (rose), d'histoire (jaune), d'art et littérature (marron), de sciences et nature (vert) et de sports et loisirs (orange). Au dos de chaque carte, inscrivez les réponses à vos questions. Mettez vos cartes dans une boîte.
La partie peut commencer. Demandez la règle du jeu à votre professeur.

Jeu du Trivial pursuit, T.M.

13 *Les jeux d'argent.*

En France, les jeux d'argent, longtemps limités à la Loterie nationale et au tiercé [1], se sont augmentés en 1976 du quarté [2] et du Loto [3], en 1984 du Tac-o-Tac [4] et en 1985 du Bingo [5] et du Loto sportif [6].

Tous ces jeux attirent un nombre de Français sans cesse croissant. Si 70 000 d'entre eux ont participé au premier tirage du Loto en mai 1976, ils étaient plus d'un million six mois après et ils sont actuellement entre 11 et 15 millions chaque semaine. Au total, ce sont environ **25 millions de joueurs,** soit près d'un Français sur deux, qui dépensent hebdomadairement une moyenne de 25 francs, en espérant gagner le gros lot.

En 1985, 45 milliards de francs ont été misés, dont 29,7 pour les courses de chevaux, dans le cadre du P.M.U. [7], 11,8 au Loto et 3,5 à la Loterie nationale.

Alain KIMMEL, *Vous avez dit France ?*, Hachette/CIEP.

1. Pari sur les courses de chevaux : il faut désigner les trois premiers d'une course « dans l'ordre » ou « dans le désordre ».
2. Il faut désigner les quatre premiers chevaux d'une course.
3. Il faut cocher d'une croix six numéros parmi quarante-neuf figurant sur les grilles d'un bulletin. Pour gagner le gros lot, il faut que les six numéros cochés correspondent aux six numéros tirés au sort.
4. Jeu proche de la Loterie nationale.
5. Variante du Loto.
6. Autre variante du Loto : il faut faire des pronostics sur des matches de football.
7. Pari mutuel urbain : organisme qui réunit les sociétés de courses hippiques.

Est-ce qu'il existe, dans votre pays, des jeux d'argent ? Est-ce qu'ils sont très populaires ? Interrogez votre voisin(e).

14 *Lecture.*

ESCARTEFIGUE : Moi, je connais très bien le jeu de la manille et je n'hésiterais pas une seconde si j'avais la certitude que Panisse coupe à cœur.
(César continue ses signaux.)

PANISSE : Et il continue à faire des grimaces, tenez, tenez, Monsieur Brun, surveillez Escartefigue, moi, je surveille César.
(Un silence, puis César parle sur un ton mélancolique.)

CÉSAR : Comment, tu me surveilles comme si j'étais un tricheur. Tu me fais ça à moi, un camarade d'enfance à toi. Merci !

PANISSE : Je t'ai fait de la peine ?

CÉSAR : Non, tu me fais plaisir, tu me fais plaisir, tu me surveilles comme si j'étais un scélérat, un bandit de grand chemin, je te remercie, tu me fends le cœur, hé !

PANISSE : Allons, César !

CÉSAR : Y'a pas de César. Tu me fends le cœur, tu me fends le cœur, TU ME FENDS LE CŒUR ! Oh, alors, nous jouons plus ? Qu'est-ce qu'on fait ? A moi, il me fend le cœur, à toi, il te fait rien ? Non, à toi, il te fait rien ?

ESCARTEFIGUE : Oh ? très bien, té cœur hé !
(Il jette une carte sur le tapis. Panisse la regarde, regarde César puis se lève brusquement, plein de fureur.)

PANISSE : Est-ce que tu me prends pour un imbécile ? Tu as dit : il nous fend le cœur pour lui faire comprendre que je coupe à cœur. Et alors, il joue cœur, parbleu.
(Il jette ses cartes sur la table et se lève.)

PANISSE : Tiens, tiens les voilà tes cartes, hypocrite, tricheur. Je ne joue pas avec un Grec ; siou pas plus fada qué tu, sas ? Foou pas mi prendré per un aoutré ? Siou Mestre Panisse, et sies pas pronfin per m'aganta !
(Il sort en répétant.)
Tu me fends le cœur !

Marcel PAGNOL, *Marius*, © Pagnol.

Pour travailler à la maison

- **Exprimer son opinion.**
- **Argumenter.**
- **Anticiper.**

- ▶ *Le comparatif.*
- ▶ *Le superlatif relatif.*
- ▶ *Le superlatif absolu.*
- ▶ *Les sons* [m] / [n] / [ɲ].

- ● *Masculin, féminin.*

---

expressions et mots nouveaux

Accepter, *v.*	Entreprise, *n. f.*	Peser, *v.*
Adieu !, *interj.*	État, *n. m.*	Peu à peu, *loc. adv.*
Ailleurs (d'), *adv.*	Exactement, *adv.*	Point, *n. m.*
Alcool, *n. m.*	Féminin(e), *adj.*	Président, *n. m.*
Avis, *n. m.*	Fier(ère), *adj.*	Prêt (à), *adj.*
Chômage, *n. m.*	Foyer, *n. m.*	Professionnel(le), *adj.*
Crime, *n. m.*	Garder, *v.*	Public, *n. m.*
Dangereux(se), *adj.*	Important(e), *adj.*	Règle, *n. f.*
Débrouillard(e), *adj.*	Indépendant(e), *adj.*	République, *n. f.*
Débrouiller (se), *v.*	Masculin(e), *adj.*	Responsabilité, *n. f.*
Doucement, *adv.*	Meilleur (le), *superl.*	Sexe, *n. m.*
Égal(e), *adj.*	Ministre, *n. m.*	Tabac, *n. m.*
Égalité, *n. f.*	Monument, *n. m.*	Tout à fait, *loc. adv.*
Élevé(e), *adj.*	Part, *n. f.*	Vaisselle, *n. f.*
Emmener, *v.*	Partager, *v.*	Verre, *n. m.*

---

1 ***Exercice de substitution. Refaites des phrases.***

*Exemple : Ta petite amie est **élégante**, mais la mienne est plu[s] élégante. (gentil)*
→ *Ta petite amie est **gentille**, mais la mienne est plus **gentille**.*

joli – gai – discret – intelligent – amusant.

*Exemple : **Nadine** est la fille la plus travailleuse de la famille (Thérèse et Hélène) → **Thérèse et Hélène** sont les filles les plu[s] travailleuses de la famille.*

Jean-Paul – mes deux cousins – Annie et Françoise.

2 ***Comparez l'âge, la taille, le poids et le salaire de Na dine, Jean-Paul et Gérard.***

Jean-Paul	Nadine	Gérard	Jean-Paul	Nadine	Gérard
24 ans	22 ans	29 ans	80 kg	49 kg	75 kg
1,78 m	1,60 m	1,75 m	9 000 F par mois	7 000 F par mois	11 000 F par mois

Pour vous aider : les adjectifs : jeune / vieux / âgé..., pe[tit] tit / grand... ; les verbes : peser plus / moins... que, gagne[r] plus / moins... que...

3 ***Observez puis faites des phrases.***

– *À mon avis, l'alcool est plus dangereux que le tabac...*
– *Non, pour moi, l'alcool est moins dangereux que le tabac !*
– *C'est pareil ! L'alcool est aussi dangereux que le tabac !*

le taxi, le métro, rapide – les appartements à Nice, à Tou[louse] louse, chers – les hommes, les femmes, bien s'occuper de[s] enfants.

4 ***Complétez.***

Les filles travaillent ... à l'école et souvent, elles ont de ... notes ... les garçons. Elles réussissent aux examens ... diffi ciles et la porte des ... grandes écoles leur est ouverte[.] Mais ce n'est pas encore l'égalité professionnelle entre le[s] hommes et les femmes : beaucoup ... de femmes sont a[u] chômage et à travail égal, elles gagnent souvent ... d'ar gent. Mais elles occupent une place de ... en ... important[e] dans notre société.

Pour les exercices 2, 3 et 4, relisez les pages 206 et 207.
Revoyez encore une fois le premier tableau de la page 137 et le premier tableau de la page 156.

LEÇON 30

expressions et mots nouveaux

Aéroport, *n. m.*
Architecte, *n. m.*
Avare, *adj.*
Bateau, *n. m.*
Bijou, *n. m.*
Bourse, *n. f.*
Bridge, *n. m.*
Caisse, *n. f.*
Casino, *n. m.*
Certainement, *adv.*
Certains, *pron. indéf.*
Colère, *n. f.*
Construire, *v.*
Continuer, *v.*
Contraire (au), *loc. adv.*
Côte, *n. f.*
Couple, *n. m.*

Dé, *n. m.*
De côté, *loc. adv.*
Diamant, *n. m.*
Drôlement, *adv.*
Économiser, *v.*
Endroit, *n. m.*
Ennui, *n. m.*
Épargne, *n. f.*
Faim, *n. f.*
Intéresser, *v.*
Jeu, *n. m.*
Loterie, *n. f.*
Loto, *n. m.*
Manteau, *n. m.*
Mécanicien, *n. m.*
Mécano, *n. m.*
Or, *n. m.*

Pauvre, *adj.*
Pion, *n. m.*
Placement, *n. m.*
Placer, *v.*
Plombier, *n. m.*
Présent, *n. m.*
Racheter, *v.*
Réaliser, *v.*
Réponse, *n. f.*
Rêve, *n. m.*
Soif, *n. f.*
Soleil, *n. m.*
Solide, *adj.*
Somme, *n. f.*
« Super », *adj.*
Tomber, *v.*
Valeur, *n. f.*
Vietnamien(ne), *adj.*
Vison, *n. m.*

- ■ *Suggérer.*
- ■ *Répondre à une suggestion.*
- ■ *Faire un choix.*
- ▶ *Le conditionnel : formation et emploi.*
- ▶ *Si + verbe à l'imparfait : souhait ou suggestion.*
- ▶ *Les sons* [ã] / [ã].
- ● *À vous de jouer.*

---

1 Exercice de substitution. Refaites des phrases.

Exemple : Si je chantais, je chanterais une chanson portugaise. (Antonio)
→ *Si Antonio chantait, il chanterait une chanson portugaise.*

ses cousines – tu – nous – mon père – vous.

Exemple : Lui ? Il placerait son argent à la Caisse d'épargne ! (moi)
→ *Moi, je placerais mon argent à la Caisse d'épargne !*

mes grands-parents – Nadine – vous – nous – tu.

2 Futur ou conditionnel ? Terminez les phrases.

a. S'il gagne au loto...
b. Si elle n'était pas mariée...
c. S'il a un long congé...
d. Si sa femme était en bonne santé...
e. S'il était plus jeune...

il (elle) fera
le tour du monde.
il (elle) ferait
le tour du monde.

3 Faites des phrases.

a. Si j'avais un meilleur salaire
b. Si vous étiez d'accord
c. Si nous gagnions au loto
d. Si tu ne dépensais pas autant

nous achèterions une maison.
nous économiserions.
nous déménagerions.
je jouerais en bourse.

4 Pour faire une demande polie : le conditionnel de politesse.

Exemple : J'ai très faim. (pouvoir)
→ *Pourriez-vous me donner un chocolat et des croissants ?*

Je suis très pressé. (vouloir) – ...-vous taper tout de suite cette lettre ? / Nous sommes fatigués. (être) – ...-il possible de nous reposer ici ? / Je pars demain. (pouvoir) – ...-tu m'emmener à l'aéroport en voiture ? / Mon fils n'est pas bien. (pouvoir) – ...-je partir avant cinq heures ? / Vous êtes toujours en retard ! (pouvoir) – ...-vous arriver à l'heure ?

APPRENEZ *par cœur*

le futur, le conditionnel présent et le conditionnel passé des verbes être, avoir, aller, venir, devoir, pouvoir, faire, savoir, vouloir et prendre.

Pour les exercices 1, 2, 3 et 4, relisez les pages 212 et 213.

31 Si tu t'imagines...

M. VINCENT :	Si je suis heureux ? Disons... je crois... un peu plus que les autres.
M. MANGIN :	Sans problèmes ?
M. VINCENT :	Ce n'est pas ce que je veux dire : j'ai parfois de petits ennuis de santé, de famille ou d'argent et... je ne dors pas toujours tranquille... Mais, je suis naturellement optimiste.
M. MANGIN :	Vous en avez de la chance !
M. VINCENT :	Et puis, j'ai toujours bien aimé mon métier... même s'il ne me rapporte pas beaucoup. Mais l'argent, vous savez ce qu'on dit, hein ? Enfin, je m'en tire pas trop mal. C'est cet appartement qui nous coûte le plus cher.
M. MANGIN :	Oui, mais vous l'avez bien choisi ! Le cadre de vie, ça aussi, c'est important.
M. VINCENT :	Nous avions trois ou quatre bons amis qui habitaient dans le coin... Pour les retrouver, nous sommes venus nous installer ici... C'est un grand plaisir de les sentir près de nous et de les revoir souvent.
M. MANGIN :	Un bonheur sans nuages en somme...
M. VINCENT :	Oh ! pas tout à fait ! Vous savez, l'avenir est un peu inquiétant : avec la crise, le chômage, toute cette violence... on ne se sent plus en sécurité nulle part ; et encore, nous, nous avons de la chance !
M. MANGIN :	C'est vrai que le monde est devenu un peu fou... Je me demande parfois où nous allons...
M. VINCENT :	Oui, je me le demande aussi, mais il faut avoir confiance, le bonheur, ça commence aujourd'hui.

1 **Qu'est-ce qui est important pour M. Vincent ?**

la santé – la famille – l'argent – le logement – le travail – l'environnement – l'amitié – les loisirs.

Sur quelles phrases du dialogue vous appuyez-vous pour répondre ?

2 **M. Vincent ne dort pas toujours tranquille. Pourquoi, à votre avis ?**

a. Il a peur de perdre son travail.
b. Il a peur d'une guerre.
c. Il a peur d'avoir moins de revenus.
d. Il est malade.
e. Il a des problèmes familiaux.

3 **Trouvez les questions.**

Exemple : Je me demande si vous êtes heureux. → *Est-ce que vous êtes heureux ?*

a. Je me demande si le monde n'est pas un peu fou. →
b. Je ne sais pas si vous aimez toujours votre métier. →
c. Je voudrais savoir si vous n'avez pas de problèmes. →
d. Je me demande si M. Vincent est content de son sort. →
e. Je ne sais pas si vous me comprenez. →

4 **« Le bonheur, ça commence aujourd'hui. » Commentez cette phrase.**

5 **Lecture ou dictée.**

M. Vincent est un homme heureux... Pourtant, comme tout le monde, il a « ses » problèmes : de santé, de famille, d'argent et de travail... Malgré tout, il est content de son sort parce qu'il est naturellement optimiste et qu'il a des goûts simples : faire son métier, vivre dans son appartement, y inviter ses amis... Ni sa femme ni lui ne rêvent d'avoir beaucoup d'argent... Tout va donc très bien pour les Vincent ? Non, pas tout à fait... On ne peut pas oublier ceux qui souffrent de -la crise, de la faim, du chômage, de la violence, de la guerre. On peut être inquiet pour l'avenir... Alors, pour vivre, n'attendons pas demain... Le bonheur, c'est aujourd'hui.

Les pronoms personnels : synthèse

Fonction / Personne		Sujet	Complément d'objet direct	Complément d'objet indirect (construction avec *de, à*)	Forme tonique (seule ou après préposition)
S I N G.	1re	je	me, m'	me	moi
	2^e	tu	te, t'	te	toi
	3^e	il elle on	le, l', se, s' la, l', se, s' le, la, l', se, s'	lui, se en, y	lui elle lui, elle, soi
P L U R.	1re	nous	nous	nous	nous
	2^e	vous	vous	vous	vous
	3^e	ils elles	les, se, s'	leur, se en, y	eux elles

Remarques : 1. *Se* est un pronom **réfléchi,** utilisé dans les constructions pronominales.
2. Verbes employés avec l'auxiliaire *avoir* → attention à **l'accord du participe passé** avec *la, les,* et *l'.*

6 *Posez les questions.*

Exemple : Paul, garder sa vieille voiture → *Pourquoi est-ce qu'il la garde ?*

vous, détester les histoires de bureau – Jean-Paul et Nadine, regarder souvent la télévision – Nadine, ne pas oublier ses collègues – Nadine et Françoise, écrire à leurs cousines – Mme Vincent, téléphoner souvent à son fils.

L'ordre des pronoms dans la phrase déclarative : synthèse

	1	2	
SUJET (nom ou pronom) *(ne)*	me, m', te, t', se, s' nous, vous	le, la, les, en, y	VERBE *(pas)*
	le, la, les	lui, leur, en, y	
	lui, leur	en	

Remarque : L'ordre est le même dans les phrases impératives négatives, mais *se* n'apparaît jamais.

7 *Mon frère veut ce livre ; je le lui donne. Remplacez mon frère par :*

mes sœurs – vous – tu – ils – ton copain.

8 *Oui ou non ? Faites l'exercice à trois.*

Exemple : toi, vendre ta voiture → *Toi, est-ce que tu me vendras ta voiture ? Oui, je te la vendrai* ou *Non, ...*

toi, offrir ce livre – vous, raconter l'histoire – elle, expliquer la leçon – toi, présenter tes amis – elles, montrer les photos – eux, donner l'adresse.

9 *Et vous ? Faites l'exercice à trois.*

Exemple : *donner votre voiture à votre fils* → – *Est-ce que vous donnerez votre voiture à votre fils ?*
– *Oui, je la lui donnerai ou* – *Non, ...*

vendre votre moto à votre copain Philippe – offrir ces fleurs à votre mère – poser ces questions à votre professeur – donner l'adresse des Bréal à Cécile.

10 *Je leur en donnerai... Faites l'exercice à trois.*

Exemple : *donner des notes aux étudiants* → – *Est-ce que vous donnerez des notes aux étudiants ?* –
Oui, je leur en donnerai ou – *Non, ...*

poser des questions au professeur – lire des histoires au petit garçon – préparer des sandwichs pour les copains – parler de votre voyage à votre petit(e) ami(e).

L'ordre des pronoms dans la phrase : le cas de l'impératif

Remarque : *Donne-m'en / Donne-lui-en.*

	1	2
VERBE	le, la, les	moi, nous, lui, leur
	m', t', nous, vous, lui, leur	en

11 *Donne-le-moi ! Faites des phrases.*

Exemple : *montrer, photos de vacances, à moi* → *Montre-les-moi.*

vendre, vieux poste de radio, à moi – montrer, voiture, à lui – présenter, amis, à elle – expliquer, exercice difficile, à eux – offrir, gros diamant, à elle.

Le verbe dormir

Indicatif présent : je dors, tu dors, on / il / elle dort, nous dormons, vous dormez, ils / elles dorment.
Futur : je dormirai, tu dormiras, etc. **Imparfait** : je dormais, etc. **Conditionnel présent** : je dormirais, etc.
Passé composé : j'ai dormi, etc. **Plus-que-parfait** : j'avais dormi, etc. **Conditionnel passé** : j'aurais dormi, etc.

Remarque : *s'endormir, mentir, (se) sentir, (se) servir (de), se conjuguent comme* **dormir**.

12 *Répondez.*

Dormez-vous bien ou mal ? – À quelle heure vous endormez-vous ? – Combien d'heures dormez-vous ? – Est-ce que vous vous sentez en forme ou est-ce que vous vous sentez fatigué(e) ?

POUR BIEN PRONONCER

Les sons [ɛ̃] / [ɛ] / [ã]

Le Saint-Émilion ? C'est un grand vin !

13 *Écoutez ; répétez.*

M. Vincent a des goûts simples ; il n'a pas besoin de beaucoup d'argent. – Mon voisin a des ennuis de santé et d'argent. – C'est un grand plaisir de sentir nos enfants près de nous. – Il doit prendre le prochain train ; c'est très important. – J'avais un copain ingénieur qui n'avait jamais d'argent ; c'était inquiétant. – Elle aurait bien besoin d'un chien dans sa maison.

14 *Par ordre décroissant, les Français sont heureux grâce à :*

la famille
les amis
la santé
le logement
les loisirs
l'environnement
le travail

Pèlerin Magazine/Sofres, oct. 1985.

Par ordre décroissant, les Français sont préoccupés par :

la violence, l'insécurité dans les rues
la paix et la situation internationale
la hausse des prix
le niveau de leurs revenus
le montant de leurs impôts
le climat social de leur entreprise

La Croix/Antenne 2/Louis Harris, oct. 1985.

Et vous, quelles sont vos raisons d'être heureux ?

Quelles sont vos préoccupations ?

15 *On rencontre souvent ces mots dans les titres des journaux. Dans quelle rubrique les classez-vous ?*

Bretagne : maintenant, il pleut
dans les maisons sans toit

Encore une vieille
dame assassinée

Le licencié massacre
la famille
du délégué syndical

Des hooligans ivres ont
tout cassé dans un Boeing

VOL   POLLUTION   HOLD-UP   INCENDIE   FRAUDE   EXPLOSION
ACCIDENT   CHÔMAGE   INONDATION   GRÈVE   GUERRE   ATTENTAT
CONFLIT   COUP D'ÉTAT   CRIME   PRISE D'OTAGES   LICENCIEMENT
TREMBLEMENT DE TERRE

RUBRIQUE

POLITIQUE
ÉCONOMIE
SOCIÉTÉ
ÉDUCATION
FAITS DIVERS

16 *Trouvez un titre pour ces faits divers.*

Un employé du Crédit municipal de Marseille, qui quittait son appartement à 8 heures hier matin, a été attaqué par deux hommes armés qui lui ont dérobé une mallette contenant 250 000 F de bijoux et 35 000 F en espèces.

Un précédent propriétaire avait piégé le pavillon mais Thierry Muller, vingt-quatre ans, nouvel habitant de Frimbolle (Moselle) ne le savait pas. Mardi, alors qu'il restaurait le linteau d'une porte, dix-huit détonateurs cachés dans le bois lui ont explosé au visage. Le jeune homme a été touché aux yeux. Son père et son beau-père, qui l'aidaient, ont été blessés par des éclats.

Une bombe a explosé mardi soir devant les bureaux du village de vacances de Porticcio (Corse du Sud) sans faire de victimes mais occasionnant des dégâts importants. C'est le troisième attentat commis dans ce village. L'ex-F.L.N.C. était l'auteur des deux premiers. Celui-ci n'a pas encore été revendiqué.

Le Parisien, 22 oct. 1987.

17 *Ouvrez votre journal ; choisissez un fait divers. Racontez-le en français : vous utiliserez le passé composé et l'imparfait.*

18 *La semaine des cancers sera-t-elle heureuse ? malheureuse ? Qu'est-ce qui est certain ? Qu'est-ce qui est probable ?*

De quel signe est votre voisin ? (votre voisine ?)
Écrivez son horoscope.
Sous l'influence de quel(s) astre(s) est-il ?
Côté cœur, quels astres lui sont favorables ?
Quels seront les événements heureux de la semaine ?
les moments moins heureux ?
Et en famille ?
Et avec les amis ?
Quels signes (2) seront ses alliés ?
Côté santé, attention !
Côté vie sociale, courage !

Pour vous aider :

des noms

bonheur, imprudence, négligence, patience, aventure, contact, transformation, prudence, confiance, concession, dialogue, effort, progrès, idée, désordre, joie, décision, dialogue, complication, dispute, obstacle.

des adjectifs

grave, délicat, utile, constructif, agréable, persévérant, rapide, sérieux, positif, dangereux, animé, solide, bizarre, important, excellent.

des verbes

découvrir, se sentir, améliorer, planifier, contrarier, se reposer, agir, résoudre, persévérer, encourager, éviter, accepter, donner satisfaction, affronter, combattre.

des astres

Saturne, Mars, Vénus, Mercure, Pluton, Jupiter, le Soleil, Uranus, Neptune.

CANCER

(22 juin - 22 juil.)
Lune
CŒUR. Vous vous orienterez vers des liens durables. Relations complexes avec vos amis, car vous serez rarement d'accord avec eux. Bonnes idées pour le bien-être familial. Le Scorpion et le Sagittaire se réjouiront de vos succès.
SANTÉ. Soignez sans plus attendre vos malaises.
VIE SOCIALE. Énergie et ténacité : cette semaine de travail promet le succès à toutes vos iniatives.
MON CONSEIL. Évitez les gens ennuyeux.

Elle, oct. 1987.

19 *Lecture.*

Si tu t'imagines
si tu t'imagines
fillette fillette
si tu t'imagines
xa va xa va xa
va durer toujours
la saison des za
la saison des za
saison des amours
ce que tu te goures
fillette fillette
ce que tu te goures. [...]

...
allons cueille cueille
les roses les roses
roses de la vie
et que leurs pétales
soient la mer étale
de tous les bonheurs
allons cueille cueille
si tu te fais pas
ce que tu te goures
fillette fillette
ce que tu te goures.

RAYMOND QUENEAU, *Si tu t'imagines*, extrait de « L'instant fatal », Gallimard.

32

Eux, c'est eux !... Mais nous ?

LE BELGE :	... Pour vous, en France, qu'est-ce qui est intéressant ? Le pays... les hommes qui y vivent ? L'histoire, peut-être ?
LE CANADIEN :	Oui, l'histoire... La France est le pays où ont vécu mes ancêtres. J'aime y venir et y revenir, visiter ses différentes régions, ses grandes villes... Que de belles vacances j'ai passées dans ce pays !
LE BELGE :	Oui, je vois... la cuisine, les bons vins... les fromages...
LE CANADIEN :	Bien sûr... et les Français aussi !
LE BELGE :	Les Français, vous les avez rencontrés, vous ? Moi, non.
LE CANADIEN :	C'est vrai, il faut bien le reconnaître : ils n'ouvrent pas facilement leur porte, ils choisissent longuement leurs amis. Moi, j'ai de la chance, j'ai des cousins qui me reçoivent gentiment.
LE BELGE :	Moi, les Français, je les trouve froids... et fiers... un peu trop fiers de leur histoire, de leurs réalisations techniques... Ils sont chauvins, quoi !
LE CANADIEN :	Mais nous sommes tous chauvins ! Plus ou moins... c'est naturel. Et, pourtant, en France, quelle est la chose dont on parle le plus ? Eh bien, c'est de l'Europe...
LE BELGE :	Les Français sont peut-être moins heureux de vivre dans leur pays ; ils critiquent tout : leur gouvernement, l'administration, l'Université. Chez eux, tout va mal...
LE CANADIEN :	N'exagérons pas ! Les Français aiment leur pays, c'est certain. Ils ne le quittent pas facilement. Pour eux, le bonheur, c'est une affaire qui est personnelle, individuelle... Ils disent souvent : « chacun pour soi »...
LE BELGE :	Ils pourraient ajouter : « et la France pour tous. »

1 *Relisez le dialogue de la page de gauche. À travers la conversation du Canadien et du Belge, relevez les défauts des Français.*

Pour vous, les Français ont-ils d'autres défauts ? d'autres qualités ?

2 *Complétez avec des mots du texte.*

Moi, en France, c'est l'histoire qui m'intéresse le plus.

En France, qu'est-ce qui intéresse le plus le Belge ? le Canadien ?

Et vous, qu'est-ce qui vous intéresse le plus ?

3 *Avec les adjectifs relevés dans le texte, formez des adverbes de manière.*

Exemple : facile → facilement
long(ue) → longuement

froid(e)	cher(ère)	heureux(se)	personnel(le)
fier(ère)	naturel(le)	certain(e)	individuel(le)

4 *Vous savez... Posez les questions et trouvez les réponses.*

Exemple : ... a des cousins ? → – Vous savez s'il a des cousins ?
– Oui, il en a.

... ils habitent ?   – Non, je ne le sais pas.
... ils font ?   – Ils sont cultivateurs.
... on le reçoit gentiment ?   – Oui, il aime bien ce pays.
... l'intéresse ?   – Près de Toulouse.
... il aime la France ?   – L'histoire et la géographie de la France.
... il pense ?   – L'été prochain.
... il reviendra en France ? – À la bonne cuisine et aux bons vins français !

5 *Lecture ou dictée.*

Deux francophones échangent leurs impressions sur la France et les Français.
La France, pour le Canadien, est le pays de ses ancêtres : de lointains cousins y habitent encore. Il s'intéresse beaucoup à l'histoire et à la géographie de la France, où il passe toujours de très bonnes vacances.

Le Belge, lui, est plus critique. Il trouve les Français peu accueillants et même froids. Ils sont, pense-t-il, très fiers de tout ce qui est français et cependant jamais satisfaits de la façon dont on les gouverne... Le Canadien a remarqué que le Français trouve son bonheur chez lui et non pas dans la société où il vit. Serait-il donc trop individualiste ?

Les pronoms relatifs qui et que : révision

J'ai **des cousins. Ces cousins** me reçoivent gentiment.
↓
J'ai **des cousins** | qui | me reçoivent gentiment.

J'ai **des cousins.** Je vais voir **ces cousins** tous les ans.
↓
J'ai **des cousins** | que | je vais voir tous les ans.

Remarque : qui = pronom relatif sujet ; que = pronom relatif complément d'objet direct. Attention à l'accord du participe passé (voir leçon 18, p. 128).

6 *Faites une seule phrase avec qui ou que.*

Exemples : Nadine a un ami. Il habite Douala. → Nadine a un ami qui habite Douala.
Voici une voiture. J'aimerais l'acheter. → Voici une voiture que j'aimerais acheter.

J'ai un fils. Ce fils gagne bien sa vie. – Je cherche un livre. J'ai perdu ce livre. – Nous avons des besoins. Ils sont modestes. – Voici l'autobus. Je le prends chaque jour. – Elle a écrit une lettre. La lettre est trop longue. – C'est un beau pays. Vous allez le visiter.

Le pronom relatif dont

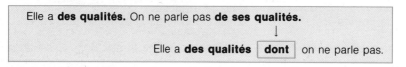

Elle a **des qualités.** On ne parle pas **de ses qualités.**
↓
Elle a **des qualités** | dont | on ne parle pas.

Remarques : 1. L'antécédent de *dont* est un nom complément d'objet indirect avec la préposition **de**.
2. C'est *un homme.* Je connais *son frère* (= le frère de cet homme).
→ *C'est **un homme dont** je connais **le frère.***

7 *Faites une phrase avec dont.*

Exemple : Voici les amis. Je vous ai parlé de ces amis. → Voici les amis dont je vous ai parlé.

C'est un beau voyage. Je me souviendrai de ce beau voyage. – Ce sont des livres. Je me sers de ces livres. – C'est un problème. Nous reparlerons de ce problème. – J'achèterai ces bottes. J'ai besoin de ces bottes. – Offrez-vous donc ce pull-over. Vous avez envie de ce pull-over. – C'est un nouveau film. On en parle beaucoup. – C'est une vieille voiture. Je m'en sers encore. – J'aimerais avoir ce livre. Vous m'en avez parlé.

8 *Faites une phrase avec dont.*

Exemple : C'est une personne. Je connais ses amis. → C'est une personne dont je connais les amis.

C'est un garçon. J'ai rencontré ses parents. – C'est un appartement. J'aime son balcon. – C'est un livre. J'ai oublié son titre. – C'est un vieux copain. Je voudrais avoir son adresse. – Je t'ai parlé de mon vieux copain. J'ai perdu son adresse.

Le pronom relatif où

La France est **un pays.** J'ai passé de belles vacances **dans ce pays.**
↓
La France est **un pays** | où | j'ai passé de belles vacances.

Remarques : 1. **Où** est un pronom relatif qui remplace un nom complément de lieu ou de temps.
  Exemple : Je suis né en 1930. → *1930, l'année **où** je suis né...*
  2. **Où** est aussi un adverbe interrogatif. *Exemple : **Où** vas-tu ?*
  3. *Attention !* **où** avec accent / **ou** sans accent (*un chien **ou** un chat ?*).

9 *Faites une phrase avec* où.

Exemple : Je connais la ville. Vous avez passé vos vacances dans cette ville.
  → *Je connais la ville **où** vous avez passé vos vacances.*

Vous irez à l'Université. J'ai fait mes études dans cette Université. – Édith s'est promenée dans la forêt. Il y a un château dans cette forêt. – Je serai au restaurant. Je prends mes repas d'habitude dans ce restaurant. – Présentez-vous au directeur de l'école. Je suis professeur dans cette école. – François cultive la ferme. Son grand-père y a vécu.

Le verbe recevoir

Indicatif présent

S	1	Je **reçois** des lettres.	Nous **recevons** un salaire.	1	P
I N G	2	Tu **reçois** des nouvelles ?	Vous **recevez** des cartes postales ?	2	L U R
U L I E R	3	On / Il / Elle **reçoit** des amis.	Ils / Elles **reçoivent** des meubles.	3	I E L

Futur : je recevrai, tu recevras, etc.   **Passé composé :** j'ai reçu, tu as reçu, etc.

Imparfait : je recevais, etc.   **Plus-que-parfait :** j'avais reçu, etc.

Conditionnel présent : je recevrais, etc.   **Conditionnel passé :** j'aurais reçu, etc.

Remarque : Attention ! **ç** devant *o* et *u*.

10 *Conversation. Remplacez* tu *par* vous, *puis par* ils. *Faites l'exercice à deux.*

– Tu reçois *Le Monde* ? – Je reçois aussi *L'Express*. – Et *Paris-Match* ? – Non, je ne le reçois pas.

Reprenez l'exercice au passé composé. Écrivez toutes les formes verbales.

POUR BIEN PRONONCER

Les sons [ɔ̃] / [ɔ] / [ɛ̃], [ɑ̃]

Mon oncle Léon et son vieux copain Vincent vont souvent ensemble en vacances.

11 *Écoutez ; répétez.*

Léon et Vincent sont rarement d'accord. – J'aimerais voir encore davantage d'émissions d'information à la télévision.– Pour mes grands-parents, la télévision a été une révolution. – François est intelligent ; son patron lui a donné d'importantes responsabilités. – Simon voudrait offrir un manteau de vison à Simone, mais il n'a pas assez d'argent sur son compte en banque. – Après les congés, Vincent et moi, nous aurons certainement une importante augmentation.

Écoutez une deuxième fois et écrivez.

France(s)

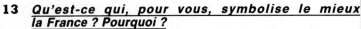

12 **Cette carte de France est muette. Pouvez-vous :**

– Tracer et nommer les fleuves ?
– Situer les montagnes ? des régions ?
– De quelles régions a-t-on parlé dans *Bonne Route* ?
Indiquez-les sur la carte.
Dans quelle figure géométrique (presque régulière) peut-on inscrire la France ?

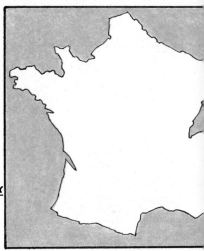

13 **Qu'est-ce qui, pour vous, symbolise le mieux la France ? Pourquoi ?**

Présentez vos symboles nationaux à des amis français.

14 **La France, les Français ? Lisez.**

Adieu, plaisant pays de France,
   O ma patrie
   La plus chérie
Qui a nourri ma jeune enfance ;
Adieu, France, adieu mes beaux jours.
Marie STUART.

Le Français fit ce qu'en toute occasion font les Français, il se mit à rire.
H. de BALZAC, *Massimila Doni.*

Les Français se perçoivent comme des gens légers, frivoles et bon vivants, alors qu'ils sont anxieux, tendus, fragiles, travailleurs.
E. TODD, *Le Fou et le Prolétaire*, Laffont.

La France est divisée en quarante-trois millions de Français.
P. DANINOS, *Les carnets du Major Thompson*, Hachette.

Personne n'est plus convaincu que moi que la France est multiple. Elle l'a toujours été et le sera toujours. Il y a en France beaucoup de familles spirituelles. Cela a toujours été ainsi. C'est là notre génie.
Ch. DE GAULLE, Conférence de presse du 12 nov. 1947.

Dans chaque Français, il y a deux Français : celui qui ne veut pas d'histoires et celui qui a de grandes idées.
WOLINSKI.

15 *Connaissez-vous un Français ? une Française ? Est-il, est-elle comme ça ? Faites son portrait.*

Feuilletez les pages « Pour aller plus loin » et continuez le portrait du Français moyen. Qu'est-ce qu'il fait ? Qu'est-ce qu'il aime ? Qu'est-ce qu'il pense ?

Le Français moyen a entre 28 et 35 ans, il habite la région parisienne, il travaille, il est marié, il a (presque) deux enfants. Le Français moyen mesure 1,72 m et pèse 72 kg. Il dépasse son épouse de 10 cm et pèse 12 kg de plus qu'elle. Tous deux ont les yeux et les cheveux foncés.

UNE AUTRE FRANCE, UN AUTRE FRANÇAIS

Il est français (plus des deux tiers), jeune (plus de la moitié ont moins de quarante ans) et chargé de famille (57 %).
Pour nourrir sa famille, il ne dispose que de 30 F maximum par jour. Il vit en ville (71 %) et, une fois sur trois, habite une H.L.M. En raison de ses faibles moyens, il accumule les dettes (62 %), notamment de loyers et de factures E.D.F. Pour vivre, il fait souvent appel aux associations de charité pour leur réclamer de l'argent (65 %), voire une aide alimentaire (63 %).
Comment en est-il arrivé là ? Sans qualification professionnelle (deux pauvres sur trois sont sortis du système scolaire sans aucun bagage et 7 % d'une classe d'âge sont quasiment illettrés). Il est voué aux petits boulots ou au chômage (63 %). Souvent, même, ce qui crée la grande pauvreté, c'est la somme des difficultés rencontrées de la petite enfance à l'âge adulte.

D'après J. FRASNETTI, *Le Parisien*, 22 oct. 1987.

16 *Lisez cet extrait d'article : que pensez-vous des Français ?*

Quelle opinion de la France et des Français aviez-vous avant de commencer votre cours ? Et maintenant ?

Les Français ont toujours eu le souci d'expliquer leur identité profonde. En fait, les Français sont plus différents entre eux qu'ils ne sont semblables. Et quand ils arrivent à se définir eux-mêmes, ils le font en termes de famille, de profession, d'environnement, de communauté de goûts. « Le monde est partagé entre ceux qui aiment les chiens et ceux qui aiment les chats », conclut Zeldin. « Je crois vraiment que les Français sont tout à la fois chats et chiens... et beaucoup plus que ça. »

Traduit de Scott SULLIVAN, *Newsweek*, 7 février 1983, à propos du livre de T. ZELDIN, *Histoire des passions françaises*, Le Seuil.

Pour travailler à la maison

■ *Interroger, répondre et justifier.*
■ *Nuancer.*

▶ *Les pronoms personnels : synthèse.*
▶ *L'ordre des pronoms dans la phrase : synthèse.*
▶ *L'ordre des pronoms dans la phrase : le cas de l'impératif.*
▶ *Le verbe dormir au présent, au futur, à l'imparfait, au passé composé, au plus-que-parfait et au conditionnel présent et passé.*
▶ *Les sons* [ɛ̃] / [ɛ] / [ã].

● *Heureux.*

Reportez-vous à la page 221.

COMPLÉTEZ

les tableaux de conjugaisons du verbe dormir au futur, au passé composé, à l'imparfait, au plus-que-parfait, au conditionnel présent et passé.

Pour les exercices 2, 3 et 4, relisez les tableaux de la page 220.

---

expressions et mots nouveaux

Astre, *n. m.*
Cadre, *n. m.*
Crise, *n. f.*
Disons, *interj.*
Endormir (s'), *v.*
Exercice, *n. m.*
Expliquer, *v.*
Fait divers, *n. m.*
Familial(e), *adj.*
Horoscope, *n. m.*

Inquiétant(e), *adj.*
Inquiétude, *n. f.*
Naturellement, *adv.*
Nuage, *n. m.*
Nulle part, *adv.*
Paix, *n. f.*
Pique-nique, *n. m.*
Préoccupation, *n. f.*
Raconter, *v.*
Rapporter, *v.*
Sécurité, *n. f.*

Sentir, *v.*
Sentir (se), *v.*
Signe, *n. m.*
Simple, *adj.*
Somme (en), *loc. adv.*
Sort, *n. m.*
Souffrir, *v.*
Tirer (s'en), *v.*
Violence, *n. f.*

---

1   *Exercice de substitution. Refaites des phrases.*

a. Ton frère voudrait ce livre ? Donne-le-lui !
ces disques – ce gâteau – cette place.
b. Nous aimons bien les Bréal et nous les invitons souvent
téléphoner – rencontrer – écrire.
c. Vous ne connaissez pas Nadine ? Je vais vous la pré
senter...
mon mari – mes parents – ma femme et ma fille.
d. Il voudrait ce livre ? Je le lui donne !
mes sœurs – tu – elle.
e. Je me sens fatigué(e) !
M. Vincent – nos enfants – ma sœur.

2   *Complétez les phrases.*

*Exemple : Quand ils seront de retour, (nous/inviter/eux) –
Quand ils seront de retour, nous les inviterons.*

a. Quand j'aurai de beaux timbres étrangers, (je/donner/
toi) → ...
b. Il a acheté des fleurs et (il/apporter/à vous) → ...
c. Ils viendront demain et (je/présenter/à vous) → ...
d. Elle a reçu la lettre mais (elle/renvoyer/à lui) → ...
e. S'il part demain, (il/dire/à nous) → ...

**3   *Complétez les phrases avec la négation : ne ... pas
ni ... ni, sans.***

Vous ... avez ... de problèmes ? ... de santé, ... de famille
... d'argent ? Une vie ... problèmes, en somme ? L'aven
... vous inquiète ... ? ... la crise, ... le chômage, ... la vio
lence ne vous inquiètent ? Une vie ... inquiétude, e
somme ?
– Le bonheur, c'est hier.
– Non, c'est demain.
– Ce n'est ... hier, ... demain : le bonheur, ça commenc
aujourd'hui !

**4   *Répondez d'abord affirmativement puis négativemen
Utilisez les pronoms compléments.***

a. Hélène a écrit à ses parents ?
b. M. Lucet va souvent à l'étranger ?
c. M. et Mme Michel vont inviter les Bréal ?
d. Est-ce que Jean-Paul a trouvé du travail à Nadine ?
e. Les Mangin aiment l'appartement des Vincent ?

LEÇON 32

expressions et mots nouveaux

Ajouter, *v.*
Ancêtre, *n. m.*
Augmentation, *n. f.*
Balcon, *n. m.*
Cependant, *adv.*
Certain(e), *adj.*
Chauvin(e), *adj.*
Critique, *adj.*
Critiquer, *v.*
Cultivateur, *n. m.*
Échanger, *v.*
Européen(ne), *adj.*
Façon, *n. f.*
Forêt, *n. f.*

Francophone, *adj.*
Froid(e), *adj.*
Géographie, *n. f.*
Gouvernement, *n. m.*
Gouverner, *v.*
Île, *n. f.*
Impression, *n. f.*
Individualiste, *adj.*
Individuel(le), *adj.*
Lointain(e), *adj.*
Modeste, *adj.*
Naturel(le), *adj.*
Où, *pron. rel.*
Personnel(le), *adj.*

Postal(e), *adj.*
Que !, *adv. excl.*
Réalisation, *n. f.*
Recevoir, *v.*
Remarquer *v.*
Reparler (de), *v.*
Revenir, *v.*
Satisfait(e), *adj.*
Servir (se) (de), *v.*
Soi, *pron. pers.*
Symbole, *n. m.*
Technique, *adj.*

- ■ *Exprimer ses goûts, ses préférences / les justifier.*
- ■ *Caractériser des personnes.*
- ▶ *Les pronoms relatifs qui et que : révision.*
- ▶ *Les pronoms relatifs dont et où.*
- ▶ *Le verbe recevoir au présent, au futur, à l'imparfait, au passé composé, au plus-que-parfait et au conditionnel présent et passé.*
- ▶ *Les sons [ɔ̃] / [ɔ], [ɛ̃] / [ɑ̃].*
- ● *France(s).*

1 ***Complétez les phrases avec*** *c'est (ce sont) ... qui* ***ou*** *c'est (ce sont) ... que.*

C'est une région qui est jolie.
C'est une région que je trouve jolie.

En France, ... la cuisine et les bons vins ... m'intéressent le plus. Moi, ... les monuments ... je préfère. Eh bien, moi, ... les réalisations techniques ... m'intéressent. ... des cousins ... nous reçoivent toujours gentiment. La France, ... un pays ... les Français aiment bien et ... les étrangers aiment bien aussi.

2 ***Complétez les phrases.***

La France ? C'est un pays qui ...
C'est un pays que ...
C'est un pays dont ...
C'est un pays où ...

Un livre... Je lis un livre qui ...
Je lis un livre que ...
Je lis un livre dont ...
Je lis un livre où ...

3 ***Transformez les phrases : utilisez*** *dont, où.*

a. La Bretagne est une belle région. Je me souviendrai de cette région. →
b. J'aime bien aller en Provence. Je passe de très belles vacances dans cette région. →
c. J'ai rencontré un Canadien. Les cousins de ce Canadien habitent à Toulouse. →
d. J'ai visité ce musée. Tu m'avais parlé de ce musée. →
e. J'aime beaucoup cette île. Les habitants sont très accueillants. →

4 ***Faites des phrases au passé composé. Attention à l'accord du participe passé !***

Exemple : amis belges / connaître en vacances
Voici des amis belges que nous avons connus en vacances.

a. carte de la région / visiter → ...
b. lettre d'Hélène / recevoir hier → ...
c. ville / préférer → ...
d. souvenirs / rapporter → ...
e. photos / prendre → ...

Reportez-vous à la page 227.

COMPLÉTEZ

les tableaux de conjugaisons du verbe recevoir *au futur, au passé composé, à l'imparfait, au plus-que-parfait, au conditionnel présent et passé.*

➤ *Pour les exercices 1, 2 et 3, relisez les tableaux de la page 226.*

33 Le monde en français

À VOTRE AVIS...

1. *Qu'est-ce qu'un francophone ?*
   a) Celui qui connaît bien le français.
   b) Celui qui parle habituellement le français.
   c) Celui qui utilise le français.

2. *Par sa surface, quel est le plus grand État de la francophonie ?*
   a) La France.
   b) Le Zaïre.
   c) Le Canada.

3. *Combien d'hommes et de femmes dans le monde comprennent, parlent, lisent ou écrivent le français ?*
   a) 100 millions.
   b) 200 millions.
   c) 260 millions.

4. *Les vrais francophones (ceux et celles dont le français est la langue maternelle) sont, dans le monde, au nombre de :*
   a) 130 millions.
   b) 100 millions.
   c) 80 millions.

5. *À l'O.N.U. (Organisation des Nations unies), le français est :*
   a) langue de travail.
   b) langue de 20 États.
   c) langue d'une cinquantaine d'États.

6. *L'Alliance Française dans le monde :*
   a) a 600 établissements.
   b) est établie dans plus de 100 pays.
   c) enseigne le français à 300 000 étudiants.

7. *L'enseignement du français dans le monde est donné :*
   a) par 250 000 professeurs francophones ou étrangers.
   b) par   30 000 francophones.
   c) par   20 000 Français.

8. *Est-ce que c'est l'Académie française qui a dit :* « Il faut parler le français comme on doit l'écrire, et non pas l'écrire comme on ne devrait pas le parler » ?

9. *Un personnage historique (Charles V, dit Charles Quint) disait en plaisantant :* « Je parle anglais aux commerçants, italien aux femmes, français aux hommes, espagnol à Dieu et allemand à mon cheval. »
Est-ce qu'il utilisait bien les cinq langues qu'il pratiquait ?

POUR MIEUX COMPRENDRE

1 *Qu'est-ce que les pays colorés en bleu d'une part, et en gris d'autre part, ont en commun ?*

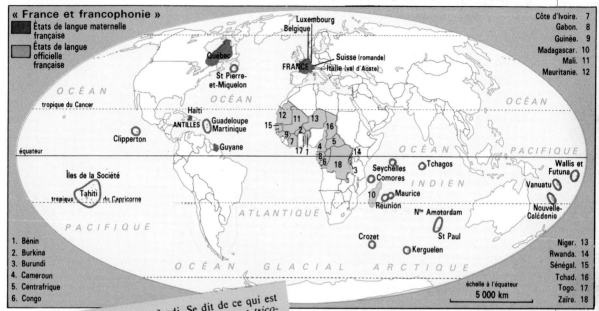

« France et francophonie »

■ États de langue maternelle française

▢ États de langue officielle française

Luxembourg
Belgique
Québec
St Pierre-et-Miquelon
FRANCE
Suisse (romande)
Italie (val d'Aoste)
Haïti
ANTILLES
Guadeloupe
Martinique
Clipperton
Guyane
Îles de la Société
Tahiti
Seychelles
Comores
Tchagos
Maurice
Réunion
Nⁱⁱᵉ Amsterdam
Crozet
Kerguelen
St Paul
Wallis et Futuna
Vanuatu
Nouvelle-Calédonie

OCÉAN — tropique du Cancer — OCÉAN — équateur — OCÉAN — PACIFIQUE — INDIEN — PACIFIQUE — ATLANTIQUE — tropique du Capricorne — OCÉAN GLACIAL ARCTIQUE

échelle à l'équateur
5 000 km

1. Bénin
2. Burkina
3. Burundi
4. Cameroun
5. Centrafrique
6. Congo

Côte d'Ivoire. 7
Gabon. 8
Guinée. 9
Madagascar. 10
Mali. 11
Mauritanie. 12
Niger. 13
Rwanda. 14
Sénégal. 15
Tchad. 16
Togo. 17
Zaïre. 18

français, e [frɑ̃sɛ, -ɛz] adj. Se dit de ce qui est relatif à la France : *Le drapeau français est tricolore. Le territoire français. La langue française. L'industrie française.* ◆ n. Personne qui habite en France ou qui est originaire de France : *Les Gaulois étaient les ancêtres des Français. Un Français hors de France.* ◆ **français** n. m. Langue parlée par les Français : *Parler le français.* ◆ **franciser** v. tr. : *Donner le caractère français à quelque chose : Franciser une prononciation, un mot.* ◆ **francisation** n. f. : *La francisation d'un mot, d'un vocable.* ◆ **franciste** n. Spécialiste de langue et littérature françaises. ◆ **franco-**, élément préfixé à un adjectif de nationalité et signifiant « français » : *Les accords franco-russes.* ◆ **francophile** adj. et n. Se dit d'un ami de la France, ou de ce qui manifeste cette amitié. ◆ **francophilie** n. f. Amitié à l'égard de la France. ◆ **francophobe** adj. et n. Se dit de quelqu'un qui est hostile à la France, ou de ce qui témoigne de cette attitude. ◆ **francophobie** n. f. ◆ **francophone** adj. et n. Se dit de quelqu'un dont la langue d'expression est le français.

2 *Relisez le texte de la page de gauche. Vous allez y trouver des noms et des adjectifs : les Français, le français, français(e), la francophonie, francophone...*

Distinguez-les bien et retenez leur définition extraite du dictionnaire.

Extrait du *Dictionnaire du français contemporain*, Larousse.

3 *Lecture ou dictée : l'Alliance Française.*

Le but de l'Alliance Française est d'enseigner le français à des adultes étrangers et de les intéresser à la culture française. Il y a 500 professeurs français et 6 000 professeurs étrangers qui enseignent le français dans les Alliances du monde entier.

À l'étranger, l'Alliance Française n'est pas française ! Elle a la nationalité du pays où elle se trouve : portugaise au Portugal, mexicaine au Mexique, etc. C'est une association qui ne fait pas de bénéfices. Elle se sert de ses recettes pour payer les professeurs et les employés et pour entretenir les bâtiments et les classes. La plus grande des Alliances n'est pas celle de Paris, c'est celle de Rio de Janeiro qui comptait 14 186 étudiants, en 1987.

Les pronoms démonstratifs

a. formes simples

	Singulier	Pluriel
Masculin	le pull-over de mon père : **celui** de mon père	les bas de ma mère : **ceux** de ma mère
Féminin	la chemise de mon père : **celle** de mon père	les chaussettes de ma sœur : **celles** de ma sœur
Neutre	Je vais vous raconter **ce** que je sais.	

Remarque : Ce devant voyelle → **c'**. Exemple : **C'est bien.**

b. formes composées

Ce sont les formes simples, plus **-ci** ou **-là**.

	Singulier	Pluriel
Masculin	le pull-over de mon père : **celui-ci / celui-là**	les bas de ma mère **ceux-ci / ceux-là**
Féminin	la chemise de mon père : **celle-ci / celle-là**	les chaussettes de ma sœur : **celles-ci / celles-là**
Neutre	Je sais **ceci / cela.**	

Remarques : 1. Cela → **ça** (fréquent en français parlé). Exemple : _Je sais **ça**._
2. -ci : proximité ; -là : éloignement. Exemples : _Quel verre ? **Celui-ci**, devant toi. / **Celui-là**, dans le fond du placard._

4 _**À qui est-ce ? Faites l'exercice à deux.**_

Exemple : manteau de Cécile, Nadine → _C'est le manteau de Cécile ? Non, c'est celui de Nadine._

livres de Jean, Paul – voiture du docteur Châtaignier, M. Rivot – moutons de Pierre, François – valises de Christine, Maria – chien du retraité, marchande de journaux – montre de ma sœur, ma mère.

5 _**Celle que je préfère... Répondez.**_

Exemple : Renault, Peugeot ? → _La Renault, c'est celle que je préfère._

vin de Bordeaux, vin de Bourgogne ? – langue espagnole, langue française ? – pommes rouges, pommes vertes ? – fromages doux, fromages forts ? – train express, train rapide ? – professeur de français, professeur de mathématiques ?

6 _**C'est vrai, mais... Faites des phrases.**_

Exemple : robes, jolie, élégante → _Ces robes ? Celle-ci est plus jolie, mais celle-là est plus élégante._

garçons, intelligent, travailleur – appartements, confortable, grand – exercices, facile, intéressant – gâteaux, excellent, gros – secrétaires, discrète, compétente – quartiers, agréable, calme.

Les pronoms interrogatifs

a. les formes simples et les formes renforcées

	Personnes	Choses
Sujet	**Qui** vient ? **Qui est-ce qui** vient ?	**Qu'est-ce qui** arrive ?
Complément d'objet direct	**Qui** voyez-vous ? **Qui est-ce que** vous voyez ?	**Que** voyez-vous ? **Qu'est-ce que** vous voyez ?
Complément d'objet indirect	**À qui** parlez-vous ? **À qui est-ce que** vous parlez ?	**À quoi** penses-tu ? **À quoi est-ce que** tu penses ?

b. les formes composées

		Singulier	Pluriel
SUJET ou C.O.D.	Masc.	– Le plus petit rit. – Lequel ? – Lequel vois-tu ? – Le plus grand.	– Les plus petits rient. – Lesquels ? – Lesquels vois-tu ? – Les plus grands.
	Fém.	– La plus petite rit. – Laquelle ? – Laquelle vois-tu ? – La grande.	– Les plus petites rient. – Lesquelles ? – Lesquelles vois-tu ? – Les grandes.
C.O.I.	Masc.	– Il écrit à son frère. – Auquel *ou* – Lequel ?	– Il parle à ses étudiants. – Auxquels ? *ou* – Lesquels ?
	Fém.	– Il écrit à sa sœur. – À laquelle ? *ou* – Laquelle ?	– Il parle à ses étudiantes. – Auxquelles ? *ou* – Lesquelles ?

7 *Exercice de synthèse. Posez toutes les questions possibles à partir de ces phrases.*

Quelqu'un a répondu à la question. – Ça me fait rire. – Il écrit à sa cousine. – Jean-Paul téléphone à Nadine. – Il campera chez son cousin. – Anne-Marie s'intéresse à l'histoire. – Les Bréal partiront avec leurs amis. – Elles rentreront avec ma voiture. – Tes amis mangeront le cassoulet que j'ai acheté.

POUR BIEN PRONONCER

La liaison : cas particulier des voyelles nasales

Mon ami Vincent a un voisin inquiétant : Quand un mot finit par une voyelle + *m* ou *n*, et quand le mot qui suit commence par une voyelle, on ne fait pas de liaison.

Remarques : Cas de liaison.
1. Avec *un, aucun, bien, rien.* Exemple : un-na-mi « un ami ».
2. Avec *on, en,* avant le verbe. Exemple : on-né-crit « on écrit ».
3. Avec *mon, ton, son.* Exemple : mon-na-mi « mon ami ».
4. Avec *bon* et les adjectifs terminés par [ɛ̃] : le masculin se prononce comme le féminin. Exemples : un-b[ɔ]-né-tu-diant, une-b[ɔ]-né-tu-diante.

8 *Écoutez ; répétez.*

C'est un garçon intelligent. – Il a une maison agréable. – Ce vin est délicieux. – C'est une information importante. – C'est une question indiscrète. – En juin ou juillet, le jardin est agréable.
On écrit à mon oncle ? Non, on n'écrit pas à ton oncle. – Le prochain enfant de Nadine s'appellera Simon. – L'ancien ami de Paul est un ancien élève de mon oncle. – J'ai bien envie de voir mon émission préférée.

Francophonies

Au Canada, on peut entendre :

C'est dispendieux.
Servez-moi un breuvage frais.
Vous virez à la troisième lumière.
Vous pouvez possiblement en voir.
Y a point de bâtisse.
Il a garé son char.
Monsieur Lafleur est en devoir.

En Afrique, on peut entendre :

Je l'attends, ça vaut deux heures...
Je ne t'ai pas vu depuis... !
Il a dansé jusqu'à fatigué.
Chaque soir, maman prépare.
Elle a gagné l'enfant.
La fille-là elle est trop jolie même.

Institut Pédagogique Africain et Malgache, Edicef.

9 **En France, on peut entendre :**

À la sortie d'un lycée

– Alors ? ce bac ? ça a gazé ?
– Ça va foirer... oui ! Cette année le bac pour moi,
c'est foutu. Ah ! j'en ai ras le bol des exams...
– C'est pas grave ! Tu remets ça l'année prochaine...
– Tu parles comme mes vieux toi ! « Un flemmard !
il ne fiche rien ! La télé, les boums, les nanas... oui !
mais les bouquins ? zéro ! Monsieur sèche les cours...
un de ces jours, il va se faire virer du lycée... c'est
sûr... » Ah ! tu sais... des vieux comme ça... c'est pas
le pied !
– T'as pas de pot, c'est vrai. Mais faut faire avec,
hein ? Allez ! moi j'me casse... Tchao !

Réécrivez ce dialogue en français standard.

En France, on parle aussi...

10 **Persuadez un de vos amis d'apprendre
le français. Donnez les arguments.**

11 **Chanson.**

Les gens de mon pays

Est-ce vous que j'appelle
Ou vous qui m'appelez
Langage de mon père
Et patois dix-septième
Vous me faites voyager
Mal et mélancolie
Vous me faites plaisir
Et sagesse et folie
Il n'est coin de la terre
Où je ne vous entende
Il n'est coin de ma vie
À l'abri de vos bruits
Il n'est chanson de moi
Qui ne soit toute faite
Avec vos mots vos pas
Avec votre musique.

Gilles VIGNEAULT, PM 241, Sibecar.

12 *Lisez ce que disent ces trois professeurs de français. Avec lequel êtes-vous d'accord ?*

Moi, je n'ai pas de règle. Je pense qu'« il faut de tout pour faire un monde »... Mes cours sont différents selon les groupes. Ils peuvent être rigoureux, ils peuvent aussi être amusants. Dans certaines classes, je suis la méthode page à page, dans d'autres, j'apporte des documents complémentaires.

Mes étudiants apprennent par cœur des listes de mots, les règles grammaticales et les conjugaisons. Ils doivent écrire et parler une langue correcte. À l'écrit, je ne laisse passer aucune faute. À l'oral, je corrige immédiatement. Je donne souvent des exercices, je fais souvent des contrôles.

Je pense qu'on apprend bien une langue quand on l'apprend avec plaisir. Je propose donc à mes étudiants beaucoup d'exercices.
J'enseigne une langue vivante, pratique, communicative. Mes étudiants parlent beaucoup en classe. Je les fais souvent travailler en groupe.

13 *Lecture.*

Ceux de la génération de Kompè racontent encore que les leçons de récitation étaient un délice lorsqu'il scandait le verbe « porter un grand boubou », au présent de l'indicatif, en frappant dans ses mains. Toute la classe dansait autour du maître qui, pris par le rythme, esquissait quelques pas. Aussi, il ne l'interrogeait que lorsque l'attention des autres élèves faiblissait. Alors la classe devenait une séance de tam-tam, une fête populaire.
Kompè lançait la première phrase de sa chanson :
– Je porte un grand boubou.
Après avoir formé un cercle autour de lui, les autres élèves reprenaient :
– Porte ! Porte !
– Tu portes un grand boubou.
– Porte ! Porte !
– Il porte un grand boubou.
– Porte ! Porte !
– Vous portez un grand boubou.
– Portez ! Portez !...
Les garçons et les filles des autres classes accouraient. [...] La classe devenue trop petite, on sortait dans la cour, et chacun dansait le verbe « porter un grand boubou » au présent de l'indicatif.

MASSA MAKAN DIABATÉ, *Le Coiffeur de Kouta*, Collection « Monde Noir poche »,
Éditions Hatier, Paris, 1983.

34

Bonne route !

LA MÈRE :	Le progrès... le progrès... je ne crois pas, moi, que nos petits-enfants soient plus heureux que nous.
LE PÈRE :	Eh bien moi, j'en suis sûr. Prends la médecine, ils seront mieux soignés, ils resteront jeunes et en bonne santé plus longtemps. Ce n'est pas rien... Et puis ils travailleront moins que nous... enfin moins durement.
LA MÈRE :	Tu le crois vraiment ?
LE PÈRE :	Tu l'as vu comme moi dans l'émission, ils travailleront différemment : des machines, des ordinateurs, des robots intelligents feront une partie de leur travail. Ils auront plus de loisirs, plus de liberté...
LA MÈRE :	Et qu'est-ce qu'ils en feront de cette liberté ? Ça, on ne l'a pas dit !
CHRISTOPHE :	On en profitera ! je ne sais pas, moi... en voyageant dans l'espace... Tu nous imagines en navette spatiale ?... « Les voyageurs pour la Lune, Mars, Jupiter sont priés de se présenter au spatiodrome n° 4... » « Le départ est fixé à 22 h 30... Nous vous souhaitons bonne route... »
LE PÈRE :	Tu vois, lui, il est déjà prêt ! Ah, les jeunes ont de la chance !
LA MÈRE :	Tu crois vraiment que cette technique fera le bonheur de tout le monde ? Et la pollution ? Il faudra bien en parler un jour ; aujourd'hui déjà, la situation est grave... alors demain ?
MARIE-NOËLLE :	Mais demain on aura des énergies douces, des énergies propres, le soleil...
CHRISTOPHE :	Et la mer ! C'est elle qui nous nourrira... comme ça, le problème de la faim sera peut-être résolu...
LE PÈRE :	Ça, je demande à voir.
LA MÈRE :	J'ai bien peur que tout aille un peu trop vite pour que nous puissions suivre.
CHRISTOPHE :	On verra bien, après tout, l'an 2000, ce n'est pas si loin !

1 *L'avenir en noir ou en rose ? Groupez-vous, relisez le dialogue de la page de gauche et notez ce que disent les pessimistes et les optimistes. Écrivez un texte (pessimiste ou optimiste), puis présentez-le à la classe.*

2 *Inspirez-vous du dialogue pour terminer ces phrases.*

  a. Je ne crois pas ...
  b. Je suis sûr(e) que ...
  c. Je ne sais pas ...
  d. Tu crois vraiment que ...
  e. J'ai bien peur que ...

3 *Complétez les phrases en utilisant des mots ou expressions du dialogue.*

Les hommes comptent sur les progrès de la ... pour vivre plus vieux. Ils resteront ... et ... plus longtemps. Et puis ils ... moins parce que des robots ... une partie de leur travail. Mais est-ce qu'ils auront plus de ... et de ... ? Est-ce que le ... de la technique ... ... de tout le monde ? Les jeunes sont plutôt ..., les personnes plus âgées, elles, ... que le progrès aille trop vite.

4 *Lecture ou dictée.*

  « Progrès et avenir ». C'est le titre d'une émission de télévision que les Joly viennent de regarder. Chacun commente. Madame Joly a peur que les progrès techniques soient trop rapides ; elle ne croit pas qu'ils rendent les gens plus heureux. Monsieur Joly est optimiste. Il pense qu'en étant mieux soignés, en travaillant moins durement, ses petits-enfants profiteront mieux de la vie. Marie-Noëlle et Christophe imaginent ... Et si demain, grâce au soleil et à la mer, la pollution et la faim dans le monde n'étaient plus que de mauvais souvenirs ?

Le participe présent et le gérondif

> J'ai un ami qui parle français. = J'ai un ami parlant français.

Remarques : 1. On forme le participe présent avec le radical de la première personne du pluriel du présent de l'indicatif. On met **-ant** à la place de *-ons*.
2. Formes irrégulières : *avoir* → **ayant,** *être* → **étant,** *savoir* → **sachant.**

> Je déjeune et j'écoute la radio. =   Je déjeune en écoutant la radio.
> J'écoute la radio en déjeunant.

Remarques : 1. *En écoutant, en déjeunant* sont des gérondifs.
On forme le gérondif avec **en** + le **participe présent**.
2. Dans une phrase avec un gérondif, le sujet du gérondif doit être le même que le sujet du verbe.

5 *Employez le participe présent.*

J'ai trouvé Cécile qui parlait au téléphone. – J'ai vu deux personnes qui sortaient du magasin. – J'ai écouté le professeur qui expliquait la leçon. – J'ai croisé une jeune fille qui descendait l'escalier.

6 *Employez le gérondif.*

Il lit le journal et il attend l'autobus. – Nous sommes revenus de promenade et nous avons chanté.– Elle a répondu oui et elle a rougi. – J'ai tapé à la machine et j'ai fait des fautes.

La conjonction de subordination que

La conjonction **que** introduit une proposition subordonnée, complément du verbe.

> La météo annonce quelque chose : il va faire beau. → La météo annonce qu'il va faire beau.

Remarque : Ne pas confondre *que* **conjonction** (complément d'un verbe), et *que* **pronom relatif** (complément d'un nom).

Le subjonctif présent : formation

S I N G U L I E R		1	je	march**e**.	nous march**ions**.	1	P L U R I E L
	Il faut que (qu')	2	tu	march**es**.	vous march**iez**.	2	
		3	on il elle	march**e**.	ils elles march**ent**.	3	

Remarques : 1. Les 1re, 2e, 3e personnes du singulier et 3e personne du pluriel du présent du subjonctif sont les mêmes que celles de l'indicatif présent (sauf pour *être, avoir, aller, faire, pouvoir, savoir, vouloir*).
2. Les 1re et 2e personnes du pluriel du subjonctif présent sont les mêmes que celles de l'indicatif imparfait (sauf pour *être, avoir, faire, pouvoir, savoir*).

7 *Avant de partir en voyage... Faites des phrases.*

Exemple : moi, laver la voiture → Avant de partir en voyage, il faut que je lave la voiture.

toi, choisir les vêtements – lui, fermer le gaz – elle, noter le nom de l'hôtel – eux, écouter la météo – vous, prendre l'appareil photo – nous, passer à l'agence.

Le subjonctif présent : formes irrégulières

Il faut que (qu')		être	avoir	aller	faire	pouvoir	savoir	vouloir
	je (j')	sois	aie	aille	fasse	puisse	sache	veuille
	tu	sois	aies	ailles	fasses	puisses	saches	veuilles
	on / il / elle	soit	aie	aille	fasse	puisse	sache	veuille
	nous	soyons	ayons	allions	fassions	puissions	sachions	voulions
	vous	soyez	ayez	alliez	fassiez	puissiez	sachiez	vouliez
	ils / elles	soient	aient	aillent	fassent	puissent	sachent	veuillent

Le subjonctif : emploi

	Verbe principal	Verbe de la subordonnée	Commentaire
M. Vincent vient-il ?	Je vous dis	qu'il **vient**. *(indicatif)*	C'est sûr.
	Je doute Je ne suis pas sûr Je ne pense pas	qu'il **vienne**. *(subjonctif)*	Ce n'est pas sûr. Il ne viendra probablement pas.
	Il faut	qu'il **vienne**. *(subjonctif)*	On emploie toujours le subjonctif.

8 *Je ne suis pas sûr... Faites des phrases.*

Exemple : toi, avoir assez d'argent → Je ne suis pas sûr que tu aies assez d'argent.

nous, avoir le temps – Cécile, être au Sénégal – Josette, avoir envie de partir – Jean-Paul, faire la cuisine – Marina, savoir chanter en français – Silvio, vouloir jouer aux cartes – Jérôme, pouvoir nous recevoir – ma petite amie, vouloir venir – Nadine, nous attendre – Philippe, pouvoir réussir au bac.

POUR BIEN PRONONCER

Les consonnes géminées

– Je me marie !
– Avec qui ?
– Avec Claude !

Quand on prononce une consonne à la fin d'un mot et la même consonne au début du mot suivant, on prononce **deux** consonnes, mais sans interruption entre les deux.

9 *Écoutez ; répétez.*

Jim m'amuse et me fait rire pour rien. – Paul l'emmène au cinéma. – Nadine ne regarde dans la boîte aux lettres que le soir. – Pierre rit, et Francis sourit. – Bonne nuit, madame Mercier. – Il l'a dit et il l'a fait. – Donne-nous du pain. – Je n'ai pas la clé pour rentrer. – Cette porte ? Les voisins ont la clé et ils peuvent vous l'ouvrir rapidement. – Il ne mange jamais de fruits.

C'est déjà demain !

10 Dans 13 ans, l'an 2000.

Comment voyez-vous la France au XXIᵉ siècle ? Lisez les propositions suivantes et répondez « c'est certain » ou « c'est improbable ».

- De moins en moins de couples vont se marier.
- On passera au moins six heures par jour devant sa télé.
- On fera ses courses par l'intermédiaire du Minitel.
- Il y aura un accident nucléaire qui aura des conséquences sur la vie.
- On pourra circuler, acheter et travailler librement dans n'importe quel pays de la Communauté européenne.
- Le cancer sera vaincu.
- On apprendra l'informatique dès l'école primaire.
- Les médecines douces seront recommandées par les médecins.
- Les centres-villes seront interdits à la circulation automobile.
- On n'utilisera plus d'argent liquide mais seulement des chèques et des cartes de paiement informatiques.
- Grâce à l'informatique et à la télématique, on travaillera de plus en plus chez soi et moins dans les bureaux.
- On ne mangera presque plus de produits frais.
- Il n'y aura plus de journaux, tout passera par la télévision.
- On ne fera pratiquement plus de cuisine chez soi.
- Le service militaire sera supprimé.
- On ne fabriquera plus que de petites voitures.

Enquête IPSOS/Que choisir ?, fév. 1987.

11 À chacun son futur... En l'an 2000, comment voyez-vous :

- votre travail,
- vos loisirs,
- les transports,
- votre nourriture,
- votre habillement ?

Rédigez individuellement ou en groupe vos propositions. Discutez-les.

12 Lecture.

« La guerre, dit-elle. C'est la guerre ! Courez à l'abri ! [...]
– Mais, papa, qu'allons-nous trouver en sortant ? »
Le père prit un air las.
« L'humanité se refera. Les survivants s'organiseront. Et qui aura le rôle de dirigeant ? Ceux qui bénéficieront d'une instruction poussée, de diplômes. Ceux qui pourront remettre la technologie en route. Si, comme je le pense, les dégâts ne sont pas considérables, il se peut que cet été... avec quelques semaines de retard... le concours ait lieu quand même. Dis-toi bien que l'école durera aussi longtemps que la société civile.
– Et si nous restions... les seuls ? »

Alain DURET, *Les années froides*, Éditions Belfond.

13 Dans sa péniche amarrée au pont de la Concorde, Jacques Rougerie invente des fermes sous-marines, il dessine des usines accrochées au fond des océans et il construit de drôles de bateaux transparents pour être plus près des baleines.

L'ARCHITECTE ET LA MER

« C'était en 1967. J'étais étudiant en architecture. Un jour je suis allé à une manifestation contre la chasse aux baleines. [...] Je me suis dit : mais pourquoi ne pas proposer aux chasseurs de baleines de devenir des agriculteurs de la mer ? Pourquoi ne pas leur construire des fermes marines ? J'ai commencé à rêver : j'imaginais déjà mes fermiers en train de traire le lait de leur troupeau de baleines. Plus tard, je suis allé voir des océanographes, j'ai discuté avec eux de mes projets. Ils ne m'ont pas pris au sérieux. J'étais un peu en avance, c'est tout. J'ai parcouru le monde, des États-Unis au Japon. Je suis allé chez les peuples lacustres d'Afrique et d'Indonésie, ceux qui vivent au bord de l'eau. J'ai mis huit ans avant de construire ma première maison sous la mer : Galathée. [...]

J'ai fini de construire Galathée un 24 décembre, le soir du réveillon. Nous avons fêté Noël avec toute l'équipe. On a fait griller la dinde sur un feu au milieu du chantier... Nous allons vivre, dans les années qui viennent, une aventure fantastique : une deuxième conquête de l'espace... aquatique celui-là. Une vraie aventure pour notre planète. On découvre enfin que la mer est aussi une mine de richesse, un espace dans lequel on pourra habiter et un formidable terrain de jeux. »

Cinq sur 5, extrait du « Livre journal », Hachette, 1987.

L'aquaspace, « vaisseau des mériens ».

Le village sous la mer pour l'entraînement des cosmonautes.

14 *Chanson.*

Je m'appelle W 454
J'habite au 4000 de la rue 44
Mon pays il est là c'est le F 48
Situé sur la planète AG 1908
Le soir du 34 14 8037
Je me marie avec LN 317
Nous partons en voyage pour SK 49
Dans un X 2002 presque à l'état neuf
Vous pouvez nous écrire à MH 400
2 500 000 avenue 1800
Je m'appelle W comme n'importe qui
Mon père s'appelait Z mais c'était un génie.

Un de mes grands aïeux lui s'appelait Blanchard
Pierre-Amédée-Gontran-Timoléon-Édouard
Il habitait la France un tout petit pays
Situé sur une étoile maintenant refroidie
Les rues portaient des noms bizarres et malaisés
Lafayette Vaugirard ou bien Champs Élysées
Pour lui téléphoner on faisait Turbigo
Louvre-Élysées-Balzac ou bien Trocadéro
Les uns étaient du Nord les autres de l'Hérault
Les gens de ce temps-là étaient des rigolos
C'était presque en 2000. C'était l'année 0.

Michel SARDOU, *W. 454*, Revaux-Sardou-Delanoë, Trema RCA Mono Stereo 310 019.

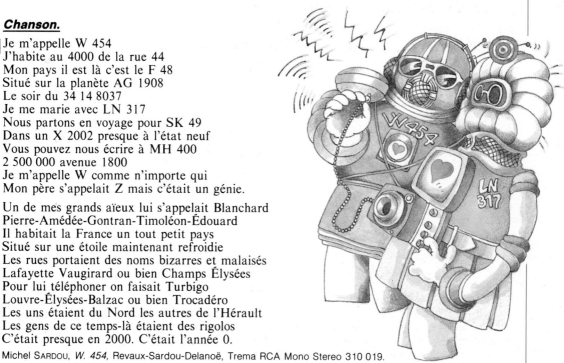

15 *Les hommes du XXIe siècle donnent leurs opinions sur le siècle précédent. Écrivez.*

LEÇON 33

- ■ **Rechercher / donner une information.**
- ▶ **Les pronoms démonstratifs.**
- ▶ **Les pronoms interrogatifs.**
- ▶ **La liaison : les voyelles nasales.**
- ● **Francophonies.**

APPRENEZ

par cœur

le présent, le futur, l'imparfait, le passé composé, le plus-que-parfait et le conditionnel présent du verbe **conduire.**

Pour l'exercice 2, relisez les tableaux de la page 234. Pour l'exercice 4, relisez le dialogue de la page 232.

---

expressions et mots nouveaux

Académie, *n. f.*	Duquel, *pron. rel.*	Mexicain(e), *adj.*
Adulte, *n. m.*	Enseignement, *n. m.*	Million, *n. m.*
Association, *n. f.*	Enseigner, *v.*	Patois, *n. m.*
Auquel, *pron. rel.*	Entier(ère), *adj.*	Personnage, *n. m.*
Ceci, cela, *pron. dém.*	Établi(e), *adj.*	Plaisanter, *v.*
Ce... ci, *adj. dém.*	Établissement, *n. m.*	Pomme, *n. f.*
Celui-ci, *pron. dém.*	Fond, *n. m.*	Recettes, *n. f. pl.*
Celui... qui, que, de, *pron. dém.*	Francophonie, *n. f.*	Ressortir, *v.*
	Garé(e), *adj.*	Standard, *adj.*
Cheval, *n. m.*	Habituellement, *adv.*	Surface, *n. f.*
Coup de téléphone, *n. m.*	Historique, *adj.*	Tableau, *n. m.*
Culture, *n. f.*	Lequel, *pron. rel.*	Trouver (se), *v.*
Dieu, *n. m.*	Maternel(le), *adj.*	

1 *Exercice de substitution.*

a. J'attends <u>Nadine</u> ; et toi, qui est-ce ou qu'est-ce que t attends ?
l'autobus – mes parents – le docteur Châtaignier.

b. Je parle de nos <u>voisins</u> ; et toi, de qui ou de quoi par les-tu ?
mon fils – ma voiture – nos vacances – mon métier.

c. Je préfère les <u>brunes</u> ; et toi, lesquelles préfères-tu ?
les tableaux anciens – le vin de Bourgogne – ce pul over gris – le chocolat au lait.

d. Je parle <u>à cette étudiante</u> ; et toi, à laquelle parles-tu ?
ce professeur – ces étudiantes – ces professeurs.

2 *Complétez avec des adjectifs et des pronoms dé monstratifs.*

a. À qui sont ... livres, à Jean ? – Non, ... de Jean sont su le bureau. ... sont ... de Paul.

b. À qui est ... voiture, au docteur Châtaignier ? – Non, .. du docteur est garée de l'autre côté de la rue. ... est ... de M. Rivot.

c. À qui est ... chien, au retraité ? – Non, ... du retraité es plus petit. ... est ... de la marchande de journaux.

d. À qui sont ... robes-là ? à Nadine ? – Non, ... de Nadin sont dans la valise. ... sont ... de Gisèle.

3 *Pour insister :* **c'est ... qui ; c'est ... que.**

*Exemples : J'ai dansé avec elle. → C'est moi qui ai dansé ave elle. / J'ai dansé avec **elle**. → C'est avec **elle** que j'ai dansé.*

<u>Elle</u> a choisi l'hôtel. →	Nous prendrons un <u>taxi</u>. →
<u>Marina</u> les attendra. →	Nous prendrons un <u>taxi à la gare</u>. →
<u>Nous</u> prendrons un taxi. →	Je <u>vous</u> ai vue hier soir. →
<u>Il</u> a étudié le français. →	On a choisi <u>le français</u>. →

4 *Complétez. Observez les différentes fonctions de* pa (le moyen, le lieu, l'agent, la cause).

Je l'ai appris ... le journal. / Je voyage toujours ... le trair / Je ne prends jamais la route ... mauvais temps. / Il es rentré ... la porte et ressorti ... la fenêtre. / Pour aller Cadalen, il faut passer ... Toulouse ou ... Albi. / J'ai fa prendre mon billet ... un ami. / L'enseignement du frança' dans le monde est donné ... des professeurs.

LEÇON 34

─── **expressions et mots nouveaux** ───

Annoncer, *v.*	Futur, *n. m.*	Prêt(e), *adj.*
Arrêter, *v.*	Gaz, *n. m.*	Profiter, *v.*
Commenter, *v.*	Jeune, *n. m.*	Résolu(e), *v. p. p.*
Conduire, *v.*	Minéral(e), *adj.*	Rougir, *v.*
Différemment, *adv.*	Navette, *n. f.*	Souhaiter, *v.*
Durement, *adv.*	Nourrir, *v.*	Spatial(e), *adj.*
Énergie, *n. f.*	Parce que, *conj.*	Spatiodrome, *n. m.*
Espace, *n. m.*	Partie, *n. f.*	Voyageur, *n. m.*
Exploiter, *v.*	Petits-enfants, *n. m. pl.*	
Fixer, *v.*	Plutôt, *adv.*	

■ *Donner son opinion.*
■ *Discuter / réagir.*
■ *Anticiper.*
▶ *Le participe présent et le gérondif.*
▶ *La conjonction de subordination que.*
▶ *Le subjonctif présent : formation, formes irrégulières et emploi.*
▶ *Les consonnes géminées.*
● *C'est déjà demain !*

1 *Exercice de substitution. Refaites des phrases.*

a. *Il faut **garder la forme** ; et vous, il faut que vous **la gardiez** !*

faire du sport – boire de l'eau minérale – apprendre une langue étrangère – se coucher tôt.

b. *Je **suis sûr que** Nadine **est** contente, mais je **ne suis pas sûr** que Jean-Paul le **soit**, lui.*

a une sœur – connaît l'Italie – conduit – est heureux.

c. *Thérèse **est** là aujourd'hui, mais je doute qu'elle **soit** là demain !*

vient chez moi – peut venir – veut sortir – a le temps.

APPRENEZ
par cœur

un poème de Bonne route *que vous choisirez.*

2 *Transformez les phrases en utilisant le gérondif.*

Exemple : Ils profiteront de leur liberté, ils voyageront.
→ *Ils profiteront de leur liberté **en voyageant**.*

a. Ils seront plus heureux, ils travailleront moins durement. →
b. Ils seront plus heureux, ils auront plus de loisirs. →
c. Ils seront plus heureux, ils resteront jeunes et en bonne santé plus longtemps. →
d. Demain, on arrêtera la pollution, on utilisera les énergies douces. →
e. On ne mourra plus de faim, on exploitera la mer. →

3 *La volonté, le souhait, la préférence. Faites des phrases en utilisant le subjonctif.*

Exemple : Je voudrais / ils / ne pas venir / avec moi. → Je voudrais qu'ils ne viennent pas avec moi.

– Nous / souhaiter / ils / être heureux.
– Nous / vouloir / elle / sortir moins souvent.
– Je / préférer / vous / prendre votre voiture.
– Je / aimer mieux / vous / ne pas vendre votre maison.

Relisez la grammaire des pages 240 et 241.

4 *Le sentiment. Faites des phrases en utilisant le subjonctif.*

– Il / être malheureux / tu / être triste.
– Je / regretter / vous / devoir partir.
– Elle / avoir peur / nous / ne pas aller au théâtre.
– Ils / regretter / leurs parents / ne pas pouvoir venir.

MÉMENTO GRAMMATICAL

La phrase française se compose, en général, de deux groupes :
le groupe du NOM et **le groupe du VERBE**.

I. LES MODALITÉS DE LA PHRASE

Il existe en français quatre **types de phrases** :
– les **phrases déclaratives** (voir Leçon 5, p. 39) ;
– les **phrases interrogatives** (voir Leçon 4, p. 31) ;
– les **phrases impératives** (voir Leçon 16, p. 115) ;
– les **phrases exclamatives** (voir Leçon 8, p. 59).

Les types de phrases peuvent avoir une **forme affirmative** ou **négative** (voir Leçon 5, p. 39).

II. LE GROUPE DU NOM

A. Le nom

1. *Le genre des noms* (Voir Leçon 7, p. 52 et Leçon 14, p. 101.)

Pour les **êtres vivants**, le genre indique en principe le **sexe** ; pour les **choses**, le genre est ar**b**traire.
a. forme du masculin + **e** muet :
→ la prononciation ne change pas : *ami / amie.*
→ la prononciation change :
   – la consonne finale muette se prononce : *portugais / portugaise* ;
   – la consonne finale muette se prononce, et l'orthographe change : *chat / chatte* ;
   – la voyelle finale change : [e] → [ɛ] : *boucher / bouchère* – [œ] → [ø] : *chanteur / chanteuse* ;
   – la voyelle finale nasale change : *voisin / voisine* – *chien / chienne.*
b. suffixe différent : *correcteur / correctrice* ;
c. radical différent : *frère / sœur* ;
d. même forme pour les deux genres : *un élève / une élève* – *un secrétaire / une secrétaire.*

2. *Le nombre des noms* (Voir Leçon 8, p. 58.)

En règle générale, on ajoute un **-s**, qui s'entend parfois dans les **liaisons** (voir Leçon 8, p. 59).
Certains mots prennent un **-x** : *cheveu / cheveux – œil / yeux.*
Les noms propres au pluriel peuvent être précédés d'un article mais ne changent pas : *les Rivot.*

B. Les déterminants (Voir Leçon 13, p. 95.)

1. *Les articles* (Voir Leçon 10, p. 73.)

		Indéfinis		Définis			
				simples		contractés (avec *à* et *de*)	
		masc.	fém.	masc.	fém.	masc.	fém.
S I N G.		**un**	**une**	**le (l')**	**la (l')**	*à* + **le** → **au** *de* + **le** → **du**	
P L U R.		**des**		**les**		*à* + **les** → **aux** *de* + **les** → **des**	
		masc.	fém.	masc.	fém.	masc.	fém.

Les adjectifs possessifs (Voir Leçon 12, 86.)

Singulier		Pluriel
Masculin	Féminin	
mon	**ma** / **mon** + voyelle	**mes**
ton	**ta** / **ton** + voyelle	**tes**
son	**sa** / **son** + voyelle	**ses**
	notre	**nos**
	votre	**vos**
	leur	**leurs**

3. Les adjectifs démonstratifs (Voir Leçon 11, p. 80.)

Singulier	Masculin	**ce, cet**
	Féminin	**cette**
Pluriel	Masculin	**ces**
	Féminin	**ces**

4. Mots indéfinis

aucun – même – autre – quelques – certains – plusieurs – tout – chaque.

Les substituts

Les pronoms personnels (Voir Leçon 31, p. 220.)

FONCTION / PERSONNE	Sujet	Complément d'objet direct	Complément d'objet indirect (construction avec *de, à*)	Forme tonique (seule ou après préposition)
1re	**je**	**me, m'**	**me**	**moi**
2^e	**tu**	**te, t'**	**te**	**toi**
3^e	**il** **elle** **on**	**le, l', se, s'** **la, l', se, s'** **le, la, l', se, s'**	**lui, se, s'** **en, y**	**lui** **elle** **lui, elle, soi**
1re	**nous**	**nous**	**nous**	**nous**
2^e	**vous**	**vous**	**vous**	**vous**
3^e	**ils** **elles**	**les, se, s'**	**leur, se, s'** **en, y**	**eux** **elles**

Ordre des pronoms personnels
(Voir Leçon 31, p. 220.)

	1	2	
SUJET (*ne*) (nom ou pronom)	**me, m', te, t', se, s'** **nous, vous**	**le, la, les, en, y**	VERBE (*pas*)
	le, la, les	**lui, leur, en, y**	
	lui, leur	**en**	

2. Les pronoms possessifs (Voir Leçon 24, 171.)

Singulier		Pluriel	
Masculin	Féminin	Masculin	Féminin
le mien	la mienne	les miens	les miennes
le tien	la tienne	les tiens	les tiennes
le sien	la sienne	les siens	les siennes
le nôtre	la nôtre	les nôtres	
le vôtre	la vôtre	les vôtres	
le leur	la leur	les leurs	

3. Les pronoms démonstratifs (Voir Leçon 33, p. 235.)

a. formes simples

	Singulier	Pluriel
Masculin	**celui**	**ceux**
Féminin	**celle**	**celles**
Neutre	**ce**	

b. formes composées
Ce sont les formes simples + **-ci** ou **-là**.

4. *Les pronoms interrogatifs* (Voir Leçon 33, p. 236.)

a. les formes simples et les formes renforcées

	Personnes	Choses
Sujet	**Qui ? / Qui est-ce qui ?**	**Qu'est-ce qui ?**
Complément d'objet direct	**Qui ?** **Qui est-ce que ?**	**Que ?** **Qu'est-ce que ?**
Complément d'objet indirect	**À qui ?** **À qui est-ce que ?**	**À quoi ?** **À quoi est-ce que ?**

b. les formes composées

		Singulier	Pluriel
sujet c.o.d.	masculin	**Lequel ?**	**Lesquels ?**
	féminin	**Laquelle ?**	**Lesquelles ?**
c.o.i.	masculin	**Auquel ?** ou **Lequel ?**	**Auxquels ?** ou **Lesquels ?**
	féminin	**À laquelle ?** ou **Laquelle ?**	**Auxquelles ?** ou **Lesquelles ?**

5. *Les pronoms relatifs* (Voir Leçon 25, p. 178, et Leçon 32, p. 226.)

a. Le pronom *qui*
J'ai des clients **qui** *sont mes amis.* – *J'ai vu le film* **qui** *passe au Rex.*
1. Deux phrases deviennent une seule phrase avec une proposition **principale** (*J'ai des clients*) une proposition subordonnée **relative** (*qui sont mes amis*).
2. *Des clients, le film* sont les **antécédents** du pronom relatif *qui*.
3. *Qui* est sujet du verbe de la proposition relative ; il a le même genre et le même nombre qu l'antécédent.

b. Le pronom *que*
J'ai des clients **que** *je vois chaque jour.* – *J'ai vu le film* **Que** *tu as regardé à la télévision.*
1. *Que* est complément d'objet direct du verbe de la proposition relative ; il a le même genre et même nombre que l'antécédent.
2. *Que* est placé devant le verbe ; le participe passé, dans une proposition relative, s'accord
Exemple : *J'ai aimé* ***les films*** *que tu as vus.*

c. Le pronom *dont*
Elle a des qualités **dont** *on ne parle pas.*
L'antécédent de *dont* est un nom complément d'objet indirect avec la préposition *de*.

d. Le pronom *où*
La France est un pays **où** *j'ai passé de belles vacances.*
Où est un pronom (on dit quelquefois aussi adverbe) relatif qui remplace un nom complément lieu ou de temps. Exemple : *Je suis né en 1930.* → *1930, l'année* **où** *je suis né...*

6. Mots indéfinis
personne – rien – un – l'un – l'autre – quelqu'un – plusieurs – tout – chacun.

D. Les adjectifs qualificatifs

Le genre et le nombre (voir Leçon 9, p. 66 et 67), Leçon 13, p. 94, et surto
Leçon 28, p. 198).

III. LE GROUPE DU VERBE

A. Morphologie du verbe

*Indicatif Présent : IP – Indicatif Futur : IF – Indicatif Imparfait : II – Conditionnel Présent : CP – Pas
Composé : PC – Plus-que-Parfait : PqP – Conditionnel passé : Cp – Impératif : Imp.*

CHETER : *IP* : j'achète, tu achètes, il achète, nous achetons, vous achetez, ils achètent – *IF* : j'achèterai, tu achèteras, etc. – *II* : j'achetais, tu achetais, etc. – *CP* : j'achèterais, tu achèterais, etc. – *PC* : j'ai acheté, etc. – *PqP* : j'avais acheté, etc. *Cp* : j'aurais acheté, etc. – *Imp.* : achète, achetons, achetez.

LLER : *IP* : je vais, tu vas, il va, nous allons, vous allez, ils vont – *IF* : j'irai, tu iras, etc. – *II* : j'allais, tu allais, etc. – *CP* : j'irais, tu irais, etc. – *PC* : je suis allé(e), etc. – *PqP* : j'étais allé(e), etc. – *Cp* : je serais allé(e), etc. – *Imp.* : va, allons, allez.

MENER : (comme ACHETER).

PPELER : *IP* : j'appelle, tu appelles, il appelle, nous appelons, vous appelez, ils appellent – *IF* : j'appellerai, tu appelleras, etc. – *II* : j'appelais, tu appelais, etc. – *CP* : j'appellerais, tu appellerais, etc. – *PC* : j'ai appelé, etc. – *PqP* : j'avais appelé, etc. – *Cp* : j'aurais appelé, etc. – *Imp.* : appelle, appelons, appelez.

PPRENDRE : (comme PRENDRE).

VOIR : *IP* : j'ai, tu as, il a, nous avons, vous avez, ils ont – *IF* : j'aurai, tu auras, etc. – *II* : j'avais, tu avais, etc. – *CP* : j'aurais, tu aurais, etc. – *PC* : j'ai eu, etc. – *PqP* : j'avais eu, etc. – *Cp* : j'aurais eu, etc. – *Imp.* : aie, ayons, ayez.

HANTER (+ verbes en -er) : *IP* : je chante, tu chantes, il chante, nous chantons, vous chantez, ils chantent – *IF* : je chanterai, tu chanteras, etc. – *II* : je chantais, tu chantais, etc. – *CP* : je chanterais, tu chanterais, etc. – *PC* : j'ai chanté, etc. – *PqP* : j'avais chanté, etc. – *Cp* : j'aurais chanté, etc. – *Imp.* : chante, chantons, chantez.

HOISIR : *IP* : je choisis, tu choisis, il choisit, nous choisissons, vous choisissez, ils choisissent – *IF* : je choisirai, tu choisiras, etc. – *II* : je choisissais, tu choisissais, etc. – *CP* : je choisirais, tu choisirais, etc. – *PC* : j'ai choisi, etc. – *PqP* : j'avais choisi, etc. – *Cp* : j'aurais choisi, etc. – *Imp.* : choisis, choisissons, choisissez.

OMPRENDRE : (comme PRENDRE).

ONDUIRE : *IP* : je conduis, tu conduis, il conduit, nous conduisons, vous conduisez, ils conduisent – *IF* : je conduirai, tu conduiras, etc. – *II* : je conduisais, tu conduisais, etc. – *CP* : je conduirais, tu conduirais, etc. – *PC* : j'ai conduit, etc. – *PqP* : j'avais conduit, etc. – *Cp* : j'aurais conduit, etc. – *Imp.* : conduis, conduisons, conduisez.

ONNAÎTRE : *IP* : je connais, tu connais, il connaît, nous connaissons, vous connaissez, ils connaissent – *IF* : je connaîtrai, tu connaîtras, etc. – *II* : je connaissais, tu connaissais, etc. – *CP* : je connaîtrais, tu connaîtrais, etc. – *PC* : j'ai connu, etc. – *PqP* : j'avais connu, etc. – *Cp* : j'aurais connu, etc. – *Imp.* : connais, connaissons, connaissez.

EVOIR : *IP* : je dois, tu dois, il doit, nous devons, vous devez, ils doivent – *IF* : je devrai, tu devras, etc. – *II* : je devais, tu devais, etc. *CP* : je devrais, tu devrais, etc. – *PC* : j'ai dû, etc. – *PqP* : j'avais dû, etc. – *Cp* : j'aurais dû, etc. – *Imp.* (pas employé).

ORMIR : *IP* : je dors, tu dors, il dort, nous dormons, vous dormez, ils dorment – *IF* : je dormirai, tu dormiras, etc. – *II* : je dormais, tu dormais, etc. – *CP* : je dormirais, tu dormirais, etc. – *PC* : j'ai dormi, etc. – *PqP* : j'avais dormi, etc. – *Cp* : j'aurais dormi, etc. – *Imp.* : dors, dormons, dormez.

CRIRE : *IP* : j'écris, tu écris, il écrit, nous écrivons, vous écrivez, ils écrivent – *IF* : j'écrirai, tu écriras, etc. – *II* : j'écrivais, tu écrivais, etc. – *CP* : j'écrirais, tu écrirais, etc. – *PC* : j'ai écrit, etc. – *PqP* : j'avais écrit, etc. – *Cp* : j'aurais écrit, etc. – *Imp.* : écris, écrivons, écrivez.

RE : *IP* : je suis, tu es, il est, nous sommes, vous êtes, ils sont – *IF* : je serai, tu seras, etc. – *II* : j'étais, tu étais, etc. – *CP* : je serais, tu serais, etc. – *PC* : j'ai été, etc. – *PqP* : j'avais été, etc. – *Cp* : j'aurais été, etc. – *Imp.* : sois, soyons, soyez.

AIRE : *IP* : je fais, tu fais, il fait, nous faisons, vous faites, ils font – *IF* : je ferai, tu feras, etc. – *II* : je faisais, tu faisais, etc. – *CP* : je ferais, tu ferais, etc. – *PC* : j'ai fait, etc. – *PqP* : j'avais fait, etc. – *Cp* : j'aurais fait, etc. – *Imp.* : fais, faisons, faites.

RE : *IP* : je lis, tu lis, il lit, nous lisons, vous lisez, ils lisent – *IF* : je lirai, tu liras, etc. – *II* : je lisais, tu lisais, etc. – *CP* : je lirais, tu lirais, etc. – *PC* : j'ai lu, etc. – *PqP* : j'avais lu, etc.– *Cp* : j'aurais lu, etc. – *Imp.* : lis, lisons, lisez.

ETTRE : *IP* : je mets, tu mets, il met, nous mettons, vous mettez, ils mettent – *IF* : je mettrai, tu mettras, etc. – *II* : je mettais, tu mettais, etc. – *CP* : je mettrais, tu mettrais, etc. – *PC* : j'ai mis, etc. – *PqP* : j'avais mis, etc. – *Cp* : j'aurais mis, etc. – *Imp.* : mets, mettons, mettez.

PAYER : *IP :* je paie, tu paies, il paie, nous payons, vous payez, ils paient – *IF :* je paierai, tu paiera
etc. – *II :* je payais, tu payais, etc. – *CP :* je paierais, tu paierais, etc. – *PC :* j'ai payé, etc. –
PqP : j'avais payé, etc. – *Cp :* j'aurais payé, etc. – *Imp. :* paie, payons, payez.

PERDRE : *IP :* je perds, tu perds, il perd, nous perdons, vous perdez, ils perdent – *IF :* je perdrai, tu
perdras, etc. – *II :* je perdais, tu perdais, etc. – *CP :* je perdrais, tu perdrais, etc. – *PC :* j
perdu, etc. – *PqP :* j'avais perdu, etc. – *Cp :* j'aurais perdu, etc. – *Imp. :* perds, perdor
perdez.

POSSÉDER : (comme PRÉFÉRER).

POUVOIR : *IP :* je peux, tu peux, il peut, nous pouvons, vous pouvez, ils peuvent – *IF :* je pourrai,
pourras, etc. – *II :* je pouvais, tu pouvais, etc. – *CP :* je pourrais, tu pourrais, etc. – *PC :* j
pu, etc. – *PqP :* j'avais pu, etc. – *Cp :* j'aurais pu, etc. – *Imp.* (pas employé).

PRÉFÉRER : *IP :* je préfère, tu préfères, il préfère, nous préférons, vous préférez, ils préfèrent – *IF :*
préférerai, tu préféreras, etc. – *II :* je préférais, tu préférais, etc. – *CP :* je préférerais,
préférerais, etc. – *PC :* j'ai préféré, etc. – *PqP :* j'avais préféré, etc. – *Cp :* j'aurais préféré, e
– *Imp. :* préfère, préférons, préférez.

PRENDRE : *IP :* je prends, tu prends, il prend, nous prenons, vous prenez, ils prennent – *IF :*
prendrai, tu prendras, etc.– *II :* je prenais, tu prenais, etc. – *CP :* je prendrais, tu prendra
etc. – *PC :* j'ai pris, etc.– *PqP :* j'avais pris, etc. – *Cp :* j'aurais pris, etc. – *Imp. :* prenc
prenons, prenez.

RECEVOIR : *IP :* je reçois, tu reçois, il reçoit, nous recevons, vous recevez, ils reçoivent – *IF :*
recevrai, tu recevras, etc. – *II :* je recevais, tu recevais, etc. – *CP :* je recevrais, tu recevra
etc. – *PC :* j'ai reçu, etc. – *PqP :* j'avais reçu, etc. – *Cp :* j'aurais reçu, etc. – *Imp. :* reço
recevons, recevez.

RÉPÉTER : (comme PRÉFÉRER).

SAVOIR : *IP :* je sais, tu sais, il sait, nous savons, vous savez, ils savent – *IF :* je saurai, tu sauras, e
– *II :* je savais, tu savais, etc. – *CP :* je saurais, tu saurais, etc. – *PC :* j'ai su, etc. – *PqP*
j'avais su, etc. – *Cp :* j'aurais su, etc. – *Imp. :* sache, sachons, sachez.

VENDRE : *IP :* je vends, tu vends, il vend, nous vendons, vous vendez, ils vendent – *IF :* je vendrai,
vendras, etc. – *II :* je vendais, tu vendais, etc. – *CP :* je vendrais, tu vendrais, etc. – *PC :* j
vendu, etc. – *PqP :* j'avais vendu, etc. – *Cp :* j'aurais vendu, etc. – *Imp. :* vends, vendor
vendez.

VENIR : *IP :* je viens, tu viens, il vient, nous venons, vous venez, ils viennent – *IF :* je viendrai,
viendras, etc. – *II :* je venais, tu venais, etc. – *CP :* je viendrais, tu viendrais, etc. – *PC :* je su
venu(e), etc. – *PqP :* j'étais venu(e), etc. – *Cp :* je serais venu(e), etc. – *Imp. :* viens, venor
venez.

VIVRE : *IP :* je vis, tu vis, il vit, nous vivons, vous vivez, ils vivent – *IF :* je vivrai, tu vivras, etc. – *II :*
vivais, tu vivais, etc. – *CP :* je vivrais, tu vivrais – *PC :* j'ai vécu, etc. – *PqP :* j'avais vécu, e
– *Cp :* j'aurais vécu, etc. – *Imp. :* vis, vivons, vivez.

VOIR : *IP :* je vois, tu vois, il voit, nous voyons, vous voyez, ils voient – *IF :* je verrai, tu verras, etc.
II : je voyais, tu voyais, etc. – *CP :* je verrais, tu verrais – *PC :* j'ai vu, etc. – *PqP :* j'ava
vu, etc. – *Cp :* j'aurais vu, etc. – *Imp. :* vois, voyons, voyez.

VOULOIR : *IP :* je veux, tu veux, il veut, nous voulons, vous voulez, ils veulent – *IF :* je voudrai,
voudras, etc. – *II :* je voulais, tu voulais, etc. – *CP :* je voudrais, tu voudrais, etc. – *PC :* j
voulu, etc. – *PqP :* j'avais voulu, etc. – *Cp :* j'aurais voulu, etc. – *Imp.* (pas employé, sa
veuillez).

B. Les verbes pronominaux

Certains verbes se conjuguent avec **deux pronoms** de la **même personne :** ce sont les verb
pronominaux (voir Leçon 23, p. 164).

C. Valeur des temps et des modes

a. Le présent, le passé composé, le futur (voir Leçon 19, remarque 1, p. 136).

Le temps :	Passé	Présent	Futur
Les formes verbales :	Passé composé	Présent	Futur

L'imparfait

L'imparfait place une action dans le passé ; il n'indique ni le début, ni la fin de cette action (voir Leçon 26, p. 184).

Le passé composé

Le passé composé place une action dans le passé ; il indique une action terminée (voir Leçon 26, p. 184).

Le plus-que-parfait

Le plus-que-parfait place une action dans le passé, avant ou en même temps que l'imparfait ; il indique une action terminée (voir Leçon 27, p. 192).

Le conditionnel (voir Leçon 30, p. 212) :
– le conditionnel de politesse ;
– le conditionnel : résultat imaginaire.

Le subjonctif (voir Leçon 34, p. 240).

L'impératif (voir Leçon 16, p. 115).
Avec l'impératif, on donne des ordres, des conseils, des interdictions.

. LES FONCTIONS

. Les fonctions du nom

e nom peut être : **sujet, complément d'objet direct, complément d'objet indirect** (avec à et e), **complément circonstanciel.**

. Les compléments du nom

Les adjectifs qualificatifs.

Le complément du nom avec *de.*

La proposition relative (voir Leçon 25, p. 178, et Leçon 32, p. 226).

. Les compléments du verbe

Le complément d'objet direct, nom ou pronom (voir Leçon 22, p. 156).

Le complément d'objet indirect, nom ou pronom (voir Leçon 22, p. 157).

Le complément circonstanciel, nom ou pronom.

La proposition subordonnée complétive par *que* (voir Leçon 34, p. 240).

Abréviations utilisées dans le lexique

adj. : adjectif.	*loc.* : locution.
adj. comp. : adjectif composé.	*loc. adv.* : locution adverbiale.
adj. dém. : adjectif démonstratif.	*loc. indéf.* : locution indéfinie.
adj. exclam. : adjectif exclamatif.	*loc. prép.* : locution prépositionnelle.
adj. indéf. : adjectif indéfini.	*m.* : masculin.
adj. interrog. : adjectif interrogatif.	*m. plur.* : masculin pluriel.
adj. inv. : adjectif invariable.	*m. sing.* : masculin singulier.
adj. poss. : adjectif possessif.	*n.* : nom.
adv. : adverbe.	*n. f.* : nom féminin.
adv. interrog. : adverbe interrogatif.	*n. m.* : nom masculin.
adv. interrog. négatif : adverbe interro-négatif.	*prép.* : préposition.
art. : article.	*pron.* : pronom.
art. indéf. : article indéfini.	*pron. dém.* : pronom démonstratif.
conj. : conjonction.	*pron. indéf.* : pronom indéfini.
f. : féminin.	*pron. interrog.* : pronom interrogatif.
f. sing. : féminin singulier.	*pron. pers.* : pronom personnel.
f. plur. : féminin pluriel.	*v.* : verbe.
interj. : interjection.	*v. p.p.* : verbe participe passé.
	v. pron. : verbe pronominal.

INDEX DES EXPRESSIONS ET MOTS NOUVEAUX

Le numéro indique la leçon où le mot apparaît pour la première fois.

Table des matières

Leçon	Pages	Objectifs linguistiques	Objectifs grammaticaux	Pour aller plus loin
1	8 à 13	• Saluer. • Se présenter. • Présenter quelqu'un.	• Je me présente... / Je vous présente... • Je demande... c'est... • Voici... et voilà... • L'alphabet français.	*Paroles et gestes*
2	14 à 19	• Demander une information. • Demander quelque chose.	• Je demande... qui est-ce ? Quelle heure ? À quelle heure ? • Il est... / C'est... • Lettres muettes. • Les accents.	*Chiffres et lettres*
3	22 à 27	• Demander une information. • Donner son opinion.	• Les personnes et les pronoms personnels sujets. • Les verbes irréguliers au présent. • Formes de politesse. • L'article : un, une, des. • L'accent tonique.	*À Paris*
4	28 à 33	• Exprimer ses préférences. • Proposer / accepter ou refuser une proposition.	• Ne... pas : la négation. • Je demande... oui ou non ? • L'article : le, la, les / Le ; un... des... • L'intonation interrogative.	*Activités et préférences*
5	36 à 41	• Préciser son identité. • S'excuser et se justifier... • Dire l'heure.	• Quelle heure est-il ? • Je demande... qui... / Je demande le nom. • Le verbe être au présent. • L'intonation des phrases affirmatives et négatives.	*Au fil des heures*
6	42 à 47	• Parler de soi. • Exprimer un jugement. • Exprimer un souhait.	• Pronoms personnels sujets : rappel. • Pronoms personnels toniques. • Verbe + verbe à l'infinitif. • Réponses : ... moi aussi, ... moi non plus. • L'enchaînement voyelle + voyelle.	*Travail et loisirs*
7	50 à 55	• Interroger sur le temps. • Présenter des personnes.	• Le verbe avoir au présent. • Le genre : masculin, féminin. • C'est... qui... / c'est... que... • Qui est-ce qui... ? Qu'est-ce que... ? Rappel. • L'enchaînement consonne + voyelle.	*Autour de nous*
8	56 à 61	• Caractériser des personnes, des lieux. • Donner son opinion. • Compter jusqu'à 99.	• L'article indéfini : rappel. • L'article indéfini et la négation. • Le pluriel des noms. • L'exclamation : quel... ! • La liaison.	*Des gens, une ville... Les jours*
9	64 à 69	• Demander et donner des informations pratiques. • Savoir téléphoner. • Communiquer.	• Où ? quand ? comment ? • Les adjectifs : genre, nombre, place. • Le son [i].	*Où sont-ils ? Où vont-ils ?*
10	70 à 75	• Proposer. • Situer des personnes et des lieux. • Localiser sur un plan.	• Les verbes aller et faire au présent. • Le futur proche. • Les articles : récapitulation. • Les sons [p] / [b].	*Lire la ville*

11	78 à 83	• Exprimer ses besoins et ses goûts. • Localiser. • Acheter.	• Les adjectifs démonstratifs. • Je demande... C'est à... • Ce vélo-ci, ce vélo-là. • Acheter et préférer au présent. • Les sons [i] / [y].	*Que choisir ?*
12	84 à 89	• Interroger, s'interroger. • Faire des reproches, se justifier. • Les nombres (100 et plus).	• Les adjectifs possessifs. • Le verbe payer au présent. • Plus que, moins que, autant que : la comparaison. • Le son [r].	*Argent, argent...*
13	92 à 97	• Exprimer ses goûts, ses préférences et les justifier. • Faire des choix.	• Le verbe choisir au présent. • Les adjectifs beau, nouveau et vieux : genre, nombre et place. • Les déterminants : récapitulation. • Les sons [u] /[i] / [y].	*Avoir un toit*
14	98 à 103	• Identifier et caractériser des personnes.	• Le verbe venir au présent. • Le passé récent. • Noms de villes et de pays. • Les sons [a] / [ɑ].	*Nations unies*
15	106 à 111	• Demander. • Exprimer ses goûts. • Apprécier. • S'excuser.	• Les déterminants : l'article partitif. • Le verbe prendre au présent. • Le verbe boire au présent. • Les sons [i] / [r].	*Les Français et la table*
16	112 à 117	• Donner des ordres. • Répondre à des ordres.	• L'article partitif : rappel. • Les verbes vendre et perdre au présent. • L'impératif. • L'intonation impérative.	*Boutiques et magasins*
17	120 à 125	• Apprécier. • Exprimer son désaccord. • Argumenter.	• Le passé composé avec avoir. • Le passé composé dans les phrases négatives et interrogatives. • Les verbes en « cer » et « ger ». • Les sons [e] / [ɛ].	*Études, examens, diplômes*
18	126 à 133	• Inviter. • Refuser, accepter une invitation. • Raconter.	• Le passé composé avec être. • Les verbes à deux auxiliaires. • Les verbes naître et mourir. • Il y a... heure(s)..., mois..., an(s). • Les sons [s] / [z].	*Partir*
19	134 à 139	• Faire des projets. • Exprimer ses préférences. • Exprimer son désaccord.	• Le futur des verbes visiter, finir, attendre, boire, être, avoir, aller, venir et faire. • Le pronom en. • Verbe + verbe à l'infinitif. • Les sons [ə], [œ] / [ɛ̃], [ɔ̃].	*Temps libre*
20	140 à 147	• Demander / donner des nouvelles de quelqu'un. • Rassurer. • Conseiller.	• Le verbe devoir et l'obligation. • Le verbe pouvoir et la possibilité. • Le verbe vouloir et la volonté. • Le son -e muet [ə].	*Malade ou bien portant ?*
21	148 à 153	• Raconter. • Se souvenir. • Exprimer sa surprise.	• Le verbe connaître au présent, au passé composé et au futur. • Il est... / C'est un... • Les pronoms personnels le, la, les et leur place. • Les sons [ʃ] / [ʒ].	*Carrières et emplois*
22	154 à 161	• Donner son opinion. • Argumenter.	• Le verbe savoir au présent, au passé composé et au futur. • Les pronoms me, te, nous, vous, compléments d'objet direct et compléments d'objet indirect. • Les pronoms lui et leur. • Les pronoms : place et ordre. • Les sons [k] / [g].	*Préparer l'avenir*

23	162 à 167	• Raconter au présent. • Monologuer.	• Les verbes pronominaux. • Se lever, se promener, s'appeler. • Le verbe ouvrir au présent, au passé composé et au futur. • Les sons [t] / [d].	*Actives,* *inactives*
24	168 à 175	• Raconter au passé et au présent.	• Les verbes pronominaux. • Les adjectifs et les pronoms possessifs. • Les sons [o] / [ɔ].	*Un peu,* *beaucoup,* *plus du tout...*
25	176 à 181	• Exprimer ses sentiments. • Donner son opinion, la justifier.	• Les pronoms relatifs qui et que. • Le pronom y. • Le verbe avoir au présent, au passé composé et au futur. • Les sons [f] / [v].	*La ville* *est un carrefour*
26	182 à 189	• Interpréter des chiffres. • Évoquer le passé. • Anticiper.	• L'imparfait : formation et emploi. • L'imparfait et le passé composé : emploi. • Les verbes lire et écrire au présent, au passé composé, à l'imparfait et au futur. • Les sons [e] / [ø] / [o].	*Lire,* *écouter,* *voir*
27	190 à 195	• Raconter au passé et au présent. • Comparer deux époques.	• Le plus-que-parfait. • Le plus-que-parfait et l'imparfait. • Le plus-que-parfait et le passé composé. • Le verbe dire. • Les sons [ɥ] / [w].	*Ma région*
28	196 à 203	• Parler d'une personne au présent et au passé. • Parler d'une personne avec humour et ironie.	• L'accord de l'adjectif : rappel et synthèse. • Le féminin / le pluriel de l'adjectif qualificatif. • Les adverbes de manière en -ment. • Les sons [i] / [j].	*Femme,* *épouse* *et secrétaire*
29	204 à 209	• Exprimer son opinion. • Argumenter. • Anticiper.	• Le comparatif. • Le superlatif relatif / le superlatif absolu. • Les sons [m] / [n] / [ɲ].	*Masculin,* *féminin*
30	210 à 217	• Suggérer. • Répondre à une suggestion. • Faire un choix.	• Le conditionnel : formation et emploi. • Si + verbe à l'imparfait : souhait ou suggestion. • Les sons [a] /[ɑ̃].	*À vous* *de jouer*
31	218 à 223	• Interroger, répondre et justifier. • Nuancer.	• L'ordre des pronoms dans la phrase : synthèse et le cas de l'impératif. • Le verbe dormir au présent, au futur, à l'imparfait, au passé composé, au plus-que-parfait et au conditionnel présent et passé. • Les sons [ɛ̃] / [ɛ] / [ɑ̃].	*Heureux*
32	224 à 231	• Exprimer ses goûts, ses préférences / les justifier. • Caractériser des personnes.	• Les pronoms relatifs qui et que : révision. • Les pronoms relatifs dont et où. • Le verbe recevoir au présent, au futur, à l'imparfait, au passé composé, au plus-que-parfait et au conditionnel présent et passé. • Les sons [ʒ] / [ɔ], [ɛ̃] / [ɑ̃].	*France(s)*
33	232 à 237	• Rechercher / donner une information.	• Les pronoms démonstratifs. • Les pronoms interrogatifs. • La liaison : les voyelles nasales.	*Francophonies*
34	238 à 245	• Donner son opinion. • Discuter / réagir. • Anticiper.	• Le participe présent et le gérondif. • La conjonction de subordination que. • Le subjonctif présent. • Les consonnes géminées.	*C'est déjà demain !*

Imprimé en France par Aubin Imprimeur à Ligugé, Poitiers
N° d'édition 01 / N° de collection 40 / N° d'impression P 26159 / Dépôt légal n° 7826-01-1988
15/4712/4